张涤生 等著

# 共和国院士回忆录

## （二）

东方出版中心

# 目录 Contents

## 师长高风



## 天伦情深

## 人生感悟

# 师长高风

简介：

1916年6月12日生于江苏无锡。医学家。1941年毕业于中央大学医学院。1996年当选为中国工程院院士。曾任上海市整复外科研究所所长，上海第九人民医院院长、整复外科主任，中国修复重建外科学会主任委员，第三届世界美容外科学术会议主席。

主要成就：

中国整复外科创始人之一及开拓者。20世纪60年代在国内首先开展显微外科动物实验，创制治疗肢体淋巴水肿的烘疗机，并在70年代应用显微外科技术，在国内外首创前臂皮瓣一期再造阴茎手术，跖趾关节移植重建颞颌关节强直等手术。在国内首先开展游离肠段移植再造食管，大网膜游离移植治疗颅骨暴露坏死等手术，并开展颅面外科，胸骨裂心脏外露等首创性手术。

# 张涤生：
# 记我的初中老师严济宽和高中老师徐承谋

那是1929年夏末初秋，我考入了无锡县立初级中学，学校在宁静肃穆的学前街上。说它宁静，因为那是一个学校区域，对河是当时知名的江苏省立师范学校，左侧是江苏省国学专科学校，而县初中左邻就是无锡县的孔庙，平时很少有人去，被一派肃穆宁静气氛笼罩着。学前街只有清早开校和放学时刻才出现一番热闹活泼的景象。

我在县立初中度过了整整3年的学习生活，在那3年中，我先后曾受到十多位老师的教导。但在我初中时期，受益最多、印象最深的是一位语文老师严济宽先生。严老师连续两年教我们语文课。他浓眉大眼，个儿较高，平时戴一副深色的高度近视眼镜，经常穿一件暗色的长袍，讲着一口带有宜兴口音的乡音，脸上永远挂着微笑，很有风度。

记得那时的初中语文课本只是薄薄的一本书，内容并不丰富。严老师上课时都很少要我们翻书本，他也从不照本宣读，却用大部分时间给我们讲

"故事"，给我们介绍很多古典文学和当时流行的新文学作品，布置我们阅读许多课外读物。他先从《古文观止》上指定不少文章要我们精读和背诵，如诸葛亮的前后《出师表》、岳飞的《满江红》、李密的《陈情表》、王勃的《滕王阁序》、范仲淹的《岳阳楼记》等。这些文章有的热血满腔，有的意境深远，有的词藻华丽，在我幼小的头脑中曾引起了不小的触动，迄今难忘！他后来又介绍我们读鲁迅的《阿Q正传》，冰心的《寄小读者》，又要我们读巴金著名的三部曲的首部《家》，以及英、法、俄许多著名作家的新小说，甚至新苏联时代的不少作品。

记得在那一年时光里，我们竟然阅读了当时世界上许多大文学家的名作，如大仲马的《三个火枪手》、莫泊桑的多篇短篇小说、巴尔扎克的《高老头》，以及旧俄时代托尔斯泰的《安娜·卡列尼娜》、高尔基的《母亲》和苏联时代奥斯特洛夫斯基的《钢铁是怎样炼成的》等。当然，中国的不少新文学作品也是少不了的，当时我们已熟悉了茅盾、老舍、冰心等新文学作家。更令人难忘的是那个时期苏联正在建设新的社会主义社会，他竟然在课堂上给我们介绍了当时苏联的共产主义社会改革和人民幸福生活的情况。现在我回忆起来，这么一位传统和先进思想并存的好老师，居然屈居在一个初级中学当语文老师，真有些大材小用哩！

从我自己来说，我从小喜爱读书，小学时期，我已遍阅了许多古典小说，什么《三国演义》、《水浒传》、《封神榜》、《红楼梦》等，还有就是边读边害怕的《聊斋志异》，更不用说《七侠五义》和张恨水的《啼笑因缘》等海派小说了。故此，有了这位严老师，我读书的劲儿就更大了。可能也是由于阅读量太大，用眼过度，初中二年级，我便戴上了近视眼镜。

第二年初二了，他随班继续担任我们的语文老师。啊，那以后他居然给我们介绍唐诗宋词来了。唐宋诗词的确大大丰富了我对文学的爱好，开阔了我的思想眼界。我特别喜欢李煜和李清照的诗词："剪不断，理还乱；是离愁，别是一般滋味在心头"，"春花秋月何时了，往事知多少"……它们表达着多么深沉的亡国丧家的哀怨和痛苦啊，真是绝世佳作、千年难得呀！后来他更介绍我们读有关戏剧和音乐的文字，从莎士比亚的戏剧作品，到当时田汉、老舍等中国老一辈戏剧家的新作品。这时他对我们的要求也提高了，曾布置作业要每个学生试写一个独幕剧。他还曾要我们写一篇杂文，我回家思索了一番，试笔写了一篇回忆性短文：当我读小学四、五年级的两年时间里，我曾随父母亲去天津住了两年，就读于法租界西开小学，后来又随父母返回无锡定居，初回无锡时觉得故乡变了，竟是那么古老和破旧，让我很失望和无奈。在文章最后，我写道："经过思索，家乡并没有什么改变，我之所以感到家乡变了，事实上是故乡依旧，而我的意识变了，我的心情变了。"这是我模仿鲁迅的杂文《故乡》而套用的话！严老师大加赏识，认为写得很好，竟然要我在课堂上向全体同学朗读，给了我极大的鼓舞。

严老师连续两年教我们语文课，给我介绍了许多中外古今名著，开阔了我的眼界，提升了我的思想境界，播种了爱国进步的种子，特别是培养了我的写作能力，使我受益匪浅。后来我虽然没有成为作家，但在我从医后，在医学专业领域里，我先后出版了十多本中外文的学术专著，发表了一百二十多篇论文，出版了两本传记类图书和许多篇科普杂记等文章，也可以说是一位多产的医学家了。是哪位老师赋予了我写作的能力呢？我想还是应该首先归功于这位严济宽老师吧！

初中毕业后，我考入了私立无锡中学，学校在无锡城南大运河边，是当时江苏著名教育家高践四先生（也是后来上海交通大学的建校教育家之一）毁家兴学而创建的，在当地很有名望。这个学校拥有初高中部，是一个完全中学。高中部的特点是英语特色。在高中部，除了语文、中国史、地理等课程外，其他化学、物理、数学（包括代数、几何、立体几何）等学科都清一色地使用原版英语教材。进了这么个以英语为主要读书工具的高级中学，可难为了我们这些在初中时期英语课并不是主要科目的学生了。回忆起来，我当时情绪十分紧张，生怕一旦英语课赶不上就得留级，而留级是一件多么不光彩的事啊，不但自己脸上无光，对十分关心培养我成长的父母亲来说，更是耻辱！

但我们真是一群幸运的孩子，我们又有了一位好老师徐承谋先生来教我们英语课。他是上海圣约翰大学毕业生，英语基础扎实，教学方法循序渐进，很有教书育人的才华。当时用的英语教科书是《泰西五十轶事》和《泰西三十轶事》，分别在高中一、二年级攻读；此外在文法方面，教材是原版的 Nesfield English Grammar。这几本教科书收集了西方各国各类的名作和短篇。徐老师将每一篇文字朗读和解释给我们听，由浅入深，由表及里，没有几个星期就使我们学习外文的恐惧心理一扫而光。不久以后，读英语课文就成为我的一种享受和爱好了。他也经常指定要我们背诵多篇名作，如莎士比亚的《威尼斯商人》、美国林肯总统的 Gettsburg address，以及其他名家文章，如：Too dear for the whisle。（我已忘记作者是谁，但这篇文章教导人们在做人做事任何方面须"勿言过其实，适可而止"的做人道理，令我迄今不忘。）

经过徐老师一年的教导，我在期终考试中，英语不但及格而且名列前茅哩，也从此奠定了我的英语基础。在抗日战争期间，我参加印缅远征军，常和美国军医打交道，在一起做救死扶伤的工作，我的英语水平居然和那些毕业于北京大学外语系的翻译官差距不大！战后，我又去了美国读书进修，英语的听、讲、写能力更有了长足进步。改革开放以后，我开始打开我从事医学专业的国际交流平台，获得了声誉，靠的是什么？一是专业成就，二是英语水平！我想要不是徐老师在我高中时期为我打下了英语基础，我就不可能在我人生的第二个春天里发挥积极作用，在国际学术领域里为祖国获取荣誉。

在我这一生中，曾先后受到无数老师的教诲和指导，但从打基础方面来说，初高中时代的这两位老师才是最谆谆善教、授我以渔的好老师。一位帮我把中国文学基础打好，打结实，另一位授我以外语方面的开门钥匙。他们都是在我青少年时代，在我头脑里深深种植下中外文化种子和精华的恩师，使我受用了一辈子！我没有使他们失望！他们可亲可爱可敬的形象，将永远铭刻在我的心中！

参加博士生毕业典礼(2002 年)

人们知识和技能的累积，不外有三个途径：老师、书本和实践。"三人行，必有吾师"，要不耻下问，勿骄傲自满。广读群书是求知之道，科技信息是创新之源。技能来自实践，人们在不断实践中探索、提高和开拓。从老师和书本中得来的毕竟有限，而在我们头脑中蕴藏，有待开发的，却永无止境。

张涤生

二〇〇四年二月十二日

## 简介：

1921年1月22日生于辽宁盖平（今盖州），湖南长沙人，祖籍浙江绍兴。理论电工与电子技术专家。1944年毕业于武汉大学电机系。1953年哈尔滨工业大学研究班毕业。1995年当选为中国工程院院士。曾任中国工程物理研究院设计部副主任、电子工程研究所所长、副院长、院科技委副主任。

## 主要成就：

新中国成立初期在哈尔滨工业大学电工基础课程建设中起了开创性作用。领导设计中国第一代核武器引爆控制系统和遥测系统，完成4个型号引爆控制系统的定型。担任中国一个战略核武器型号的第二总设计师及其核战斗部的总设计师并完成定型。为中国核武器的研制、定型和人才培养作出了卓越贡献。1985年获国家科技进步奖特等奖。

# 俞大光：
# 我最敬仰的赵师梅老师

赵师梅老师是我国有名的教育家，早年曾参加辛亥武昌首义。1940年，我考入武汉大学后不久就认识他。那时他是武汉大学的训导长和工学院电机系主任。我被录取在工学院，第一学年不分系，从1941年秋季学期我被分到电机系起，就一直在他的直接教育下完成了学业。大学毕业后我曾留校任教6年，仍继续得到他的教导和关怀。新中国成立后电机系主任职务已转由叶永竞教授担任，他也是我敬仰的老师之一。1950年秋，我被派去哈尔滨工业大学学习苏联教学经验，1953年结业后即被高教部指名调往该校，就这样我恋恋不舍地离开了母校武汉大学和敬仰的老师们。

然而，在那约十年受赵师梅老师的教导和关怀的时间里，我也和很多同学及同事一样，对这位受尊敬的老先生、老教授的事迹并不清楚，只是道听途说。他曾参加武昌首义；而我们很多人都听传说认为他是参加了黄花岗起义。他十分平易近人，我们电机系同学常相约三五人到他住宅叩访，谈话都很随便。有时他还拿出从巴东老家带来的核桃让大家品尝。但当我们问起他参加起义之事时，他总是不肯透露，或者草率接话，或者转而言他。他对自己的功绩总是讳莫如深。另外当时他已年近五十，仍过着独身生活，是何原因？作为他的学生，我们未便询问。有些好心的同学出于爱师，曾据传说为先生杜撰了一篇与实情有些相似的凄婉的爱情悲剧故事，广为流传，但毕竟并非事实。

1962 年，我又从哈工大被中央组织部指名调到现单位——中国工程物理研究院的前身，一直干到 1991 年退休。在这四十多年漫长的岁月里，由于工作繁忙、政治运动接二连三等原因，使我未曾回过母校，只参加过几次成都校友会活动；但从与个别校友的通信中已获悉恩师赵师梅教授已于 1984 年辞世。我退休后不久就传来了联名发起设立赵师梅教授奖学基金会的倡议，我欣然参加并作为发起人之一。经过一段时间的动员和募捐，在庆祝武汉大学 90 周年校庆时（1993 年 11 月），基金会在华中工学院①成立。翌年即开始每年给武汉大学、华中工学院和巴东七七义立小学（赵师梅先生于抗战开始那年兴办的）三校中的极少数贫困而学习优秀的学生评发奖学金。由于基金额度有限，开始是利用利息发放奖学金，随着利率的下降而不得不动用基金本金。这样还能维持多久，尚无所知。大家在筹办奖学基金的同时，还有另一想法，即编写出版一本赵师梅先生传，用以宣传恩师生平事迹，用他无私奉献一生的高贵品德来教育后代。这事经与恩师赵师梅的堂弟、华中工学院的赵学田教授（也是我在武大学习时的老师）商议后由他收集资料，由我和武大电机系校友、华中工学院陈锦江教授执笔完成。那时我虽感到任务不轻，但还是愿意承担，因为通过这项工作可以首先获悉在恩师面前未能知晓的情节，并通过传记的出版让渴望清楚了解恩师事迹的同学们知晓。编完后，感到内容虽丰，但由于知之不详而篇幅较小，故决定改称“传略”，同时又收录他的诗文和他亲人、同事和学生的怀念文章，共 11 万多字成书，后由华中理工大学出版社于 2000 年出版。

## 赵师梅老师事迹概述

### 正义，爱国

赵师梅老师早年痛心于清政府的腐败懦弱、民族备受帝国欺凌、国家走向灭亡的形势，奋起参加辛亥革命。他坐过牢，上过战场，流过血。推翻满清政府后，他被评为甲等功勋者，被中山先生选派赴美留学。学成归国后，他目睹军阀混战无已、人民痛苦依旧的状况，不屑于在京做官获取厚禄，而宁肯终生潜身清门从事教育，并从不与人话及参加辛亥革命之事。在他二三十年代的遗诗中，可多处读到他痛斥军阀、忧国忧民的句子。

① 武汉大学在 1953 年全国高校院系调整中已将机械、电机两系全部调动到华中工学院，后改称华中理工大学，近年又改称华中科技大学。

抗战时期，赵师梅老师在家乡向乡亲们宣传抗日，经常对抗日军人家属提供经济支持。他出资创办了一所小学，称作"七七义立小学"，用一个日寇的炸弹壳做钟，以加强师生的抗战意识。他自己还作了打游击的准备方案。

抗战胜利后，赵师梅老师反对国民党政府发动内战，支持"反饥饿、反内战"的群众运动。当政府派军警到武汉大学逮捕进步师生、制造枪杀三学生的"六一惨案"后，他不顾个人安危，仗义执言，领衔署名公开发表文告，揭露惨案真相，要求严惩凶手，释放被捕师生。当时正值著名学者闻一多、李公朴在街头被特务暗杀后不久，所以他的行为是要冒着极大风险的。

武汉临解放前，赵师梅老师支持武大周鲠生校长抵制政府要求迁校的决定，主持应变委员会，组织联防护校工作。应变委员会是由各群众团体——教授会、讲师助教会、工友会、学生会等派代表参加，研讨并决定各项应变计划和实施方案的临时性组织。"手中有粮，心中不慌"。该会第一个决定就是囤粮并发到各家各户和各集体食堂。师梅教授率领着印刷厂肖洁厂长四处奔波，购回足量的稻谷和面粉并及时下发，对安定人心起到了很大的作用。在临近解放的时段，在中共武汉市委武大临时工作委员会的暗中领导下，组成的"武大安全互助团"实际上也是应变委员会的扩大。几个月的坚持，使抵制迁校和护校保产都圆满完成。

劫难面前不丢原则。新中国成立前恩师当过大学训导长，在"文化大革命"中自然免不了挨批斗。他被抄家、被关进牛棚，成为武大工学院头号"牛鬼蛇神"。在一次批斗中，当他被问道："你是否说过共产党什么都好，就是斗争太残酷的话?"他答道："说过。"又问："你现在是否还是这个观点?"他答道："是。"于是问者就冲上去给了他两个耳光。他虽受凌辱但没有丧失原则，而问者的粗暴行为却恰好证实了恩师的观点正确。

### 鞠躬尽瘁，顾全大局

师梅教授遵照中山先生的旨意，走教育救国的道路。新中国成立前他先后创办了湖南大学电机系和武汉大学电机系，担任过电工原理、交流电路、直流电机、交流电机、电仪与测法、发电厂、电工学等多门课程的讲授，十分熟练，学生们曾打趣他讲课像开机关枪似的。他还十分热心公务。一方面当教授和系主任，而学校每有大事也常常请他负责。武汉大学建校时的水电工程是由他设计和指挥施工的。抗战时期校舍被日军用作医院，水电系统、教室、实验室和宿舍都受到严重破坏，他又被派先期去那里负责接收和修复工作。这工程量大而人手缺乏，且生活艰苦，他在极其困难的情况下按时完成了任务。他工作头绪很多、很忙，但从不在人前说一个忙字。只要工作需要，从不因忙而推脱。他常讲："我赤身来到人间，我的一切是人民给的，我的一切也要为人民。"

我和当时在武大的许多同学一样，对这样好的老师曾在武大当训导长很不理解，直到准备写他的传记时才弄清楚。原来这正是他顾全大局不计毁誉的表现。20世纪30年代末，国民党政府为了管制学生的思想和行为，责令在高校设置训导处和训导长，后者一般由政府派人担任。当时武大王星拱校长力主学术自由，要让各派思想在学校兼容并蓄，而校内进步思想十分活跃，学生办的各种壁报异彩纷呈。王校长了解师梅先生乃国民党元老，又一贯不同意政府的倒行逆施，而且十分关爱青年学生，因此认为只有推荐他出任训导长才能渡过难关。他知道出任训导长将承受来自政府的压力，又将受到同事们特别是学生们的误解，毁损自己的声誉，因而回避了一段时间。后来王校长通过他的堂弟赵学田教授转告他，如果他不承担，就可能有个特务或党棍被派来学校，后果将不堪设想。最后，师梅教授还是顾全大局，抱着“我不入地狱，谁入地狱”的心情答应了下来，担任了四年训导长。

师梅先生常以顾全大局来教导学生。现举一例。当时的武大只有一个简陋的校医室，仅有一位校医，八小时工作制，薪俸微薄，下班后还得自己开业。某夜一学生患趴病（四川乐山的地方病，患者全身发软，难以救治，重者危及生命，后经研究认为乃井盐中含氯化钡使人中毒所致），有同学去校医住宅要求出诊，被其家属以劳累回绝，次晨患者不幸死亡。同学们悲痛之余，除报告学校外，有两个火气大的同学去校医家砸了门窗，又去校医室砸了牌子。事后校医向学校提出严重抗议，并要辞职。校医经校领导安抚和朋友劝说，虽勉强同意留下，但要求查处肇事者并向他道歉。面对这一难题，师梅先生利用早操后的时间集合讲话。他说：“同学们的激动心情可以理解，但行为粗暴，已造成不良后果。学校医疗条件差，校医仅一人，众多员工和学生中谁有病都离不了他。为此事件，他要辞职。请肇事者听着，为了大局，你们必须承认错误，接受处分并向大夫道歉，挽回影响。砸坏的门窗要修理，校医室的牌子要重做。我信任你们有血性有志气，好汉做事好汉当，我在办公室专候。”话虽短却很见效，当天就有两名学生受到感动，到师梅先生办公室“自首”了，此中也许还捎带有师梅先生已在青年学生中树立起较高威信的因素。从此矛盾逐步化解，广大学生也受到了教育。

## 和蔼可亲，乐于助人

师梅先生平易近人、和蔼可亲，学生都愿与他接近，在接近中受到他的教诲；他也在与学生的接近中对学生有更多了解。在学生中普遍印象很深的是他很注意德、智、体三育间的差异。他多次说过：“品德问题是别人要给你记账的。个人的坏毛病不仅难改，即使痛下决心改了，别人还是会记得你曾犯过某种毛病。业务知识也很重要，但只需自己记账。你一课没学好，甚至未考及格，只要你努力赶上，甚至超过一般，别人是不会再记住你以前曾经不及格过的。所以品德修养比业务水平更重要。体质则是老来要算总账的。年轻时不注意锻炼身体，生活无规律、经常开夜车，暂时看不出问题，而人到中年未老先衰，五十多岁就疾病缠身，什么理想、抱负也都将化为乌有了！”恩师就是这样教育学生，而且身体力行，用行动做大家的榜样。

他生活十分简朴。节俭下来的钱除在家乡办起一所小学外，还大量用以帮助贫困学生，使他们能顺利完成学业，受助者感恩不尽，毕业时一一到他家辞别；有的还跪下谢恩，并承诺将来还钱。恩师总是说：“钱不用还我，你有能力也资助几个贫困青年上学，就算还我了。”他不仅对学生，当同事有难处时，他也总是伸出救援之手。武大西迁乐山时，有位机械系老师在赴校途中不幸遇匪劫，行李财物被抢一空，到校后不知所措。师梅先生把他接到家食宿数日，并带动几位同事协力为他解决了衣食住问题。新中国成立后师梅先生所在单位年轻人较多，当时实行低工资制，家庭负担重者也常遇到困难。为方便帮助同事克服困难，他索性把自己的存折放到单位，谁有急需径自取用，归还之事他从不过问。

## 受恩师教育的体会

恩师赵师梅先生的教诲体现在做人、治学和办事的各个方面，使我受益终身。遗憾的是恩师的事迹有许多我在20世纪末尚未得知或未知其详。现对照我的所思、所做、所为，写出以下几点体会：

### 当今世界，成就事业一般都要经历风险

社会要前进，就要不断改造和变革，就会出现矛盾和斗争，就会有风险。师梅先生参加辛亥革命和维护武大的思想自由都经历了巨大的风险才取得了成就。推及其他方面也是一样。办企业就有竞争，优胜劣汰，必有风险。搞科技研究有成败的风险，也有事故的风险。虽然风险大小不一，但完全没有风险的事很难找到，即令找到也难以从中获得大的成就。

1962年，我被调到现单位中国工程物理研究院的前身，从事核武器的研制工作，通过自己的经历体会到这点。首先是事故的风险。核材料有放射性，核武器引爆要用炸药，因而在加工、装卸、实验过程中都有出现事故的概率。参加这些工作的人员中，确实就有极少数人因事故受伤，也有几个人牺牲，至今令人怀念。有次我在装在实验台上的核炸弹准备进行振动试验的现场，测试人员忽然发现厂房内不但在弹壳上，而且在暖气片上都能使试电笔发光，这现象引起了一场虚惊。因为当时炸弹内装的是敏感度高的火花隙雷管，虽然核材料是用惰性材料模拟的；但其中的炸药如被雷管引爆，其毁伤半径也将近千米。有我在内的实验领导小组紧急商定试验暂停进行，只留少数人查找未明现象的原因，其余人员一律到千米以外待命。幸而只过约半小时原因即查明，乃参试人员着胶底鞋与场地铺设的橡胶垫相互摩擦之故，基本未影响工作进度；但与我同留在现场查找原因的同志们，显然都承担了风险。

我们的核武器研制事业起步时还需承受另一类风险，即国际间垄断与反垄断的斗争风险。我们首先遇到的是苏联单方面撕毁援助中国研制核武器的协定，使我们不得不改变策略，自力更生，摸着石头过河。当我们在中央政府指挥、全国各方大力协同下完成了设计和试制，准备外场试验之际，又遇到美国的核讹诈，扬言要对我国进行核绝育手术。为了防范万一，我们不得不有所准备：复制所有的重要资料并易地秘密安全储存；疏散不影响后续主要任务的人员。当时一部分人员去基地参加试验，一部分人员疏散后，院设计部原共六位业务领导只留下我一人负责，不但要承担来自核讹诈的风险，也还要承担业务上的风险，好在

我们最终顺利度过了那段时间，不到两个月就迎回了胜利完成了我国第一颗原子弹爆炸的试验大军，疏散的人员也适时返回了。

这里陈述的风险显然比不上师梅先生曾经承受过的巨大风险，有的甚至是微不足道的，只能说是给了我们一点初步考验。

## 大力协同、顾全大局是完成好大型工程项目的必要条件

1962 年，毛泽东主席曾给我国两弹一星项目做过指示：要大力协同做好这件工作。上面我师梅先生为顾全大局的典范事迹，也是大力协同的出色表现。我们研制的核武器，主要为了装备导弹，因此技术上首先要与导弹适配良好，为此在着手研制前就需密切协调；而核武器内部也包含多个环节，需要多方交错协调。协调既商定分工，又商定相互技术数据和要求，故必然涉及各方分担任务的难易差别、留有余量的多少、承担风险的大小和如何解决尚存问题的途径等。为了协调和谐进展，必须要求参与协调的各方都能顾全大局，因此大力协同的风格是十分重要的。但还必须让参加协调的人员都能对大局了解。只有对别人的工作和难点都有大致的了解才有可能做到大力协同。我担任过型号总设计师，主持和参加过多次内外协调，为此也需要在协调前做好充分准备，并在协调过程中多次陈述相互了解、顾全大局的必要性才能有所进展。

大力协同的风格应该体现在“把困难留给自己，把方便让给别人”，师梅先生作出的榜样就是如此。我们在技术协作中提出的口号“有问题共同讨论，有困难共同克服，有余量共同掌握，有风险共同承担”，应该说这只是起码的要求。如果每位参与协调者都能按此口号去做，协调也就必然能够和谐地进行了。

## 以恩师德、智、体三育属性为座右铭

这是恩师赵师梅给予我们的重要而简捷的教导，大多数同学都能铭记心中，也在我的毕生经历中得到普遍应验。德首先应体现在诚信，这是处理好人际关系、事业成败的关键。我在哈工大跟苏联专家学习时，专家给定翻译苏联教材为学习任务。我在译到有体会之处就以脚注形式添加译者注。但有处译者注中推导有错误，经参译者相互校阅两次均未发现，交稿后的审阅亦未发现，因而存留在已出版的书中。译书出版后，一位武大学长（也是我的好友）在与我的通信中谦虚地向我提出问题之所在，经我考虑后才恍然大悟。怎么办呢？错了必须承认并及早纠正为妥。于是我即时拟定改正文字并函告出版社，要求在下次重印时予以改正，后已按要求做到。想不到时过四十余载仍有人读到我的本译著的初版书，发现了该错误，其旁恰有一位武大电机系校友，当面告诉他可能早有改正过的新版本了。随后该校友向我函询，才敢肯定它原来的估计是正确的。此事不大，但反映出能否知错就改，那就是品质问题了。

新中国刚成立时，我出于恐惧心理，将我的国民党党证烧毁。及至 1953 年忠诚老实运动时，已认识到共产党是持团结大多数知识分子的政策，就如实交代了此问题。此后也获得

了作为政治历史问题的正确结论。1956年我申请加入共产党时，曾被怀疑我在参加国民党后何以既无活动又未交过党费，经调查后确实如此，因此也就承认原结论并被表决通过入党。至于“文化大革命”中重新把此问题端出来穷追，那已是失去理性的现象，不值一提。此例也同样反映诚信的重要性。然而这其中还有件事须作说明，因为我参加国民党是恩师的介绍。我在武大毕业前几个月，恩师在一天晚上把有我在内的几个学生约到他住宅，告诉我们进入社会宜有个国民党党员的身份，面对各种关口可能会方便些；而当时参加国民党的手续很简单，只需填个简表就可以了。他随即把表拿出，让我们自愿取走。就这样我拿了表填好后即交给恩师，不久就拿到党证，此后再无任何活动。但这事我在“文革”中被反复穷追后对恩师产生了误解，直到在商讨为恩师写传记时才了解到他当时是为顾全大局才当了四年训导长，而且在任期内是反对管制青年学生思想并保护学生的，才消除误解并深感内疚。

体育是老来算总账的，对此我深有体会。我青年时代爱好多种运动，如乒乓球、板羽球、滑冰、游泳等；但仅从爱好出发参与活动而非出自锻炼的要求是很不够的。另外由于我未能注意保健知识的获取，加之长期未进行全面体检，直到年过花甲检出高血压、血管硬化等疾患时，已经是老来算总账了。这笔账是难还清的。从那时起，我只是亡羊补牢地坚持锻炼身体，开始控制饮食，以求减缓身体的劣化速度，从近二十多年来看还是有效的，但想还原健康体质已不可能了！只好常以自身的教训和恩师的教导来教育后代青年。

参加母校 110 周年校庆(2003 年)

人生在世，一切取之于社会，总得尽自己的最大努力，为社会做一些有益的事。

俞大光

二〇〇四年四月

### 简介：

1922年10月18日生于河北平乡。昆虫学家。1947年毕业于中央大学生物系。1991年当选为中国科学院院士(学部委员)。曾任中科院水生生物研究所、上海昆虫研究所和上海植物生理生态研究所研究员。

### 主要成就：

早年在鱼类寄生虫和鱼病防治研究中作出显著贡献。提出原尾纲系统发生新概念和建立了新的分类体系。倡导并组织中国典型地带土壤动物的调查研究。1987年获国家自然科学奖二等奖。1986年和1994年分别获中科院自然科学一等奖和二等奖。1998年获何梁何利基金科学与技术进步奖。

# 尹文英：记引领我入门的英国寄生虫学家史若兰

从小学、中学、大学一直到工作多年，每个时期都有老师的关心和呵护，使我能够顺利而健康地成长，获得知识和工作的能力，每念及此，我都对各位老师心存感激，默默地祝福他(她)们一生平安。

这里我特别想念的是在我首次踏上科研之路，也是开始人生旅途之际，引领我入门的英国寄生虫学家史若兰女士(N. G. Sproston)。

## 收徒记

1947年，史若兰女士万里迢迢来到上海，应聘为中央研究院动物研究所研究员，开展鱼类寄生虫的研究。来沪不久，大约是在1947年4月下旬的一天，史若兰先生在动物所所长王家楫先生的陪同下，参观了生物系并举行了座谈会，系主任要我去陪陪她。由于史若兰先生是第一次来南京，所以又在市里游览了两天。临行前，史先生问我，你毕业后将到哪里工作？我回答说尚未决定；她接着说：你愿不愿意做我的助手？我当时真是喜出望外，毫不犹豫地回答：我愿意！因为当时中央研究院很少接受女性研究人员。就这样，同年8月1日我就来到上海岳阳路320号3楼123室史先生的实验室，在史先生的指导下走上了科研之路。

史若兰先生早年于英国伦敦大学毕业，专业是鱼类寄生虫学，其中尤以研究单殖类吸虫为主，来中国之前曾担任 *Parasitology* 杂志编辑。她来中国是希望进一步深入、完善她在单殖类吸虫方面的研究，补充东方鱼类寄生虫的材料。

从1947年8月1日到史若兰实验室报到开始，一直到1962年年初送她出境的14年间，特别是在1956年水生所搬迁到武昌珞珈山以后，为了照顾年届花甲的史先生，研究所分配给史先生和我一套住房，我们共同生活在一起有五六年之久，无论是工作上、生活上，可说是亲密无间，形同母女。在这长长的师生相处的日子里，史先生对我在科研工作上的指引和帮助无处不在，身传言教难以尽数。

## 怎样看书

由于我在大学没有学习过相关寄生虫学方面的课程，所以当我进入实验室，谈到鱼类寄生虫时，真是一问三不知，心情非常紧张，而且史先生说的全是英文，当时并不能完全理解。可是老师还是和颜悦色地给我拿来了七八本厚厚的英文书和有关论文，要我先学习一些基础知识。从这天以后，除了每天常规解剖鱼类收集寄生虫外，整天读书不止。由于在抗战时期英文没有学好，看起英文专著要借助字典，相当吃力，所以看书的进度很慢。大约过了一个多月，史先生来问我，那几本书看完了没有？我只能如实地说我连一本也没读完！当时老师并没有责备我而是问我是怎样读的。我当然是从头开始一页页读下去啦。史先生笑笑坐下来，将如何读专业书和论文仔细地讲给我听。从此以后按照老师的教导，加强了我看书的能力，也提高了领会参考文献中心内容的理解力，使我终生受益。

史先生除了一开始就教我如何选读专业资料外，还经常提醒我要广泛阅读资料，关心有关学科的进展，如物理、化学等方面的新进展，比如在20世纪50年代前后农药666、DDT正方兴未艾，大家并不知道它们的残留物对人类健康的危害，但那时史先生就给我看过刚刚出版的原版新书《寂静的春天》。

史先生来华之前，曾较长时期担任著名期刊 *Parasitology* 的编辑，对国外期刊情况较为熟悉，所以经常有国外新出版的书籍、杂志寄来，而史先生习惯把相关的文章，或新发现、新理念等等一一做成摘要，不但给我们组学习，也给动物所其他研究组传阅，让我们及时学到新的东西，开阔了思路和眼界，对以后开展研究工作帮助很大。

## 主动请缨

1949 年上海解放以后，科研人员情绪高涨，积极主动承担任务，动物研究所已改制为中国科学院水生生物研究所，1951 年在无锡蠡园成立太湖淡水生物研究室，史先生带领我们一起来到太湖之滨，承担鱼病发生原因的探索研究，除了淡水鱼类寄生虫以外，水体中的浮游动物、水质化学也都是研究对象。

当时在水产养殖方面存在的主要问题就是淡水养鱼的死亡率太高，从鱼苗养到一斤左右的死亡率在 50%左右，最高可达 80%以上，使鱼农深受影响。研究所的多位先生经过几次讨论，认为应该主动请缨承担这项任务，其中史先生也积极表态愿意把组内工作转向鱼病调查和防治的研究。由于青、草、鲢、鳙这四种池塘养殖鱼类是我国特有种类，和国外的养殖鱼类完全不同。史先生一时也找不到有关的外国资料，所以一开始就从多方面入手，如水质化学、水体中的浮游生物，当然还有鱼类寄生虫的调查等等，每月采样 1 次，包括苏州、无锡附近的一些养鱼池。史先生的研究组当时只有 4 人，这么大量的工作，真把我们忙得不亦乐乎！于是 1953 年水生所在我国著名淡水养鱼区浙江菱湖建立鱼病工作站，专门进行鱼病防治的研究，史先生开始对这项工作非常热心，由当时伍献文副所长和我陪同史先生去和当地镇政府谈判，争取支持。可是当史先生留下来数日开展调研工作时却碰到了意想不到的困难。那时在中国农村很少见到外国人，尤其是外国女性，虽然史先生来中国后完全是穿中装(但色彩较鲜艳)。但我们一走到鱼池边的小路上，就会招来成群的大人小孩围观，使我们寸步难行，无法开展工作，更有甚者，当我们在小饭馆吃饭时，四面也满是围观的人，就连回到招待所睡到床上，窗外也扒满了大人小孩，史先生很生气，但也无可奈何！

## 严格要求

史先生写得一手好文章，她不但为她的学生们仔细修改论文，而且也热心地为全所的人修改文稿，有时还有一些外所的年轻人也来找史先生修改稿件，她都欣然接受。后来动物所出版的学术刊物 *Sinensia* 全部是英文版，收到的稿件也全部由史先生审阅修改。这中间，她对中国人写的文章，不论是文法还是用词，甚至整篇论文的布局，都认真地、不厌其烦地予以帮助，并且还当面说明为什么这样修改的原因，不但使对方非常满意，而且个个心存感激。

可是，有一次另外一位在中国工作的中年英国人写了一篇有关海洋生物的学术论文，请史先生看一看。这篇论文并不长，史先生改了两百多处。当史先生改好交还给对方时，那位英国学者却出言不逊，责怪史先生太不给她面子，让她在众人面前出丑，可史先生却说，中国朋友写英文论文，不是自己的母语，有错误可以理解、可以原谅，而你是英国人，写英文写成这个样子不觉得难为情吗！我仔细地为你改正，是希望你不要给英国人丢脸！史先生严词教训那位同胞姐妹的情景，给我留下深刻印象，让我经常警惕自己不要犯同样的错误！

对于我们实验室的每个人，史先生都很关心，不但关心在业务工作上的进步，而且在生活上也很关心，平时不计较一些细微小事。可是如果让她发现你荒废工作，不按计划行事，她就会毫不客气地当面指出。可是，由于国情不同，一些不便解释的问题会让她很生气，往往也会产生奇特的矛盾。比如每次所里开展政治运动时，写大字报、开会等等，有时一两个星期都不能正常进行实验室工作，史先生就会来责问我，我只能支支吾吾无法向她说明白。因此，史先生曾经不止一次要求所长扣除我当月的部分工资，因为不做科研工作就不应该拿到科研人员的工资(那时科研人员工资高于一般工作人员，和现在的情况完全不同)。所长也没有办法向她说明，当然也没有扣除我的工资。这件事以后也成了所里的一桩笑柄！看起来，这也是值得我们深思的一件事。

## 生活和离别

史若兰先生虽是外国人，可她来上海后希望完全融入到中国科研人员的行列中去，除了保留每天喝咖啡的习惯外，从衣着、伙食等都想做到和同志们一样。可她虽然穿着中装，显然还是和中国妇女并不相像。当时史先生最喜欢的一套衣服就是红色的长裤和兰白小花的大襟小褂，色彩搭配鲜亮，那个时代，走在外面特别招路人围观，她对此常感不满。平时她大多和我们一样吃食堂的伙食，隔两三个星期常到英国文化委员会李约瑟先生和夫人那里改善改善生活。但是后来到无锡太湖工作站时，她吃不惯中式早餐(稀饭、馒头、咸菜)，却喜欢上了小镇上做的葱油烧饼，以后就常常走到 2 里路外的小镇去购买，可是史先生却从来没有说过她不习惯或不喜欢。1956 年以后，水生所从上海搬到武昌珞珈山建所，位于东湖之畔，远离城市，开始时并无商铺，生活十分不便。因此，就请了一位保姆来烧饭，由于语言不通，我就和她们一起，成了“三口之家”。可是到三年自然灾害时期，湖北省首当其冲，“亩产三万六千斤”、“吃饭放卫星”等等。这时我也无法维持这“三口之家”了，虽然给史先生有些粮油照顾，我又回到食堂吃饭，可是保姆食量大，史先生的照顾粮还不够保姆吃，真是捉襟见肘。这种窘境逐渐被史先生发现，虽然她始终没有抱怨过什么，却产生了离开中国的念头。

1961 年，史先生向所里交了请假半年到加拿大舅父家探亲的报告，经过层层领导研究，最终同意了她的报告。我于 1960 年年底从武汉送别史先生到广州出境，当时史先生还希望情况好转后再回到我们实验室来，她把中国当成了她的第二故乡，却没料到，此一别，竟成永诀！

史先生虽是女性，但性格刚强，十几年来从未见过她落泪，然而在临分手时我们竟然抱头痛哭了一场！史先生以后到澳大利亚的悉尼任职，她去世时正值“文革”我被隔离审查之时，直到两年以后我才得知她的噩耗，但为时已晚，无处去吊唁了！我终生遗憾！

史先生，我永远怀念您！

在中央研究院动物研究所工作(1948—1949 年)

创新是科学研究的灵魂
勤奋乃事业成功之保证
谦逊严谨才是书生本色
团结合作更显時代精神

尹文英
2004.3.12.

## 简介：

1928 年 6 月 15 日生于江西广丰。气体动力学家。1953 年毕业于大连工学院机械系。1963 年中科院力学研究所高速空气动力学研究生毕业。1991 年当选为中国科学院院士（学部委员）。曾任中科院力学研究所副所长、气体动力学和气动物理联合实验室主任，中国力学学会常务理事，激波与激波管专业组组长，中国空气动力学学会副理事长，《空气动力学学报》常务编委，中国航空学会理事，空气动力学专业委员会副主任，中国宇航学会气动力学专业委员会委员。

## 主要成就：

在中国首先开展激波管研究，建成高性能激波风洞和配套的瞬态测量系统。提出方案并参与实现对激波管流动和有关瞬态测量的关键难点的突破。开创了在航天器研制中广泛应用激波风洞的实践，为中国高超声速流实验开创出一条节省资金的独具特色的新途径，并促进了中国激波管事业的发展。提出了一种利用普通激波管产生完整爆炸波的构思，已成功地运用于冲击伤试验装置中。提出并采用爆轰驱动新方法建成爆轰驱动激波风洞，为提高实验气流焓值开辟了一条新的途径。致力于将气体动力学原理和方法应用于改善和革新与气体流动有关的生产工艺研究。2002 年获何梁何利基金科学与技术进步奖。

# 俞鸿儒：师长的教诲

我有许多老师和长辈，他们教我如何学习、工作和做人。本文回顾师长对我的思想方法和工作作风的形成和变化具有重大影响的一些事例。

## 看事情要弄清实质

大约在我念小学或初中的时候，我家附近有一个老板，既盖新房子，又为母亲祝寿。排场很是气派，周围的人都很羡慕。当时我父亲俞殿臣却对我说：这个人快垮台了。果然不久他就宣告破产。这件事令我感到很奇怪，便问父亲怎么当时就能看出来？父亲回答我，他近年来做生意赔了不少钱，根本没有能力办这些事。他硬撑着摆阔，无非是想让别人还相信他有实力，以便渡过难关。这种做法必定弄巧成拙，垮得更快。我父亲接着对我说：看事情不能被表面现象所迷惑，要弄清其实质。

又有一次，周围一个邻居被骗了，非常后悔，说以后要辨别骗人的手法，再也不上当了。我父亲则对我说：骗子的骗术千变万化，很难一一识破，按这种思路防骗还可能再上当。我问父亲有没有防骗的好办法？父亲说：有。人之所以被骗，源于有贪图便宜的意图。只要不谋额外之利，骗术便难以得逞。就像身体强壮的人，免疫力很强，就难得传染病一样。

在我好奇又喜模仿的岁月，这些谈话，深深地记在我脑海里，引导着我看事情、想问题要抓住实质。

## 要把事做彻底

1952 年秋，系党总支书记雷天岳同志和我们谈话。他说：无论是对一个集体还是个人，作风都非常重要。你们很快就要参加工作了，要注意培养良好的作风。尤其是开始做第一件事，下决心要做成功。不能碰到困难就放弃，一定要千方百计克服它、战胜它，养成习惯将终身受益。雷天岳同志是新中国成立前上海学生运动领导人之一，是我在上海读第一个大学时未谋面的学长。他为人正派、热心、谦逊，我很尊重他，愿意听从他的嘱咐。以后遇到困难时，甚至是看起来难以克服的困难，都愿勇敢地去面对它。

1960 年，中央交给中国科学院一项紧急任务：对群众技术革新运动中涌现出来的十个项目给出评估。钱学森所长领来其中的两项：超声波应用和涡旋管制冷。我作为钱所长的助手对涡旋管制冷是否值得提倡进行评定。在评定过程中，另一研究所的同志向我提供了一个信息：涡旋管分离的空气中，氧气浓度提高了。我立即向钱所长作了汇报。他听后很高兴，并告诉我：如果能这样容易获得富氧空气，可用来提高燃烧效率，对节能很有价值。要我马上弄清楚，究竟氧气能富集到什么程度？为了确定这一新现象，我立即做了几份样品送去请他们测量。测量的结果却令人失望：涡旋管不能富集氧气，并补充说上次结果是搞错了。我将此事转告钱所长，他问我有什么看法。我也认为空气中的氧气不会如此轻易被富集，他们这次的测量结果是可信的，上次是错的。钱所长马上说：我们不去推究他们怎么做工作，既然你认为涡旋管不可能富集氧气，那你就应给出可信的证明才能得出定论。此后几天，天天问我进展如何。按当时我的水平和能力，确实难以完成这项证明。钱所长也觉察到了这一点，加上当时又有一件紧急的事要我去做，便对我说：这一次饶了你，这件事告一段落。但他告诫我，以后做任何事，都要善始善终，不可中途而废。

1992 年元旦前后，航天部一位朋友来找我。他对我说：前些时候我们为澳大利亚发射的人造卫星未到达预定目标。分析故障原因时发现传输测控信号的电缆距离发动机喷管比较近。该喷管在 80 km 以上高空工作，工作时表面温度高达 1 500 K。它对电缆的辐射加热是否会造成破坏？回答这一问题需要进行地面实验才能给出判定。两三个月后就要再次发射，时间紧迫。他已找过国内外有关单位，他们都面露难色，问我能不能帮他们做这个实验。经过短暂的思考后，我得出这项工作的关键性难点是高真空环境中如何将喷管模型加热升温到 1 500 K 的结论，并认为采用低压大电流直接欧姆加热能够将模型加热到所要求的温度，因此便答应了他的要求。等到实验模型送到实验室后，测出电阻非常小，甚至低于导线接头处的接触电阻，提出的实验方案因而难以实施。怎么办？告诉航天部，说实验做不了。丢面子是小事，急需解决的问题就不管吗？这时“做事要做彻底”的信念促使我要勇敢地面对这一困难。于是我一方面向大家请教，同时集中全部精力探求解决问题的途径。一天夜里，似睡非醒之间，我突然想起初中物理老师讲过的内容：导体电阻与长度成正比，与横截面积成反比。若将板状导体切一刀，长度增一倍，截面减为一半，电阻不就增为四倍了。再切一次，电阻就可增为十六倍。真是“踏破铁鞋无觅处，得来全不费工夫”。就这样多切了几次，模型的电阻便很快满足了要求。实验因之顺利完成了。在准备和进行实验的那几天里，航空航天部部长林宗棠同志两次来实验室考察。当时正是春节前后，天寒地冻，林部长获悉我们因缺电只能在深夜做实验时，就特意通过国务院让北京市给我们增加电力供应，使我们能够在白天工作。同事和研究生们知道是做紧急的重要工作，都乐意放弃节日活动和休息，认真完成实验任务。

近年读到孙中山先生的一段语录：“劝诸君立志：是要做大事，不要做大官。什么叫做大事呢？大概地说，无论哪一件事，只要从头至尾彻底做成功，便是大事。”孙先生把“从头至尾把事彻底做成功”提升到了立志的高度。

## 导师郭永怀的鼓励与支持

1956 年，中国科学院公开招收研究生。我慕名报考了钱学森先生创办的力学研究所的流体力学研究生。

导师郭永怀先生同研究生第一次见面时，就对我们说：他回国的目的是为了报效祖国，为国家科学事业做铺路石。当前开展研究工作的基础条件很差，打好基础是当前最重要的事情，他希望我们也要有做铺路石的思想准备。

郭先生还告诉我们：中国的力学工作者，无论在国外还是在国内工作的，会做实验（不是试验）的很少。你们五人中，四个做实验工作。希望你们把精力投入到中国力学事业的薄弱环节。诺贝尔奖获得者丁肇中先生在授奖仪式上用中文发表的演讲中讲道：“我是在旧中国长大的，因此想借这个机会向发展中国家的青年们强调实验工作的重要性。中国有一句老话：‘劳心者治人，劳力者治于人。’这种落后的思想对发展中国家的青年们有很大的害处。由于这种思想，很多发展中国家的学生们都偏向于理论研究，而避免实验工作。我希望由于我这次获奖，能够唤起发展中国家的学生们的兴趣，而注意实验工作的重要性。”郭永怀先生和丁肇中先生都很重视实验工作。

郭永怀先生从全局利益出发，实事求是地讲述问题，令我们很信服。他不像许多老师和家长那样，刻意要自己的学生或子女成为飞黄腾达的“龙”，而是希望我们做踏实干活的“牛”。

20世纪50年代末60年代初，国家面临三年困难时期，力学研究所不少项目被取消。我们的课题虽然保留下来了，但能得到的经费非常少。郭先生对我说："钱少亦能工作，应该学会用最省钱的办法解决困难问题的能力，那才是真本领。"当时我对郭先生的话只有片面的理解，认为这是应对当时困难局面的权宜之计。"文革"期间，我和组内同事李振华对当时的各种活动都不感兴趣。1967年春节过后，便从西直门运输起重合作社请来两位师傅，我们四个人一起静悄悄地将一座大尺寸高性能激波风洞安装起来。五一节前夕郭先生来实验室，看见这一庞大的装置后，一向和善的他非常生气。当时北京大学力学系正在加工一台规模较小的激波风洞，加工费就要80万元。郭先生误以为我们花了巨资才建成这一装置。等到他知道实际情况后，才转怒为喜。

郭先生为什么生气？这个问题让我琢磨了很长时间。我想郭先生是怕我们花大钱办事，得不到真正的锻炼，做不出特色。因为自然科学研究具有竞争性，只有第一，没有第二。如果你一味模仿，是难有好结果的。当时国家还很穷，工业技术又很落后。想依靠充足的经费、庞大的设备和精密的仪器做出有特色的成果是鲜有可能的。为了扬长避短，在国内如此环境下开展实验工作，创造省钱的实验方法是极为重要的。想到这里才真正理解郭先生要我们用省钱的方法做实验的用意。以后我在与国际同行的交往中发现，受到别人尊重的总是那些用巧妙方法做出特色的结果。

郭先生指导学生采用启发诱导的方法。向你提问题，并不告诉你怎么干。偶尔提出具体做法，但马上会跟上一句话：这只是建议，希望你想出更好的办法。他反对学生迷信权威和照葫芦画瓢，要求你做什么事都要动脑筋，勇于探索并支持探索。他让我做激波管实验，驱动方案对于激波管的性能和所需经费都具有重大的影响。氢氧燃烧驱动具有费用省、对附属设备要求低和驱动能力强的优点。但发达国家的科学家通过实践得出结论：这种驱动方式产生的试验气流品质差且潜在危险性大，已基本上放弃使用。郭先生问我选择哪种驱动方案？我回答：我们只有开展氢氧燃烧驱动的物质条件，虽然现在还说不清楚，但认为氢氧燃烧驱动目前出现的缺点是可以克服的。郭先生鼓励我按自己的想法开展工作。经过实验观察和分析，我们找到了试验气流品质差的原因并提出了改善的方法。至于容易出事故的原因则一时还没有找到。郭先生就让我做实验，继续找原因。还特别叮嘱我要小心，保证不发生人身伤亡事故。后来存在潜在危险的原因也找到了，我们采取了相应的安全措施后，再未发生严重事故。在弄清事故原因的实验过程中发生了几次事故，严重的一次把临时搭建的棚子都炸飞了。然而每次事故后我都未遭责难，反而得到郭先生的安慰与鼓励。原来郭先生已预先向党委和钱所长说清了情况。如果没有郭先生的鼓励与支持，这种工作是难以开展的。

湍急的长江三峡航道中，矗立着一块巨大的礁石，上面刻着三个大字，"对准我"。经过该处的船只，只要对准它航行就能安全通过，否则就可能粉身碎骨。这说明有许多事情是和直观的预测不同的。我们常说的“有心栽花花不发，无心插柳柳成荫”、“适得其反”就是这类事情的反映。郭永怀先生1956年11月回到阔别多年的祖国，1968年12月5日不幸因公牺牲。回国后工作的12年期间，他把主要精力从擅长的理论研究转移到组织、领导国内力学与国防科研工作。虽然他自己选择了不易取得科学成就的工作，甘愿做人们看不见的铺路石，却仍荣获“两弹一星”功勋奖章。

与德国友人在上海黄浦江畔(1996 年)

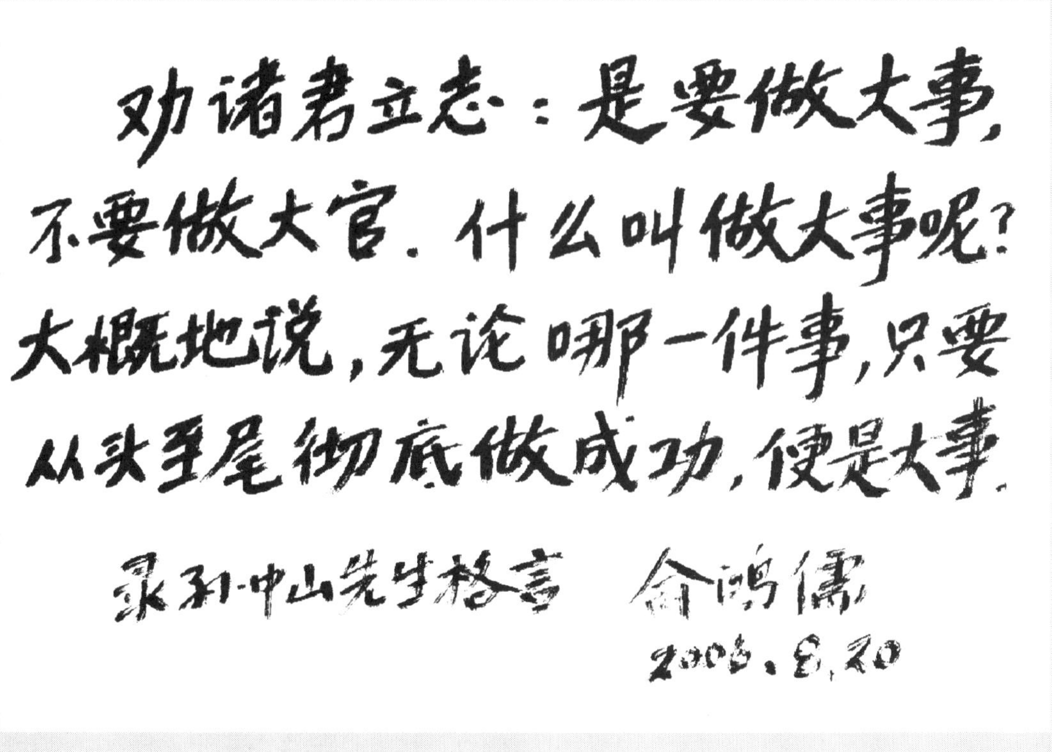

劝诸君立志：是要做大事，不要做大官。什么叫做大事呢？大概地说，无论哪一件事，只要从头至尾彻底做成功，便是大事。

录孙中山先生格言　俞鸿儒

2006.8.20

## 简介：

1929年4月30日生于湖南零陵，祖籍江西吉安。数学家。1952年毕业于武汉大学数学系。1958年获苏联莫斯科大学副博士学位。1988年获澳大利亚麦夸里大学荣誉科学博士学位。1991年当选为中国科学院院士(学部委员)。曾任南开大学教授，北京师范大学校长，汕头大学数学研究所所长。

## 主要成就：

中国概率论研究的先驱和主要领导者之一。研究生灭过程，首创了极限过渡的构造方法，彻底解决了生灭过程的构造问题。在马尔可夫过程的遍历性、常返性、0－1律、Martin边界等的研究方面有多项重要成果，并率先开始随机泛函分析的研究。求得了高维布朗运动及对称稳定过程末离球面的时间分布、位置分布和极大游程分布。在国际上最先引进多参数Ornstein-Uhlenbeck过程，取得了系统的研究成果。

# 王梓坤：白鹭洲求学记

## ——缅怀顾祖荫校长、高克正老师

1942年秋，我考入江西省立吉安中学(今白鹭洲中学的前身)。那时，为了躲避日寇狂轰滥炸，学校由吉安迁到遂川县枣林镇；一年后，又搬到吉水县平湖村；1944年，迁回白鹭洲。次年，我初中毕业。

我的家境十分贫寒，小学五年级时父亲去世，他临终时再三嘱咐我要“埋头苦干”。此后，我每天都面临失学的危险。小学毕业时，家乡父老认为我读书努力，有发展前途，便再三劝说家长让我升学。母亲克服了巨大困难，借了两担谷子作为路费，我便跟着年长的同学，步行到吉安考中学。那时招生的还有赣省中学、扶园中学等。我年纪小，不知天高地厚，竟然报了最难考的吉安中学，原因是省立中学收费低。很幸运，我居然考上初中一年级。那时交通不便，又无旅费，只好自己背着行李，步行几百里，翻山越岭，奋斗四五天，来到群山深处的枣林。这是一个安宁、祥和、古朴的小镇。每三天赶集一次，农民们出售土特产，很是热闹，平日便很少行人了。学校旁边有一条小河，小船连成的浮桥，随波起伏，很好玩。我离家后第一个中秋之夜，便在这浮桥上度过。学校要求讲卫生，我买来一包牙粉，第一次尝到牙粉刷牙的爽劲，才知道天下原来还有这么好的东西。天气炎热，换下的衣服如何洗？我忽然想起妇女常用扁木槌捣衣，我也学着拾起一块扁石头，只几下便打出几个大洞。衣服破了，没有衣换，我又想到，有一块包行李的白布，何不拿来做衬衫。没钱请裁缝，就自己动手吧。我把这块布对折成长方形，两边缝好，留出袖口，再在第三边上剪一个半圆洞口，便成了世上最凉快的运动衣。

校长顾祖荫先生，江西永新县顾家巷人，毕业于河南大学。抗日军兴，任省立南昌二中教务主任。1940至1946年夏，任江西省立吉安中学校长。清廉勤奋，广聘人才。对学生既传授知识，又注意培养爱国主义精神。1946年，任国立中正大学副教授，新中国成立后任南昌大学副教授，省政协委员。

顾校长身材高挑，亲自教我班英语。开始两三节课我摸不着头脑，实在急了，便用中文注音，记得“what's your name”，我用中文注的是“袜子油惹母”，居然有效；应付了一阵才走上正轨。顾校长还教我们地理。他是地理学专家，各国地形、风土人情，全都烂熟于心，随手画来，便是相当准确的地图。每星期一第一、二节课，是例行的“总理纪念周”，全校师生出席。首先背诵孙中山遗嘱，然后校长讲话。顾校长做事十分认真，讲得很实际，大都是学校新进展，可惜我现在一点也记不起来了。

班主任高克正老师祖籍浙江杭州。幼丧父，家贫不能入学，全靠自学成才。1925年与顾祖荫结婚，曾执教于南昌市正蒙小学、葆灵女子中学、南昌女子中学、省立吉安中学。极富同情心，特别关注贫困学生。胡克（江西师大教授）、廖绵浚博士（国际著名水土保持专家）、万籁（原上海天文台副台长）等均身受她的帮助而得以完成学业。

高老师教我们国文（语文），她很严肃，难见笑容，但对学生十分爱护。那时学校因陋就简，教室是临时搭的，用泥巴糊成竹片墙，道路泥泞，雨夜尤其难行。高老师每晚必提着灯笼，到教室检查自习，默默地走到每个同学身旁，看他做作业。那时还有童子军训练，高老师领着我们这些十二三岁的顽皮孩子，步行几十里，走到丛林深处去野营。那天我口渴难禁，看见一个茶壶，急不可待地猛喝了一口，不料其味难咽，原来里面装的是生发油。

没有电灯，每个人自备小竹筒，里面装着油，上面放一小碟。碟中一两根灯芯，点燃后灯光如豆，各人就靠这一点光自习。我无钱买油，只好坐在别人旁边沾光。但我还是受欢迎的，因为我在学习上多少可以帮助别人，这些事高老师都看在眼里。学校要求宿舍整洁，叫大家把自己的洗脸毛巾折好，挂在绳上，牙刷口缸，要放在毛巾下面，整整齐齐排成一行。但这对我却成了难题，我的毛巾是母亲织布的布头，即开织时前面的二三尺，非常粗糙，线头很多，相形之下，实在太不雅观。我不愿挂出去丢人，怕被同学们误认为是抹桌布，自己吃了亏也不便说。这些，也许高老师也知道。开饭了，大家像一群饿狼，八个人抢着围成一桌，桌上只有一大盆白菜或萝卜，自然不够吃，饭倒是够的。食堂门口有许多乡民，提着几碟小菜，卖给学生作为私菜，有钱的同学即靠此补充营养，穷学生只好“望梅止渴”了。

穷，并不可怕，可怕的是无雄心壮志，不努力奋斗。穷没有打倒我，反而成了我自豪的资本。我的头昂得高高的，我这样想：有钱学得好，没什么了不起，因为你条件好外援多；穷而学得好，那才算有能耐；我决不求人，要让别人来求我。这自然是极幼稚的想法，须知我那时还是十三四岁的孩子。我所以唠唠叨叨说了这许多，是因为现在还有许多穷困学生，让我们互相鼓励、力求上进吧！

初中一年级上学期，我家想尽办法借债让我缴足了学费，这样才能进入校门。第二学期以后，实在无法交学费了，我天天为怕失学而苦恼。想来想去，终于让我想出一个绝妙的方法来。要申请免交学费是不可能的，不妨请求缓交吧！于是我给高老师写了报告，没想到高老师二话未说，马上同意，这也许是她平日对我已有所了解吧！高老师真是我的恩师，没有她的帮助，我的最高学历只是初中一年级。当时物价飞涨，开学时一学期的学费，到期末只够吃两顿饭，所以学校也就不催。后来每学期，我都如此办理，居然读完了初中。不过毕业文凭还是扣在学校，后来幸亏王寄萍同学帮我取了出来。1945 年，我考上了国立十三中念高中。我虽然穷困，却每次都能上最好的学校，真是万幸。

1943 年学校迁到平湖村。这时发生了一件大事。政府号召学生参军抗日，名称是青年军。顾校长高老师是伉俪，他们的儿子顾端在本校上高中，才 17 岁。顾校长毫不犹豫，立即动员顾端报名参军。在当时这是抗日爱国行动，人人敬佩。我年纪虽小，也更加认识到两位老师人格的高尚。至于后来青年军被国民党反动派所利用，那是另一回事了。不过顾端很快认清了反动派的真面目，1948 年，他到苏北解放区参加革命，为人民做了许多好事。

日历翻到 1944 年秋，学校迁回白鹭洲。这里完全是一番新气象，我仿佛进了天堂。从此有了电灯，再也不必自备油灯了；有了图书室，可以自由自在地找到心爱的书；膳食大大改善，不必为一片白菜而争吵。画栋雕梁，河光美景，抚育着我们年少的心。赣江日夜奔流，催人奋发上进，像这样诗情画意般的学习环境，在全国也是少有的。

我在白鹭洲只学习了一年，学习条件太好了，同学们都心满意足，安心学习，一切都显得平静安祥，似乎不会有什么意外。不料在我毕业离校以后，大约是 1946 年，却爆发了一件轰动性的大事。那时，由于蒋介石的残酷统治，学校发生了学潮。一些学生被捕，同学们激于义愤，围攻警察局，局长下令开枪。顾祖荫校长挺身而出，高呼不准开枪。流血事件被制止了，学生也得到释放，但顾校长自己却头部受伤。是他和其他老师的正义行为保护了学生，人们永远怀念我们的好校长。

白鹭洲中学有着悠久而辉煌的历史，这里名人辈出，弦歌不辍，我作为一名老校友而深感自豪。让我们以百年校庆为新的起点，团结一致，奋发图强，弘扬文天祥的浩然正气，为祖国为人民作出更大的贡献。

与夫人谭得伶在云南大理蝴蝶泉畔(2001 年)

十年磨一剑，
不敢试锋芒；
再磨十年后，
泰山不敢当。

王梓坤

2004.3.20.

## 简介：

1931 年 4 月 28 日生于福建福州。晶体学家。1955 年毕业于厦门大学化学系。1960 年在苏联科学院巴依科夫冶金研究所获技术科学副博士学位。1993 年当选为中国科学院院士（学部委员）。曾任中科院福建物质结构研究所所长，中科院化学部常委，中国晶体学会副理事长，中国物理学会常务理事，中国化学会常务理事，国际晶体学联合会仪器委员会委员等。

## 主要成就：

主要在晶体结构化学、材料科学和固体物理三个学科交叉领域从事基础和应用基础研究。主持完成“核试验瞬时过程测温装置”的研制，并成功地应用于核试验测温工作。合成了大量无机功能材料，构筑了相关体系的相图，并测定了化合物的晶体结构。在中国推进了相图在单晶体生长中的应用。在生长优质紫外倍频材料偏硼酸钡低温相（BBO）单晶体方面获得成功。1999 年获何梁何利基金科学与技术进步奖。

# 梁敬魁：回忆我的老师卢嘉锡、阿格耶夫、陆学善

我家庭清贫，如果不是解放了，根本不可能上大学，新中国成立初期上大学无须交纳学杂费，学校还提供免费食宿，家庭有困难的学生还可以申请助学金。在报考大学专业时，为报答国家的培养，我本希望学地质，开掘我国 960 万平方公里国土的地下宝藏，使国家富强，但是由于体检时查出平足，不符合报考地质院校的条件，只得作罢。我想我不能走遍千山万水探宝，那也得为探宝做化验工作，于是我报考了化学系，并于 1951 年秋如愿考取了原福州大学（由新中国成立前的协和大学和华南女子大学合并而成）化学系。

1953 年秋，原高教部对有关大学院校进行了院系调整，我们转入厦门大学化学系三年级就读。厦门大学依山傍海，景色秀丽，环境僻静，是读书的好地方，更重要的是化学系具有很强的师资力量，这里汇集着一批学识渊博、学风严谨、爱护学生、诲人不倦的优秀教师。他们高尚的品德和优良学风，一直

教育、鼓舞和鞭策着我们，为国家的科教工作作出了应有的贡献。

在厦门大学学习期间，众多课程中，我最喜欢的是分别由卢嘉锡先生和田昭武先生讲授的《物理化学》和《物质结构》。卢先生讲课声音洪亮，很有感染力，不是填鸭式的照本宣科，而是用一张写好提纲的卡片，作为授课提要，一讲就是二节课或一个上午。他的讲课由浅入深，简明扼要，生动而风趣，富有哲理性和启发性。卢先生讲课板书清秀，条理清楚，层次分明，逻辑性强，推导严密。课堂笔记根据内容分布，段落清楚，易于学生理解和掌握。即使像比较难懂的热力学第二定律，他也能化难为易，先用严谨而准确的语言介绍热力学第二定律不同的经验说法：热总是从高温物体传到低温物体，而不能相反方向传递不引起其他变化。第二类永动机是不可能造成的。在隔离体系中熵总是增加。继而通过严密的推论和数学推导，导出与其相关的基本关系式，再用实例运算加以说明。同时在课堂上不时带出富有启发性的提问，以巩固和加深我们对基本概念的理解，考试形式和考试题目都很灵活，以达到学以致用的要求，因而大大提高了我对《物理化学》这门课程的认识和兴趣。特别是其中的物质结构部分，它涉及事物的本质，且具有广泛的应用前景，深深地吸引了我，使我改变了当初由于平足不能学习地质专业，而想为地质矿藏做化验工作，学分析化学专业的初衷，决定选学《物理化学》专业。一位优秀的老师，他能够影响学生的志向，在他选择将来所从事的专业时起到决定性的作用。这一选择成了我以后由于偶然因素被分配到物理所从事晶体学研究的重要基础知识来源。

卢嘉锡先生不但教我们课本的知识，更重要的是教我们学会对问题的思考方法，培养我们解决实际问题的能力，如何把复杂的问题分解为简单的问题来认识，遇到问题要先进行“毛估”，他常说“毛估”比不估好，并要求学生在解决问题之前，把问题的结果先估计出大致的数量级，这样可以训练学生避开烦琐的计算，立即抓住问题的本质，必要时再仔细计算，这就大大增强了学生解决问题的能力，并提高解决问题的效率。卢先生对学生要求严格，言传身教，他强调一个科学工作者要用 $C_3H_3$ 来要求，即 Clear Head（清楚的头脑）、Clever Hands（灵巧的双手）、Clean Habit（洁净的习惯），引导学生自觉培养科学工作者应有的素质。

我们在学生时代时，卢先生已是我国为数不多的年轻的中科院学部委员（院士）、一级教授之一，但他平易近人，对我们提出的问题，有的甚至是十分幼稚可笑的问题，都给予认真回答，使我们受益匪浅。20 世纪 80 年代初，卢先生调来北京担任科学院的领导，随后兼任党组书记的重任，我和他接触的机会就更多了。他虽然工作十分繁忙，但对学生的业务成长仍是满腔热情，倍加关怀，不遗余力地给予指导和帮助。他精通中、英文，他修改的稿件往往能起到画龙点睛的作用。当时，《中国科学进展》化学卷英文版编辑部约我结合自己的工作（关于碘酸盐热力学性质和结构化学方面的工作）撰写一篇综述评论文章。我将初稿送卢先生征求意见，卢先生对英文稿进行了认真仔细的审阅，从文章的结构、段落、标点符号、错别字、用词不当、图表题目，以及哪些地方应该用定冠词，哪些地方应该用不定冠词等，提出修改建议，并都加以认真推敲修改，使我从中获得极大的教益。20 世纪 90 年代，卢先生在我的院士“自述”文章中还指出了错别字和用词不当的地方。例如：我把闽侯县的“侯”字误写成气候的“候”字、名列前茅的“茅”字误写成矛盾的“矛”字、照本宣科误为“照本宣讲”等。卢先生这种一丝不苟、严谨治学、细致认真的学风是一种无形的榜样力量，教育我们应该如何治学做学问。

卢先生作为一位正直的科学家，光明磊落地为祖国科技事业竭尽全力地工作。对于这样一位科学家，在“文化大革命”时期其艰难处境是可想而知的。他被挂上“反动学术权威”的黑牌子，接受批判、劳动改造、打扫厕所卫生。对待这一切，他非但不抱怨，还风趣地说，牌子不算重，厕所他打扫得特干净。因为他收集了实验室的废酸，以废治污。他这种乐观开朗的精神逗得大家发笑。“文化大革命”后期，恢复了卢先生的领导工作，他又一心扑在恢复科研和研究所的组织管理上。在他的生活哲学词典里，就没有“心有余悸”这个词。同时，他毫不计较自己在“文化大革命”中所承受的打击和非难，使一些心怀内疚的同志也放下包袱，投入到科研工作中去。卢先生表现出一个共产党员的宽广胸怀和非凡气度，令人钦佩。他晚年虽身为国家领导人，但仍孜孜不倦地学习，接受新事物，经常要我帮他查找有关结构化学和晶体材料方面的最新文献资料。了解国内外发展概况，以便指导年轻人的科研工作。这种活到老、学到老和工作到老，为科学献身的精神是我们学习的榜样。

1955 年大学即将毕业时，我被厦门大学推荐参加由高教部招收的留学苏联的研究生考试，有幸被录取了。之后作为中国科学院派往苏联科学院学习的研究生，经过一年的俄语培训和哲学课程的学习（苏联研究生必修的课程），1956 年就被分配到苏联科学院巴依科夫冶金研究所。师从该所副所长阿格耶夫通讯院士（后为院士），学习金属合金热化学和晶体化学。第一次到研究室，导师对研究室主要研究方向、人员、设备条件作了一般性的介绍，后由副导师带领参观实验室和认识有关工作人员。最后，还参观了研究所的物资部门，回收一些仪器和零件。这些零件如果需要，可以领回改装使用。

苏联对研究生着重于能力的培养，培养学生独立从事科研工作的能力。先让学生查阅文献资料，提出自己的想法。论文题目比较宽松，只要求结合实验室的设备条件，选题只需要包括一个苏联富产的元素就可以了。在导师的帮助下，制订研究生工作计划。研究生开题报告在实验室通过后，即可开始工作。研究所有很多公用实验室，例如金属合金的制备实验室，那里有高温炉、电弧炉、电阻炉，均可在不同的气氛条件下制备，还有材料性能测试实验室等。全所人员均可登记使用，由管理人员作具体安排、操作。由于当时中苏关系很好，加上我的导师与公共实验室也打了招呼，一般我们的要求总是优先安排。这样加上下班以后，各个实验室一般只剩下中国留学生，到各个实验室可畅通无阻，工作效率高。

经过三年多的努力，1959 年年末我的导师出于好意和对中国科研事业的关怀，认为我的论文工作已基本达到苏联科学院副博士研究生的要求，可准备答辩。余下的时间（学制四年)可以到苏联其他加盟共和国的相关科研机构参观、访问、考察,了解本专业的研究情况,扩展知识面。因为他认为我们这批留学生(当时是中国科学院首批派往苏联科学院的留学生)回国后不但要能够从事科研工作,同时还可能要参与一些国家科研发展规划的制定、组织、实施等工作,参观访问扩大知识面是有好处的。我乐意接受这种安排。1960 年年初,我顺利地通过了论文答辩,后因中苏关系恶化(苏联赫鲁晓夫集团在中印边界问题中支持了印度),外出参观、考察、访问未能成行。但我仍然十分感谢苏联导师为中国科学事业所作的周到安排,体现了中苏两国人民的友谊。在苏联留学期间给我最大的收获就是严格的科研工作的基础训练,培养了独立从事科学研究工作的能力。学习掌握了金属合金热化学的基础知识,为以后从事材料科学热力学研究打下了基础,是我另一重要的知识来源。

1960 年春,我获得苏联技术科学副博士(相当于欧美的 Ph. D)学位后回国,被分配到中国科学院物理研究所晶体研究室作为我国第一代晶体学家、中国科学院学部委员(现为院士)一级研究员陆学善先生的助手和学生。陆先生严谨的学风,一丝不苟、精益求精的治学精神以及对学生严格要求和悉心具体指导,使我深受教育。陆先生要求科学工作者要有献身精神,要生活就是工作,工作就是生活,要生活在工作中。他常说:“搞科研要自始至终处在忧虑之中,一个忧虑解决了,又要开始新的忧虑。”即搞科研工作要不停顿地思考,它没有终点只有起点,要不懈地追求新知识。从忧虑中孕育出知识和智慧,培养求知的科学情操。他还经常晚上九十点钟打电话到实验室询问有关实验数据,并和我们讨论他想到的问题,孜孜不倦沉迷于工作中,是我们的榜样。对于实验工作他要求我们要做到精确性和可靠性,所发表的结果要经得起时间的考验。他能够用自己设计、由物理所工厂加工的德拜、谢乐型X—射线粉末衍射照相机(要求照相机装照片圆柱面和样品转动同轴,必须一次加工而成),使测量晶体点阵常数的精确度达到五十万分之一,进入国际先进行列。他注意实验操作的每一环节,为获得细锐的 X 射线粉末衍射线,用女同志细头发丝粘制粉末试样,为正确判读衍射线位置用蜘蛛丝制作显微镜目镜中的十字交叉丝。在 Al - Ni - Co 三元系的 $\tau$ 相以及 Cu - Au 二元系的超结构研究方面得到虽经国外多年研究但没观察到的一系列新的缺陷点阵和超结构现象,靠的就是高精度的实验数据和严密细致的思维判断。

陆先生对实验记录要求严格规范,内容详尽,字迹清楚,特别是阿拉伯数字。他认为如果一个人阿拉伯数字都没耐心写好,那就难以保证其观察结果的严谨性和可靠性(据说如果他的学生实验记录不规范,将会被罚抄对数表)。他对所有记录都要求过了若干年后还能看懂记录的内容。“文化大革命”后 70 年代后期,我亲眼目睹他拿出他保存的五六十年代所整理的实验记录和对结果分析的笔记,用以作为依据,撰写论文发表。他对学生所撰写的论文要求字迹清楚,文笔通顺,图表清晰。他甚至要用放大镜检查所绘制的图面,学生稿件一般经修改后也不马上投稿发表,而是先放在抽屉中放一段时间,再拿出来修改,他认为过段时间再修改,才易于发现问题和不足。总之,他对所发表的学术论文要求尽可能地完善,这种对科研严肃认真的态度，深刻地影响了他的许多学生。

在陆学善先生的教诲下，我努力学习和工作，逐渐掌握了X射线晶体学的基本理论和主要实验方法，特别是X射线粉末衍射法测定晶体结构，晶体点阵常数的精确测量，以及X射线晶体学在材料物理中的应用等方面的知识。这是我从事科研工作的第三方面的主要知识来源。

在我不同的求学和工作初期，知识渊博、诲人不倦的老师给我打下了物理化学、材料热力学和X射线晶体学扎实的基础。深受老师高尚品格、献身科学精神、严肃认真一丝不苟的工作态度、严格规范的科学方法、严密细致的思维判断的“三严”精神熏陶，受益终生。为我以后在晶体结构化学、材料科学和固体物理三个学科交叉领域从事基础和应用基础研究工作，以及顺利完成属首创的“核试验瞬时过程测温装置”的研制打下了良好的基础。饮水思源，回想我能够为国家科教事业和国防建设事业做些力所能及的工作，我更加怀念我不同求学和工作时期、现已故去的老师——卢嘉锡先生、阿格耶夫先生、陆学善先生的谆谆教诲。

在英国伦敦马克思墓前(1978年)

立宏志，求实創新；勤学習，惜時如金；
搞科研，精益求精；深鉆研，求索不止；
攀高峯，鍥而不舍；遇困难，勇于面对；
善总结，深化认识；求真理，淡泊名利。

梁敬魁 自勉

二〇〇四年五月

## 简介：

1933年5月23日生于广东兴宁。高分子化学家。1955年毕业于武汉大学化学系。1960年获苏联化学科学副博士学位。1991年当选为中国科学院院士(学部委员)。2000年当选为第三世界科学院院士。曾任中科院长春应用化学研究所所长，中国科学院副院长，中国石油学会副理事长，太平洋地区高分子联合会主席。

## 主要成就：

领导和参加中国顺丁橡胶工业化生产中的实验室和中试工作。发现稀土催化剂可合成顺式异戊二烯橡胶，并领导和参加稀土异戊橡胶的实验室和中试工作。在导电高分子研究方面做了较系统及创新的工作。在高分子无机氧化物纳米复合材料及二氧化碳共聚合方面有较突出的贡献。1986年获国家科技进步奖特等奖。2002年获2001年度日本高分子学会国际奖。

# 王佛松：难忘我的老师黄仲韬、多尔哥普罗斯克

从小学、中学、大学、研究生院直至工作，为我师者虽不好说数以百计，起码也不下几十位。他们为我的成长辛勤耕耘、呕心沥血，我永远尊敬他们，怀念他们。最令我难以忘怀，给我深刻影响的是两位老师：一是我小学五六年级的语文老师黄仲韬先生，另一位就是我在苏联做研究生时的导师波·亚·多尔哥普罗斯克(Б. А. Долгоплоск)院士。

先说我的黄仲韬老师，他是一位老教师，在我们这些小孩的眼里他就像是我们的父辈。据别的老师说，早在抗战前他就是这个学校的语文老师，之后他参加了抗日战争，由于在战斗中腿部受伤，不得不复员回家，重操旧业。所以他的一条腿一瘸一瘸的，走起路来不太方便。也许就是这个原因吧，他上课时经常讲一些与日本侵略者打仗的事。有时随堂朗诵一些他自己创作的旧体诗，表达他的爱国抗日情怀。只可惜当时我年纪太小，不太懂，年岁久了，现在记不清他朗诵的是什么诗了。听学校的老师说，黄老

师国学底子深厚，所以在课间，除了讲授课本上的东西外，还选一些课外的文章作为补充教材。我记得《木兰词》就是那个时候作为补充教材教我们学的。虽时过五十多年，但至今我还能把它背诵出来。现在想起来，他教我们学《木兰词》与他的爱国抗日情怀有关。他的行为无形中给我们这帮十来岁的懵懂少年灌输了抗日爱国思想，使得我们积极参加学校组织的合唱队，歌唱抗日歌曲。《我们在太行山上》就是那个时候我们最常唱的一支歌曲。还有一首直到现在我还可以一字不差地唱下去的歌，歌中的"太阳照红了东方，春风吹荡着麦浪……我们没有见过这样的敌人，有过这样的后方。东从太行山，直至同浦线，黄河边，怒吼着武装抗日的民众八百万……"在我们年少的心灵深处展现出一幕幕抗日大后方的情景。

黄老师曾经是军人，所以给我们的印象是跟一般的老师不一样，像个当兵的。严肃认真，干脆利索，他批评学生时，一针见血，尖锐异常，毫不留情。这不由得想起他对我作文的批语。话得从我们学校的规定说起。按学校规定，我们五六年级的学生，每星期都得写一篇由语文老师命题的文章，星期六交给老师，星期一上课时由老师发还给学生。每篇作文都有老师的批语，好的文章在课堂上向全班同学宣读或张贴在班级的"园地"上。我写的作文多次被作为范文得到上述的"特殊待遇"。但有一次黄老师把我的作文张贴在"园地"上时，我发现批语中除了有通常的赞誉之语外，还有用红笔批写的 10 个稍大的字：读书读得多，料字写成科。我看了之后，头脑"轰"的一下，满脸通红，心里着实难过，也不太理解：我粗枝大叶，写了错别字固然不好，但我一个十来岁的小孩，需要用这种方式对我吗？为什么不留一点情面？之后我好几天都闷闷不乐。黄老师看到我这个样子，有一天课后把我叫到他的房间跟我讲了很多道理。说我难过是应当的，但不要因为被批评、丢面子而难过，而应以自己做事粗枝大叶、马马虎虎而难过，还说他之所以把这样一个批语张贴在"园地"上，就是想给我平时的自满情绪敲敲警钟。老师的一席话，使我感动得泪流满面，悔恨莫及。老师真是用心良苦啊！从那时候起，不管写信，写文章，还是批论文和报告，我都特别注意不要写错别字，就连标点符号也要推敲再三。老师的批语让我在日后的学习和工作中少出洋相或差错，受益终生。

1956 年 9 月至 1960 年 1 月，我在苏联科学院高分子化合物研究所做研究生，导师是波・亚・多尔哥普罗斯克院士，他是著名高分子化学家和合成橡胶专家，在苏联和国际上颇负盛名。他为人正直、宽厚、坦诚、热情，且关心同志乐于助人，大有长者之风。我就读他的门下，不仅学到了许多新知识，为我日后的工作打下了基础，而且在治学及为人处世方面也受益匪浅。有几件事虽时过半个世纪，但至今仍记忆犹新。

穿衣如做人，要规整严肃，不得马虎。20 世纪 50 年代的我国留学研究生，国家只提供一套西装，其他就是中山装和夹克衫。西装通常只是在参加宴会、庆祝会或做客时才穿，所以我大多都是穿中山装或夹克衫上班。中山装有一麻烦之处就是扣子太多。为了简便和偷懒省时，我喜欢只扣 1、3、5 三粒扣子。一次我到实验室较晚，一进门就碰上我的导师，他用锐利的目光在我身上打量了几遍，脸上立即出现我很难捉摸的表情，使我丈二和尚摸不着头脑，以为发生了什么事。突然，他拉着我的手走出实验室，来到走廊上，随即用双手把我没有扣好的第 2、4 粒扣子扣好，轻声而诚恳地对我说："佛松，穿衣如做人，要规整严肃一点，不得马虎，懂吗？"打那以后，我对穿衣就认真起来。

"я"（俄文是"我"的意思）是俄文字母表中最后一个字，别老把它挂在嘴边。记得 1957 年夏季休假之前，老师要我在实验室做一个报告，介绍他认为很不错的研究结果，并准备将结果成文发表和参加全苏第九届门捷列夫化学大会。应当说，当时我年轻无知，不知天高地厚，对自己一年不到取得的结果颇有点沾沾自喜，这一情绪自然难免在报告中流露出来。再加上俄文也不怎么样，对苏联人在做报告或演讲时惯用的表达几乎一无所知，所以，我在报告中经常使用他们认为是不该用的"我认为"、"我发现"等词句。尽管这样，苏联朋友在报告后还是说了不少客气的好话，给我的工作予以充分肯定。但没有想到的是，会后我的老师找到我，让我坐在他的办公桌旁，严肃地给我讲了一个故事。他说从前有一位颇有身份的俄罗斯人，不管是平时讲话，还是发表演讲，动不动就是"我认为、我指出、我想要、我要求……"总之，通篇都是"我"。有一次他在一个集会上演讲，还是旧习不改，"我"、"我"地说个不停。待到他做完报告走下讲台时，一位长者慢慢走近他，用手提提头顶上的礼帽，彬彬有礼地对他说："先生，你知道吗？'我'是俄文字母表中最后一个，没有什么了不起的，别老把它挂在嘴上。"听到这里，我的脸"唰"地一下从耳根一直红到脖子上，头也不由自主地低下来。是的，"我"没有什么了不起，不应当老提它。

在武汉大学(1954 年)

居高聲自遠
非是藉秋風

王佛松
二〇〇四年五月十四日

## 简介：

1934年4月23日生于上海，祖籍江苏无锡。物理学家。1956年毕业于复旦大学物理系，1960年复旦大学研究生毕业。1999年当选为中国科学院院士。曾任复旦大学应用表面物理国家重点实验室主任，国际纯粹与应用物理联合会半导体委员会委员，国际刊物 *Surface Science* 顾问编委，上海市物理学会理事长。

## 主要成就：

20世纪80年代用实验结合理论计算确定了磷化铟极性表面的两种表面结构，提出的原子弛豫结构模型和失列一二聚物模型，长期被国外论文引用。领导建立了复旦大学应用表面物理国家重点实验室。在磷化铟表面的结构和电子态、发光多孔硅的特性研究和硅基低维量子体系的研究方面取得了许多创新成果。1998年获何梁何利基金科学与技术进步奖。

# 王　迅：
# 我的大学老师们

我于1952年考入复旦大学物理系。在大学本科的四年中，我先后加入了中国共产主义青年团和中国共产党。1956年毕业后又成为谢希德先生的研究生，1960年开始留校任教，前前后后在复旦已经历近60个春秋。而从1952年到1956年的四年大学生活，可以说是我的人生转折点，我的政治生命、学业和事业、世界观主要是在这一时期形成的。饮水思源，在此我写下对大学老师的一些回忆。

我们考入复旦时正值院系调整，复旦并入了原来浙大、交大、同济等等好几所高校的物理系的师生，师资力量大大加强。原来复旦只有数理系里面有一个物理组，学生做物理实验都要从江湾赶到徐家汇的交大去做。院系调整以后，复旦有了物理系，有了六位正教授。

院系调整后的数学采用苏联的教学计划和教学大纲，教学的难度和水平大大地提升了，四大力学等过去在大学高年级中也学得很少的课都成为主课，普通物理从原来两学期的课变成力学、热学、电磁学、光学、原子物理。这些课程当时要开设出来是很不容易的，因为有些课许多老师过去也都没有学过。但是在系里为新生召开的迎新会上，王恒守教授以很鼓舞人心的语气告诉我们："所有这些课，除了物理学史外，我们都能够开出来。"

后来我们听说，系里好几位教授曾师从国外名师。周同庆先生是美国康普顿的学生，叶蕴理先生是法国居里的学生，王福山先生是德国海森堡的学生。王先生曾说过他在德国时因肺结核开刀，睡梦中讲的都是德语，我们听了都惊讶不已。后来王先生回国任教，国民党时期教师工资只能勉强糊口，发了工资就得赶快买肥皂等物品保值，根本没有做研究的条件。1952 年他曾很沉痛地说："我当时的博士论文(海森堡指导的)，现在我都看不懂了。"当时最受崇拜的教授是卢鹤绂先生，我们很早就从高年级同学那里听说卢先生上课好极了，因此我和姜承烈、陆全康等同学都急切盼望着能一睹卢先生的风采。后来听说卢先生给系里教师上量子力学，而叶蕴理先生曾说过，过去量子力学只有天才才能学。有一天晚上我们几个人就溜到了 300 号二楼的一间教室门外，踮着脚从门上玻璃窗口看着卢先生上课，并在门外听了好一会(尽管一点也不懂)，可见当时我们对卢先生的敬仰。王恒守先生以前研究浮沫选矿，当时我们觉得这很不正统，但现在看来这是与国民经济关系非常密切的课题。王先生还指导学生研究 X 光的聚焦。他有一句话非常有趣：上帝创造了一个 e，自然界很多物理过程都按 e 的指数变化，这个 e 真是太妙了。

系里的物理实验是在江仁寿先生领导下由一批年轻教师开出来的。实验内容在当时是相当丰富的。记得最难做的一个实验是密立根油滴实验，是周雄豪先生带的。往往是一个下午反复试验总是看不到喷雾状的带电油滴，只能灰溜溜回去，下次再来补做。我和两位同学一起第一次实验就获得成功，那个高兴劲儿甭提了！

中级物理实验由戴乐山先生等开设。戴先生还在实验课中安排我们做金工和玻璃工的实习。我们都有机会去做一下车工和钳工，用机床和手工做一个六角螺帽。玻工是蔡祖泉同志教的，做 T 型接头和标准电池中使用的 U 形管。我记得一天晚上，我吹成了四五个 U 形管，非常高兴。这些训练对提高我们的动手能力非常有帮助。复旦物理系的实验教学在 20 世纪 50 年代达到了相当高的水平，而我们系的老师也以毕业生的动手能力强而自豪。

谢希德先生是 1952 年将近年底才到我们系的，比我们进复旦略微晚一些，所以第一学期没有给我们上课。从第二学期开始，她几乎每个学期都给我们上课，从光学、理论力学，一直到固体物理、固体理论等等，是大学期间教我们班级课程最多的老师。谢先生是美国麻省理工学院的博士，当时留美博士回国几乎都是当教授的，但谢先生却只被授予了一个讲师职位。后来 1956 年教师评定职称时，她理应评为教授，但由于当时名额所限，校党委决定她和数学系一位教师作为党员，要谦让，在群众中起表率作用，因此将他们的职称定为副教授。谢先生从未计较过这两次不太公平的待遇，一直全心全意地为教育事业奋斗。在她后来领导的半导体教研室中，所有教师都一直记住以她为榜样，每当新教师参加工作，党支部在对他们的教育中，总要求他们牢记在名利面前要像谢先生那样正确对待。

1955 年，到了大三结束，就要分专门化了。1954 年，周同庆和叶蕴理先生先开设了光学专门化，1955 年卢鹤绂先生开设了分子物理专门化，但因为卢先生不久调到北京，这个专门化没有办成。而原计划要到 1956 年才开设的固体物理专门化，在谢希德先生和方俊鑫先生的努力下，提前一年就开设出来了。所以我也有幸选择了固体物理，这就成为我终身的专业。当时谢先生搞理论，方先生搞实验，他们两人配合把专门化办得有声有色。谢先生主讲固体物理和固体理论两门课，自己编写讲义。甚至在上固体理论课时，她已经怀孕临产，由郦庚元先生代上，讲课内容都是由谢先生准备。每隔一两周，她都要赶写几堂课的讲稿，交给郦先生，这是很不容易的。方先生则倾全力排出了一批专门化实验，这些试验用的设备大多数是自己搭建的。我印象比较深的是晶体生长，学生从炉子中拉出一些卤族碱金属单晶，看它当中的色心。X 光实验是方先生在院系调整后与周同庆先生等一起研制 X 光管的成果结晶。为准备霍尔效应实验，方先生还设计并请工厂加工了电磁铁。这几台电磁铁“文革”前后一直在教学和科研实验中使用，其中一台直到现在还躺在应用表面物理国家重点实验室中“发挥余热”。

除了上面提到的这些老师之外，教过我们课的还有周世勋、殷鹏程、吴剑华、赖祖武、裘志洪、王槲德、蔡怀新、沙闫丈等先生，另外给我们上高等数学的有朱良璧(陈建功先生的夫人)、胡家赣先生等。我们的这些老师不少都有着坎坷的经历，在“文革”以前的历次运动中都是被迫害的对象。王恒守先生因为主张教授治校，戴乐山、吴椿和吴剑华先生因为对领导的工作有意见，都被打成右派，王恒守先生不久就被调往安徽大学。“文革”中的谢希德先生也被打成美国特务，周同庆先生和方俊鑫先生则被打成国民党中统特务，他们与周世勋、戴乐山、吴椿、吴剑华先生等都被隔离审查，过着非人的生活。毛清献先生更是在“文革”初期就被迫害致死。这实在是非常令人痛心的。

现在，我当时大学时的老师大部分都已经离开了我们，正是他们这一辈人把一个基础非常薄弱的教学组发展为国内一流的物理系。而我们这一辈人也已经到了耄耋之年。我们虽然继承了前辈老师的事业，但没有能够将复旦物理系的水平提高到一流地位。这个接力棒只能交给我们的后辈，由他们去完成前辈的心愿。

在办公室(1988年)

淡泊明志
宁静致远
言之容易
行之艰难

王迅

二〇〇四年三月十五日

## 简介：

1934 年 7 月 7 日生于福建厦门（鼓浪屿），祖籍福建福州。2011 年 5 月 15 日逝世于北京。2011 年 5 月 15 日逝世于北京。计算机科学家。1957 年毕业于北京大学数学力学系。1980 年当选为中国科学院院士（学部委员）。曾任第五、第六届全国人大代表。

## 主要成就：

中国计算机技术领域最早的两名院士之一（另一位为慈云桂院士）。中国第一台自行设计的大型通用电子管和第一台大型通用晶体管计算机体系结构设计负责人之一，中国第一台 10 万次/秒以上晶体管计算机（专为“两弹一星”服务，被誉为“功勋计算机”的 109 丙机）体系结构设计负责人。中国第一台超大型向量计算机新体系结构原理提出者和总体设计负责人。“纵横加工向量机”、“虚共存细胞结构纵横加工向量机”、“素数地址快速计算”、“纵横加工并行算法”、“宏变换”、“类人机译原理”、“基于语义语言的多语言互译方法”和第一个从计算机系统结构角度来防止病毒攻击和盗窃方案的提出者。

# 高庆狮：感恩我所有的老师们

## 我的小学、中学老师

我很幸运，无论是在小学，还是在中学，我的数学、物理和化学老师都是第一流的好老师，至今我都对他们充满感激。鼓浪屿养元小学数学老师，钟芬小学（现漳州一小）的杨老校长（算术、语文老师），有百年历史的省立龙溪中学（现漳州一中）的陈常玉老师（全班同学都叫她陈妈妈，几何老师）、覃景芬老师（初中及高中的代数），都是我的数学好老师。六十多年前杨老校长讲述无战争、无失业、无剥削、无贫困、人人平等、人人自由、充满科学、民主和博爱精神的大同世界，教诲大家“要立志科学建国，不要立志做大官”时的神态，和五十多年前“陈妈妈”上调到福州师范大学任教，离别时全班同学痛哭的情景……至今历历在目。我的当一名中学数学老师的志愿，就是这些数学好老师给我的影响。

## 我的母校北京大学的数学力学的老师们

1953 年,我以数学 100、物理 97 的分数考入北京大学数学力学系。我的第二志愿是北京师范大学数学系,理想是当一名中学数学老师,我深信我能培养出一批有灵魂的天才。一踏进北大,就充满着幸福的感觉,虽然数百名学生集体睡在体育馆的地板上,但是有一大批著名的一流教授和很有才气的讲师给我们讲课,指引我们进入美丽的数学殿堂——一个充满着真理而没有虚伪的殿堂。白发斑斑的江泽涵教授的美丽简洁的仿射空间,吴光磊教授的万变中寻找不动点和不变性质的理论和方法,冷生明教授的抽象难题,戴文赛教授的神奇的宇宙,丁石荪教授严格、精确、绝妙的教学方法,陈杰教授感人的热诚和严谨的学风,才华横溢的段学复教授和程民德教授的代课……启发我们,熏陶我们,令我们终生难忘,终生受益。独立思考、勤于思索是北大老师们赋予我的最大财富。

## 共和国的功勋科学家们——我工作中的老师们

我很幸运,有机会直接聆听许许多多共和国功勋科学家们的直接教诲。我的第一位功勋科学家老师是钱学森,1956 年给我们开讲工程控制论课程,他自学的数学使我们十分惊讶,不仅覆盖了我们北大数学系学生所学几乎全部的数学课程,而且运用自如,使我们深刻领会到数学的实用性。1973 年,我作为科学院负责承担亿次巨型计算机任务的技术人员时,有机会向钱老每两星期单独汇报一次,直接聆听他教诲的机会就比较多。钱老看数学方程是从力学的直觉角度,可以说是数学力学融为一体。所以在飞行体模拟计算中,当数十人使用计算工具,花半年时间算出五个有效位,但与后来实验对比,结果没有一位正确时,他一个人使用笔和纸,只花两星期时间算出的两位数却能与实验吻合。其中的关键就是从力学的角度,先忽略次要因素,逐步修正。钱老思想十分解放,他十分关注除了电磁场、引力场之外是否还存在人类尚未认识到的场。钱老始终关注的是,计算机除了帮助人类解决重复性脑力劳动外,能否帮助人类解决部分创造性劳动这个历史性难题。所以在巨型机任务从科学院移交到军方之后,仍然十分关心科学院研究面向未来应用的巨型机课题。在第五、第六届全国人大会议期间,他上主席台的前十多分钟,就成为我向他汇报的时间。在"863"计划中南海论证期间,他毫无保留地支持面向未来智能领域应用的巨型机这个项目。

直接聆听共和国功勋科学家钱三强老师的教诲是在他领导召开的一个连续六天的座谈会上。在会上,一向讲话和声细语的钱老慷慨激昂地批判还在台上的"四人帮"。"四人帮"倒台之后,迎来了科学的春天。一次偶然机会我又遇到钱老,他语重心长地教诲我:现在是科学春天,要把精力百分之百,不是百分之九十九花在科研上,一定要做出成果。

有机会直接聆听共和国功勋科学家周培源直接教诲是在 1979 年参加周老领导的科学院访日代表团。周老在日本学术界声望很高,福田首相亲自会见,一批诺贝尔物理学奖获得者陪同会见，京都大学校长为了和周老告别，在新干线车站站着等了半个多钟头。周老虽然声名显赫，但生活却十分简朴，平易近人。

聆听共和国功勋科学家华罗庚的教诲完全出自意外。在一次开会之际，华老突然到我的房间找我，兴致勃勃地向我介绍素数计算，希望我协助设计擅长于计算巨大素数的计算机。七十多岁的华老思维敏捷、精力充沛。

聆听共和国功勋科学家陈芳允教诲是在设计我国第一颗人造卫星地面系统期间，当时陈老负责多普勒雷达项目。陈老是前辈，比我大十多岁，但讨论问题从来都是商量的口气。他经常与我同行骑自行车从中关村到端王府上班，无论风雪多大，依然如故，他的自行车比我的还旧。

聆听共和国功勋科学家王淦昌的教诲是在六届人大期间，如果不加介绍，你无法知道他是共和国核弹之父。他对年轻的科研人员充满父辈的关爱和慈祥。

还有热情、豪放、魁梧、声音洪亮的八十多岁高龄的汪德昭老师及不知疲倦、白天开人代会，晚上还要看书做研究的七十多岁高龄的黄炳维老师……我的数不清的共和国功勋科学家老师们，我永远怀念你们！永远感谢你们！

## 我的同辈和晚辈的老师们

我还有许许多多同辈和晚辈的业务上接触过的同行好老师。只要有机会，我就会抓住机会与他们“聊天”，海阔天空地探讨问题，每次“聊天”都受益匪浅。才华横溢的洪加威、马希文、何积丰、张景中；思维敏锐、创新力极强的姜伯驹、黄鸿慈、黄琳、周巢尘、应明生；为人非常厚道、一步一个脚印的沈绪榜、石青云、许卓群；能够一口气编写数十万行富有创新能力的编程天才吴涛、殷步九、王东临；文（理论）武（动手能力）全才周锡令、竺迺刚、董蕴美、倪光南；坚韧不拔的铁人王选……数不胜数。他们的共同特点是乐于助人、富有想象力、富有创造力、思维敏捷、才华横溢、为人厚道、一步一个脚印……我很幸运，有机会与他们相处和共事，他们永远是我的好老师，我永远感谢他们。

与日本理化研究所同行在东京(1980年)

科技重要的生长点和突破口在哪里？它往往在那些经济效益和社会效益很大，跨学科，而且难度很大，人们常常认为做不到，但可能做到的地方。

任何正常人都有自己的优点。找找自己的优点，这是你的兴趣的水和土壤。人民的需要，是你的兴趣的阳光。有阳光，水和土壤，你的兴趣会带你在事业上飞翔。没有阳光或者没有水和土壤的兴趣，只能给你空想，不能带你飞翔。

2004.3.15.

## 简介：

1936年5月7日生于江苏丹阳。铁道电气化与自动化专家。1960年毕业于唐山铁道学院电机系。1997年当选为中国工程院院士。曾任西南交通大学电气学院院长、牵引动力国家重点实验室主任，中国铁道学会理事、电气化自动化专委会副主任。

## 主要成就：

长期从事铁道电气化与自动化领域的理论研究、科技开发和教学工作。开拓了“铁道微机监控与综合自动化”的研究方向，位居电气化铁道监控技术研究领域的前沿，解决了工程科技中的一系列重大技术难题。研究成果达到国际先进水平，成功地应用于“DWY系列微机远动监控系统”，并具有强劲的竞争力。

# 钱清泉：
# 良师益友·大师风采

——谨以此文缅怀已故铁道电气化先驱曹建猷

我国铁道电气化事业的奠基人、著名的电气工程专家、中国科学院院士曹建猷教授离开我们已十多年了。期间，曹老一手创立并为之奋斗终生的铁道电气化事业发展日新月异，他曾经用心血和汗水开拓耕耘过的这块热土——电气工程学院亦蓬勃发展、人才辈出。每每忆及曹老，鲜活的往事似发生在昨天，历历在目。曹老的音容笑貌似在眼前，清晰可见。曹老那颗为党、为人民、为事业操劳的心似仍在跳动，永不停歇……

## 从零做起，豪气盖云天

某位伟人说过：“爱国是做出来的，不是说出来的。”委实，曹老用毕生的奉献述说着自己的忠诚。20世纪50年代初，曹老带着满腹经纶，带着对新中国的信心和对人民的忠诚，从美国学成归国。他与任朗、杜庆萱等专家一起，积极为新生的电气学科招贤纳士，短短时间就组建了近百位教授和二百多位讲师助教组成的教学科研队伍，规模空前，形成了“群英汇唐山”的兴盛局面。当时，泱泱大国不见一寸电气化铁路，既无资料可以参考，也无经验可以借鉴，搞“电气化”的困难可想而知。曹老克服重重困难，通过科学论证，提出了我国未来铁路发展的必由之路——铁道电气化，其观点发表于1956年的《人民日报》，鞭辟入里，语惊业界。紧接着，他着手组成科研攻关队伍，投入到电气化的研究中。经多方奔走努力，1958年，铁路电气化项目赢得了国务院科学规划委员会的立项支持，如虎添翼。自此，曹老常常废寝忘食，深入宝凤电气化铁路现场，与铁道部领导和专家一起商讨技术方案，几经寒暑，宝凤电气化铁路顺利开通，完成了从理论到实践的跨越，成为中国铁路电气化的开篇之作而彪炳史册。

在中国铁路主要技术政策中，从把“电气化”引入“蒸汽、内燃”的世界，到“内燃、电力并举”，再到“电力先行”，每一步都凝聚着曹老的心血。曹老一生专注于铁道电气化，如痴如醉，虽遭遇“文革”冲击，仍矢志不渝，风吹雨打，皆坦然处之，报国初衷从未动摇。“文革”过后，经历重重坎坷的曹老积极争取入党，1987年，终得偿所愿。成为中共党员后的第一句话是“漂泊了大半生，今天终于找到组织了”，曹老的爱国情怀，可见一斑。

## 大公无私，“霸”气图发展

我与曹老交往，始于学生时代。曹老处事，公私甚为分明，凡于学校、于国家发展有利之事，他会力排众议，全力倡导并贯彻实施，直至成功。若遇私事，不涉及公家利益，则一切好办。当时师生暗地里送曹老一个尊敬的绰号——“曹霸天”，闲聊之际，曹老有所耳闻，我等正紧张思考应对之策，不想曹老竟哈哈一笑“不挟私心，霸道一点也无妨”，并欣然接受此“名誉头衔”。

随着铁道电气化事业的快速发展，曹老意识到专业要综合，学科要交叉，才能真正做大做强。他前瞻性地提出电气要与其他学科合作，在牵引动力国家重点实验室申办之初，曹老提出依托两个学科、两个研究所联合申办的方案，并积极推动学校相关部门为之不懈努力，曹老敏锐的眼光再次为学校的快速发展赢得了机遇，在他的关注和鼓励下，牵引动力国家重点实验室筹备工作进展顺利，最终获得国家批准，并在轨道交通领域一枝独秀。从“铁道电气化”打开局面到蓬勃发展再到“牵引动力国家重点实验室”顺利建成，曹老以其大公无私的“霸气”为学校、学科的发展奠定了良好的基础。

曹老一生，慧眼独具，尤其在人才选拔和培养上从不落俗套。为了尽快培养出电气化方向的新生力量，曹老每年都亲自挑选优秀毕业生留校充实教学、科研队伍。曹老选拔学生，考试形式灵活，不拘泥于试卷成绩。例如研究生选拔，面试时常以基本问题考之，观其反应能力、逻辑思维能力和创新能力，若满意则当场录取。曹老亦十分关注年轻人的发展，他多次向学校及省各主管部门提出建议，对于有贡献的青年教师，希望能够破格晋升职称，曰“我三十余岁可做教授，他们为何不可？”许多青年教师因曹老帮助在学术上迅速成长。如今，学院教师队伍结构合理、年富力强，这与当年曹老培养、重用、提拔青年才俊是分不开的。

## 平易近人，和气暖人心

曹老随和，又很风趣，完全没有学术权威的架子。记得一次华罗庚来校访问，当时学校尚在峨眉，条件艰苦，曹老听闻学生刘太平烧得一手好菜，戏称“我备材料，你献手艺，一起设家宴款待华老师如何？”遂付诸实施。师生合作宴请贵宾，传为一段佳话。

曹老亲切，为人称道。1965 年，成昆线建发电厂，曹老带领 61 级的学生参加现场实践。山路崎岖，部队特意派卡车和工程兵护送。每走一段就会发现坠落山涧的汽车残骸，看得大家心惊胆战。5 天的车程，曹老坚持要与大家一起坐卡车，我们坚决不肯，在带队老师、学生和工程兵的一致要求下，他才勉强坐上了首长的吉普车。现场条件极其艰苦，但曹老婉拒了部队为他安排的勤务人员，也坚决不让工地为他单独开小灶，与大家一起吃粗茶淡饭、住工地帐篷，生活条件一切向学生、工人看齐，让大家格外钦服。曹老非常尊重现场工作人员，时常与他们交流问题，言语中流露出对他们的赞赏，他常常谦虚地说：“在学校待久了，容易与实践脱节，很多实际问题我们不懂，来到这里，我们就是学生，是来向各位学习的。”曹老的谦和，赢得了广大工人和士兵的尊重和爱戴，被冠以“平民教授”的称号。

曹老豪爽，尤喜与青年人交往。当年学校条件艰苦，为了鼓励大家共同努力，曹老常常自己出资组织大家开茶话会，会上各抒己见，畅所欲言，增进大家感情的同时，也了解到许多实际问题，曹老常常愉快地称之为“体察民情的捷径”，通过这条快捷通道，他了解到一些年轻教师生活上的困难，并主动资助他们。

曹老桃李满天下，与学生关系甚好。每每有学生返校，只要有机会，必会拜会曹老，曹老亦欣然相见。犹记得曹老八十岁生日时，数百学生专程赶回母校为他祝寿，觥筹交错间，曹老流露出一种前所未有的喜悦，他说：“看到大家都颇有成就，做老师的真是甚感欣慰。”至今，十多年前曹老与大家在一起的热闹场面还清晰镌刻在脑海中，时常回味，难以忘怀。

## 坚毅果敢，具远见卓识

在学科发展上，曹老常常深谋远虑。当时，铁道电气化刚刚发展，急需大量教学人才，曹老多次与大家交流，告诫大家教学科研要互为促进、协调发展，并长期坚持不懈地支持科研投入，以科研带动教学进步，曹老自身亦坚持奋战在教学科研第一线，时时处处为广大教师做出榜样。他密切关注着行业的发展和科研的最新走向，每逢新成果鉴定或科研报告会，他都欣然前往，认真给出中肯的意见和建议。

曹老于我有启迪之功。1960 年，我刚毕业留校，曹老倡导并积极支持电气化铁路运动这个研究方向，鼓励我和几位同事坚持研究下去，但攻关难度甚大。在曹老的努力下，该项目获得立项，得到了宝贵的资金支持，为研究工作的有效开展提供了强有力的保障。在课题研究中，曹老从不束缚手脚，鼓励我放手去搏，并适时“指点江山”，帮助解决了许多难题。20世纪60年代，国内还不具备生产电子元器件的能力，给研究造成了相当大的困难，曹老就趁出国访问的机会，从苏联购买晶体管等器件以供新型远动系统研究之用。

恢复高考后，自动化、计算机等新兴专业不断涌现并迅速发展，曹老也开始着手创办新的专业。几个同事前去支持新专业的建设，我也向曹老表达了自己想去做新兴专业的想法，曹老不允，激励我在远动研究这条道路上继续走下去，“在远动，你将是一条龙；在其他领域，可能只是一条虫”，寥寥几语，使我哑口无言，后来，出国请求亦遭他拒绝，心中想不通，找他理论，曹老说：“今日不议此事，要吃饭，我请客。”数次闭门羹之后，只好作罢，继续潜心于远动系统的研究。当国内第一套微机远动系统基本完成时，曹老笑问我“现在你还要走吗?”一语道破他多年的良苦用心。

曹老生病住院期间，忍受病痛折磨，却依然关心我的院士申报进展情况，当时我不以为意，曹老训诫道：“院士申报不是你一人之事，是关乎学校和学科发展的大事，我病重，不能正常工作，实在令人着急，你们一定要把这件事情办好，为以后的持续发展撑起一片天。”院士申报成功，曹老未能亲眼所见，实感遗憾，我只有尽力做好本职工作，为学院、学科发展添砖加瓦，以慰曹老在天之灵。

宗师离去，转眼十年有余，逝者如斯。回想昨天，《人民日报》文章顺利发表，宝凤电气化铁路胜利开通，中国铁道电气化事业呈现蓬勃发展之势；时至今日，6次大提速圆满实现，高速客运专线大规模建设，中国铁道电气化事业迎来了又一个春天；曹老半个世纪前以大师的智慧论证、创立的铁道供电制式得到前所未有的应用和发展，此功德，吾辈实难望其项背。

忆曹老高风亮节，心中敬仰，难于言表。唯时常告诫自身，处处以曹老言行为楷模，鞠躬尽瘁。亦庆幸自己虽已届古稀之年，仍能继续为学科、学校发展出谋划策、保驾护航，聊感无愧前辈。今逢盛世，胸中情愫，百般莫名，实觉秉承曹老爱国奉献之精神，发扬厚德载物、求是创新之电气传统，前赴后继，推动学科百尺竿头，更进一步，乃我辈及后来人肩上不可推卸之重任。

在日本东京(1985年)

做事难，做人更难；

要做成事，先要做好人。

钱清泉

2004.5.1.

## 简介：

1937年9月3日生于浙江杭州。血管外科和血管生物学家。1961年毕业于上海医科大学。2005年当选为中国科学院院士。曾任亚洲血管外科学会主席，《国际脉管》杂志副主编，国际血管联盟副主席。

## 主要成就：

为布加综合征创建了多种术式和全方位诊治体系，推动中国血管外科事业发展和走向世界。20世纪70年代率先开展动脉造影的研究，促使中国腔内血管外科起步，在国际上首先完成了以带膜支架对全主动脉夹层、主动脉弓部瘤和大动脉减速伤的成功治疗。自1986年起开创了内皮细胞种植静脉型人工血管的研究，实现血管腔面快速内皮化，明显改善移植血管的性能。在自救中得出某些哮喘病人是“胃食管反流病而不是哮喘病”的质理，成立了胃食管反流中心，使许多类似患者能够得到有效的治疗。曾获国家科技进步奖二等奖和国际脉管学院研究成就奖等10项奖。

# 汪忠镐：
# 一代宗师曾宪九、裘法祖

## 恩师曾宪九教授

1914年9月2日，曾宪九教授出生于湖北武汉市。他从小兴趣广泛，勤奋好学，读高三时，已初露锋芒，在全省会考中名列榜首。1932年，他如愿以偿考入燕京大学医预系，获得了金钥匙奖。1935年升入协和医学院本科后，在素以考试严格、厉行淘汰制著称的教学制度下，他连续3年均获得奖学金。1940年，毕业于北京协和医学院，获得美国纽约州立大学医学博士学位、留校任外科医师。1942至1948年，在平和医院任职，后回协和医学院，历任住院医师、讲师、副教授、教授，1956年后一直任协和医学院外科系主任。

曾宪九教授是我国基本外科杰出的奠基人之一，他在胰腺外科、胃肠外科、肝胆外科、血管外科、外科代谢与营养等方面都有创造性的贡献和先进水平成果。他的研究特点是紧密结合临床，目的在于提高医疗水平，为病人解除疾苦。他改进了沿用近百年的肝外胆道和空肠吻合的手术方法，有效地防止了因肠内容物反流所造成的严重后果，获得卫生部颁发的乙级成果奖。他在胰腺外科方面的建树，包括 Somogyi 法检测血清淀粉酶，用于急性胰腺炎的早期诊断；1953 年，在国内最早开展胰十二指肠切除术；建立血清胰岛素测定以及术中快速测定法、术中细针穿刺细胞学鉴别胰腺占位、经皮肝穿刺门静脉分段取血测定胰岛素和胰岛素瘤的超微结构分析等，获卫生部颁发的甲级成果奖。他在胰腺内分泌肿瘤的诊治方面积累了丰富的经验，在为 56 例患者行胰头壶腹周围癌的切除术中，仅 1 例患者因心肌梗死而死亡，当时这在国际上也是罕见的。20 世纪 50 年代，他在国内最早施行了脾肾静脉吻合术、以异体动脉重建的腹主动脉瘤切除术。他提出盲袢综合征的概念和防治方法，率先在国内开展胃肠外营养治疗并建立实验室。1978 年，我国改革开放伊始，也是他最早在国内成立了重症监护病房（ICU）、胰腺疾病协作组和胃肠疾病协作组，并提出和建立了血管外科。他潜心研究了胃癌，对 1 250 例胃癌手术病人进行了 25 年随访（随访率达 80%）并做出多因素分析，揭示了手术中发生残端癌者达 7%。为此，他提出了术式需要改进，我作为其学生，有幸在曾老师的直接指导下，用三年多的时间完成了当时的胃癌研究任务，随之他推荐我经教育部考试后到美国钻研血管放射学 2 年。

曾宪九老师医术精湛，医德高尚，处处以病人利益为重，不论是高级干部、社会名流还是普通病人，他都一视同仁，认真负责，毫无“大专家”的架子。凡被邀请会诊，他一定按时赶到；如有需要，他总是毫不犹豫地走上手术台，绝不因患者病情严重、危险性大而推辞。曾老师的夫人、著名妇科专家葛秦生教授说只有一次曾老师对她讲：“今天还真有些紧张。”原来，那次是曾老师作为周恩来总理医疗小组的主要成员，为周总理做的最后一次手术。这副沉重的担子落在肩上，其风险与责任之大可想而知，但他终以精湛的医术和勇挑重担的精神，很好地完成了任务。更值得称颂的是，在数十年的从医生涯中，曾老师始终是默默无闻地为我国医学的进步作着无私的奉献。

曾老师在繁忙的科研与临床工作中，仍笔耕不辍，勤奋写作。他十分注意抓紧时间及时总结经验，每当灵感到来的时候，文章常是一气呵成，同时还要听取其重要助手们的意见，作为其学生，有幸学其品质、思路、方法，终生受益。他在中外杂志上发表论文 200 多篇。直到病危临终前两个月，在被疾病折磨得极其痛苦的艰难时刻，仍逐字逐句地审阅、修改完成了《中国医学大百科全书普通外科分册》和译著《外科疾病的预后》。曾老师先后担任过中华医学会常务理事、中华医学会外科学会主任委员、国际外科学会会员、《中华外科杂志》总编辑、《中华医学杂志》英文版副总编辑、美国《临床外科杂志》咨询编委、《外科》杂志国际顾问等职。

曾老师工作作风严谨，学风正派。几十年来，他为我国医学界培养了百余名研究生、进修生、高级医师和教授，其中许多人成为我国一流的外科专家。

恩师曾宪九教授是我学习的榜样。他高尚的情操和甘为人梯的奉献精神，永远鼓舞着我不断地攀登新的高峰。

曾老师的思路、教导、为科学献身的精神，从根本上激励我在医学科学和救死扶伤任重道远的事业中勇往直前，可惜曾老师过早地离开了我们。

之后，不少重大医疗任务不知不觉地落在我的肩上，幸运的是，在这些活动中直接接触到了裘法祖院士，从中得到亲切教诲、勉励和百般鼓舞，似乎恩师也有接力之说，可在我身上这是事实。不知不觉中，裘法祖院士关注我一切的一切，我有幸有了第二个恩师。裘老师不仅从正面给予我长期的关怀，且每当我处于困境中，他总是身体力行助我化险为夷，当我因胃食管反流引起"哮喘"的死亡危险之时，是他给我信心，支持我手术治疗并在康复后进一步投入到救死扶伤的工作中，今天我才得以有机会应用多种方法为七百多位有呼吸问题的胃食管反流病人进行雪中送炭的治疗，救命疗效良好。

## 第二个恩师——裘法祖院士

裘法祖院士，1914 年 12 月 6 日出生，浙江杭州人，汉族。1939 年毕业于德国慕尼黑大学医学院，在其附属医院任外科住院医师到副主任医师。1945 年获德国"外科专家"称号。1946 年受聘为德国都尔茨市立医院外科主任。1947 年年初回国，任上海同济大学医学院教授、外科主任。1954 年该校迁至武汉，于同年到 1981 年任武汉同济医科大学教授及附属同济医院外科主任，1978 年任副校长兼器官移植研究所所长，1981 至 1984 年任同济大学校长，1984 至 2000 年 5 月任大学名誉校长，2000 年 6 月起任华中科技大学同济医学院名誉院长。1993 年当选为中国科学院院士。

裘老师从事外科学医疗、教学、科研工作约 70 个春秋，是我国腹部外科和普通外科事业发展的主要开拓者，也是我国器官移植外科的主要创始人和奠基人之一。20 世纪 50 年代，在我国较早开展了分流术和断流术，并于 1972 年创建了"贲门周围血管离断术"（被称为"裘氏手术"），以治疗由于晚期血吸虫病和肝炎后导致肝硬化、门静脉高压所引起的食管胃底静脉曲张破裂大出血，大大提高了门静脉高压症的外科治疗效果；此手术已在全国推广应用，并获 1978 年全国科学大会奖。1953 年，他施行了世界上首例证实的脑血吸虫病开颅手术。1964 至 1974 年在担任全国血吸虫病防治协作组外科负责人期间，他深入农村，为大量晚期血吸虫病病人施行巨脾切除术，并创造性地将切除的脾内血液收集后重新输还给病人。70 年代初在我国最早开展肝移植研究，从动物实验至临床实践，做了大量工作，促进了我国器官移植工作的兴起。1980 年筹建了我国第一所器官移植研究所，兼任所长；同年创办了《中华器官移植杂志》，任主编。1988 年倡议成立了中华医学会器官移植学分会，任主任委员。1995 年又创建了"中国器官移植发展基金会"，任理事长。期间，进行了广泛的社会调查，收集了大量世界各国有关器官移植的法律资料，于 1999 年 5 月在武汉召开会议，制定了《中国脑死亡临床诊断标准》和《人体器官移植法》两个草案，被卫生部采纳，作为蓝本上报，争取立法，以推动我国器官移植工作的进一步发展。90 年代致力于胆道流体力学和胆结石成因的研究。在他的指导下，自体外牛胆汁中研制培育出“体外培育牛黄”，于 1997 年获国家一类新药证书，并于 2003 年获国家技术发明二等奖，获得了良好的社会效益和经济效益。

裘老师治学严谨，学识渊博，医术精湛，在医学教育方面更有突出的贡献。他对全国高等医药院校教材建设投入了极大精力，担任了全国高等医药院校教材评审委员会主任委员达 22 年(1978—2001)，组织编写了五十多本规划教材。他主编了《外科学》规划教材，其中第二版荣获 1988 年国家教委全国高等学校优秀教材奖，第三版荣获 1994 年卫生部第二届全国高等医学院校优秀教材奖，第四版荣获 1996 年卫生部科技进步奖二等奖。他参加了黄家驷主编的《外科学》巨著(500 万字)的第一版至第三版的编写工作，后又与吴阶平院士共同担任第四版至第六版的主编；为纪念该巨著的创始人、我国现代医学先驱黄家驷教授，他提出将书命名为《黄家驷外科学》。该书第五版荣获 1996 年度卫生部科技进步奖一等奖及 1998 年度国家科技进步奖三等奖，被誉为中国外科学的经典著作。他还主编了《医学百科全书》的《外科学基础》和《普通外科学》分卷，以及《系列英汉对照医学读物》、《临床医学免疫学丛书》、《腹部外科临床解剖学》等著作，发表论文近 300 篇。此外，他是《中华器官移植杂志》、《中华实验外科杂志》、《中华小儿外科杂志》的创办人，2001 年又创办了《中德临床肿瘤杂志》(英文版)。特别要提出的是，早在 1948 年，他就创办了我国第一本医学科普期刊《大众医学》，担任主编达 10 年(1948—1958)之久。

裘老师一直主张对青年外科医生要“大胆放手、具体指导、严格要求”，强调外科医生要具备“会做、会写、会讲”即“三会”的学风。他亲手为祖国培养了大批优秀的外科人才，其中不少人已成为国内外知名学者。

裘老师是国内外医学界知名的社会活动家，几十年来曾多次出国访问，参加会议，应邀讲学，特别是在对德交往中，发挥了重要的作用，作出了巨大贡献。他于 1984 年发起组织了中德医学协会，并任中方理事长 10 年之久。1982 年获联邦德国海德堡大学名誉博士学位。1985 年获联邦德国大十字功勋勋章，这是德国第一次向我国科学家颁发的国家级功勋勋章。

裘老师是国际外科学会会员(自 1956 年)、亚洲血管外科学会名誉会员(自 1991 年)、上海同济大学名誉教授、暨南大学名誉教授、香港中文大学外科学客座教授、香港外科医学院名誉院士，还担任了中华医学会名誉理事、中华医学会外科学分会终身名誉主任委员、中华医学会器官移植学分会名誉主任委员、中华医学会武汉分会会长。

裘老师于 1978 年被评为全国先进科技工作者，2000 年获中国医学科学院“中国医学科学奖”，2001 年获中国医学基金会“医德风范终身奖”。他是第三届全国政协委员，第四、第五、第六、第七届全国人大代表。

裘老师一身正气，两袖清风，学问盖世，桃李满天下。他为人师表，是医学界的一代宗师和楷模。他的格言“做人要知足，做事要知不足，做学问要不知足”激励着后来的医务工作者在科学、求实和救死扶伤的道路上勇往直前。

与恩师裘法祖在一起(2005 年)

求是务实

奉献于疑难危急

如临深渊 如履薄冰

无怨无悔

汪忠镐

首都医科大学

二〇〇六年九月三日

**简介：**

1939年5月27日生于广东顺德。医学遗传学家。1962年毕业于复旦大学生物系。1965年复旦大学遗传学研究所研究生毕业。1994年当选为中国工程院首批院士。

**主要成就：**

从事人类遗传性疾病和分子胚胎学的研究，是中国基因诊断技术主要开拓者之一。发现了八种新型血红蛋白，在国际上首次阐明了奶牛性别决定基因的核心序列，并进行了奶牛胚胎的性别鉴定和性别控制，以及转基因羊和转基因牛的研究和培育。

# 曾溢滔：我的老师谈家桢

我最早是从1956年《人民日报》的一篇关于青岛遗传学座谈会的报道中知道谈家桢教授的名字的。当时我17岁，是广东省仲恺农校二年级学生。出于对生物学的好奇，我一口气读完了科学出版社出版的《青岛遗传学座谈会纪要》一书，书中刊登了每位与会科学家的发言。经过一番思考以后，我产生了一个奢望：到复旦大学谈家桢教授的生物系学习遗传学。我毅然写了一封信给谈先生，信中谈了我对遗传学粗浅的看法，并表示了到复旦大学学习的愿望。很快我就收到了谈先生热情洋溢的回信，欢迎我报考复旦大学生物系。但是事情并不那么简单，按国家当时的规定，中专毕业生必须接受国家统一分配，工作三年后才能报考高校。后来谈先生写了一封信给我的校领导：

仲恺农校负责同志：

根据您校三年级应届毕业生曾溢滔同学几次和我的通信，知道他有热切要求继续深造升学读书的愿望。他具有热爱科学的精神，尤其热爱遗传学。同时他对遗传学也具有一定的认识，一定的独立见解和独立思考能力。就他现有的学历，能有这样的水平是很难得的。因此我觉得：假如您允许有少数比较优秀的青年在您校毕业之后，可以继续升学，报考大学读书的话，则曾溢滔同学在学业知识（至少就我所了解的在遗传学方面）上是很优秀的。请您给予考虑的机会，假如您同意他可以继续升学，则他来报考本校，我是十分欢迎他的。本系从下学期起已决定开设遗传学专业。

此致

敬礼

生物系　谈家桢

（签字盖章）

一九五七年四月十二日

由于谈先生和我的另一位老师、华南农业大学唐维六教授的推荐，校领导和广东省农业厅的领导同意我毕业后破格直接报考高校。但是，事情还没有得到解决。因为当年复旦大学限华东地区招生，是无法招收广州地区考生的。为此，谈先生又和上海市高校招生委员会多方联系，取得了原上海市高教局领导舒文同志的支持，由上海市高考招生委员会给广东省高考招生委员会发出专函，把我在广州参加全国统一高考的考卷单独寄到上海批阅。我终于以优异的成绩考入了复旦大学生物系。一位名教授，对于一名素不相识的中学生的求学愿望竟能如此热情相助，由此可以看出谈先生品格的高尚。

进入复旦大学生物系后，我听的第一门生物课就是谈先生开设的"生物学引论"。他那广博的学识、生动的讲述，很快就把我们这些刚步入大学校门的学生带进了生命科学的殿堂。但是以后我却很少有机会直接接触谈先生。他不是那种喜欢手把手教学生的老师。他的思维方法和治学精神，我更多地是从他的一举一动、言传身教中学到的。记得大学二年级时，我利用暑假留校搞科研，有一天当我走进生物楼二楼走廊时，就听到谈先生在厉声批评一位老师。原来这位老师未征得谈先生的同意，就允许我在果蝇遗传实验室饲养家蚕。见到我，谈先生火气更大了，要我立即把家蚕搬走。我告诉他家蚕已饲养到 4 龄，还有几天就吐丝结茧了。但他还是坚持己见，没有半点商量的余地。我当时真埋怨他不近人情，只好把家蚕搬到宿舍，养在放暑假回家的同学床铺上。后来当我把发表的这篇家蚕研究论文送给谈先生时，我发现他已经把这件事忘记了，但我却从中体会到了谈先生对实验室的严格管理。我日后对实验室管理之严格也是出了名的，并被多次作为典型经验总结介绍。回想起来，正是谈先生给我树立的榜样。

大学毕业后，我考取了复旦大学遗传学研究所刘祖洞教授的研究生，攻读人类遗传学，但我和谈先生的接触反而更多了。我发现他每次外出讲学或开会回来，都主动到我的实验室告诉我有关科学领域的动态，关心我研究工作的进展。谈先生善于掌握世界科技发展的动向，指导我选定了“分子病”(血红蛋白病)的研究课题。这在当时是一项开创性的工作，复旦大学也没有这方面的基础，样样都得从头做起。在我读研究生的第一年夏天，遗传所大多数人都放假了。我从木工间借来一台电锯，用有机玻璃自制血红蛋白电泳槽。没想到第二天，正当我汗流浃背地锯磨有机玻璃时，谈先生笑容满面地把一根亮晶晶的铂金丝送到我面前。那天天气格外闷热，原来谈先生是顶着烈日从家里走到复旦西北角的设备科，领了铂金丝再爬五楼送到遗传所！看到他满头大汗的样子，我感动不已。一根铂金丝，现在看来不足为奇，可我正是用这根铂金丝制作了第一台血红蛋白电泳仪，完成了国内发现的第一例异常血红蛋白的电泳分析。

我研究生毕业分配时，正遇上“文化大革命”。在那个年代，就谈先生当时的处境，他无法把我留在复旦，我因此而到上海市第一结核病总院搞针刺麻醉研究。“文革”结束后，谈先生立刻重建复旦大学遗传所，并希望我回到他身边。经他多方努力，得到了当时国务院和高教部领导的支持。他还一次又一次走到结核病院说服医院领导，使我终于得以调离结核病院。这时，上海市卫生局要求我在调离前到上海市儿童医院，帮助举办一期全市性的医学遗传研究学习班。没想到办班之后，儿童医院的李存仁院长却不愿放我走。他和谈先生施展拉锯战术，足足磨了 6 个月。考虑到我从事的是人类和医学遗传学专业，儿童医院有大量可供研究的病例，谈先生尽管并不情愿，最终还是答应了。从此，我就一直在上海市儿童医院搞医学遗传学研究，至今已经二十多年。谈先生曾在多个公开场合，包括多次记者采访中自豪地说：当初帮助曾溢滔考进复旦大学是对的，后来同意他调入儿童医院也是正确的。

从我第一次给谈先生写信至今已有五十多个年头了，我目睹谈先生在国内高校第一个创办了遗传学专业，把摩尔根遗传学传播到中国；他以其独特的教育思想培养了大批人才，为祖国的科教事业作出了杰出的贡献。

谈先生那严谨治学、诲人不倦的作风，高瞻远瞩、实事求是的态度，以及追求真理、献身科学的精神，为我们树立了光辉的典范。

与夫人黄淑帧教授在图书室(2000 年)

没有理论指导的实践是盲目的实践，没有实践根据的理论，是空想的理论。

曾溢滔

二〇〇四年春

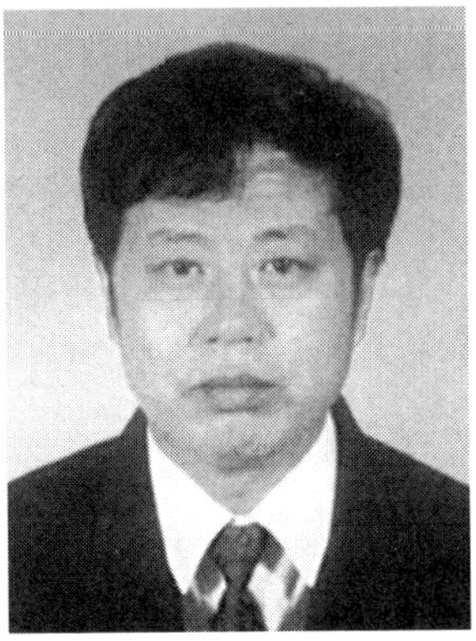

**简介：**

1939年11月1日生于湖北罗田。植物遗传学专家。1964年毕业于武汉大学并获学士学位。2005年当选为中国工程院院士。曾任湖北省遗传学会理事长。

**主要成就：**

长期进行水稻雄性不育与杂交优势利用研究。20世纪70年代初利用华南普通野生稻与栽培杂交合作育成红莲型水稻不育系及红莲型杂交稻。80年代中期利用农家品种马尾粘中发现的败育株与协青早选杂交选育出马协不育系和马协型杂交稻。在光敏感核不育水稻的遗传机理和两系杂交稻研究方面作出了重要贡献。克隆了红莲型不育基因，发现并定位了红莲型恢复基因Rf5和Rf6。在水稻雄性不育的基础生物学方面形成了自己的特色。1999年获国家自然科学奖三等奖。2002年获国家发明奖二等奖。

# 朱英国：我的恩师胡建文

我们尊敬的胡建文老师逝世六年多了。恩师的音容笑貌，言谈举止，授课丰姿和爱生如子的情怀时刻萦回在我的心中。他艰辛的历程，纯朴、善良、谦逊、和悦的品性以及宽严有度、执教有方、循循善诱、诲人不倦的风华与精神向为各方称颂。

## 初创简陋的胜利中学

1953年夏，我从原罗田九房祠小学考入初建的胜利中学。胜利是张体学率军解放大别山腹地重镇之后，割麻城、罗田、黄冈三县之地建的小县。县府设在军事要地滕家堡。该处毗邻鄂、豫、皖三省，大别山主峰天堂寨在其东，松子、栗子、锣铜三大名关在其北，正处巴水右源上游。初时学校设于镇西北4公里处的四洲山侧周氏祠。四洲山凹曾为国民第七军张淦军部常驻地。山上有张军长的亲笔石刻“还我河山”、“睡狮醒已”、“吼散倭氛”等，是我们历史教点与课余野游受教点。

胜利中学首届招生3个班，150人，有湖北、河南、安徽三省七县1 500余人应考。我被分配在初一(2)班。(1)、(2)、(3)班教室分别位于祠堂正一、二殿和西偏殿。殿宇无窗户，师生日间凭天井采光，晚上以油灯照明。(2)班班主任胡建文讲授第一堂课时笑着对我们说："同学们，这教室既合天然，又合民风，大家说好吗?"全班齐答："好，好，好!""是呀，我希望大家团圆这三好，班成好班，师做好师，徒都成为'三好'学生"……

## 众爱同尊的优秀班主任

是年8月30日，我报名入学，首先见到的是胡老师。他大高个子，长方形的脸，浓眉大眼，枕丘鼻梁，宽下颚，挂着一脸慈祥的微笑。见我端详片刻，食指点点名册："你叫朱英国，小学成绩不错，但愿中学更佳!"简单的话语给我打上深深的烙印。

胡老师刚从河南大学地理专科毕业，分到胜利中学讲授自然地理、生物课。这两门课程很快调动起我和其他同学的兴趣。我后来考上武汉大学生物系，从事生物教学与研究，最先得益于这位恩师。恩师板书、毛笔、钢笔字写得非常漂亮，乒乓球打得潇洒自如，手工工艺也很不错。当时，财政给学校的开办经费不过2 000元。许多应急的教学用具与体育器材是他与几位老师亲手制作的。

他擅长讲课，善于教人。全班50位学生家境贫富不一，资质与接受能力及基础不齐，秉性、爱好、体魄各不相同，表现出犹如春、夏、秋、冬四季，个性分明。班主任比大家庭的长者还难做。可胡老师基于孔子的"有教无类"和传统的"因才施教"，对大家一视同仁，关爱有加。他用一把万能的钥匙开启每一个心灵之锁，将各自的潜力挖掘出来，使之各展其长，自抑其短。是故，56级初(2)班很快造就团结紧张、严肃活泼、勤奋务学、生机勃勃的氛围。各科考试及格率、优秀率以及评定"三好学生"的人数常居全校之首。同时，体育运动每每夺冠，文艺演出台台走秀，办的墙报常常吸引校内外读者，就连种植的蔬菜亦多受校长、总务主任的表扬。如此，他本人和他带领的班级自然而然地年年被评为"优秀班主任"和"优秀班集体"。

## 尊敬的传"道"人

胡老师的最大优点是善于育人。课内，常在开班会时，他每用名家慧语启发大家。

譬如，他引歌德的话教我们要有理想："否定理想的人可能容易找到，不过他将卑鄙当做美好";"我们的生活就像旅行，思想是导游者，没有导游定会蒙头乱闯。其目标会丧失，力量也会化为乌有。"

引高尔基和苏轼的话教我们要有志向："一个人追求的目标越高，他的才能就发展得越快，对社会就越有益";"古之成大事者，不惟有超世之才，亦必有坚韧不拔之志。"

引徐特立和朱熹的话教我们应勤奋:“一分耕耘,一分收获;要想收获得丰,必须耕耘得勤”;“大抵为学,虽有聪明之资,必须做迟钝的工夫始得。”

引牛顿及孟子的话教我们不断思考:“我要把如同海滩沙粒之多的真理,一个个地加以思索”;“心之官则思,思则得之,不思则不得也。”

还引用穆罕默德、曾参、洪自诚的话及德国谚语开导我们养成善良、诚实之心性:“一个人的真正财富,是他在这个世界上对其同伴及朋友们做的好事”;“人而好善,福虽未至,祸其远矣”;“心不可不虚,虚则义理来居;心不可不实,实则物欲不入”;“一两重的诚实,其值等于一吨重的聪明。”

三年中,老师引用名家和他的学习心得话语颇多,叫我铭记不忘。这让我与同班同学受益匪浅。其中几位颇有成就,或者说“胜于蓝”的莫不“青出于蓝”。老师抓住一切机会教导我们应该十分注重磨炼自己的人品道德。诚如明人洪应明所言:“欲做精金美玉的人品,应当从烈火中炼来;果立掀天揭地的事功,须向薄冰上履过。”他提醒我们对于自己的错误缺点千万不要轻易放过。须得“无事便思有闲杂念虑否,有事便思有粗浮意气否;得意便思有骄矜辞色否,失意便思有怨望情怀否。时时检点,到得从多入少,从有入无处,才是学问的真消息”。我从初中到高中与大学,所以德、智、体、美全面发展,学有精进,老师的诱导起了关键作用。及至武汉大学毕业留校从事教学科研,带研究生,所表现的刻苦钻研,老老实实做人,兢兢业业做事,勤勤恳恳为“三农”服务在于老师的和声妙语时时煽动我的心扉。特别是在“文化大革命”中,我未被那波涛汹涌的洪流所吞噬,且在潮湿酷热、生活艰苦的海南岛搞杂交水稻试验数年,百折不回,矢志不移,没有取巧怠工,盖因恩师传授的德行内功所致。

## 无微不至地关爱学生

再说课外几件感人至深的事。

关心学生生活。初进周氏祠的那一年,师生员工皆用井水、河水。年龄小的同学不会用吊桶,胡老师或亲手给提,或嘱大一些的同学帮忙。男生宿舍租用的是离教室一里外的河边民房,田渠间初时坑坑洼洼,夜间难行。他怕学生失足致伤,带头修路。学校伙房供应蔬菜极少,大家都用竹筒装腌菜每周从家里带一次。春夏间容易发霉,他与总务主任商量,请炊事员给予回锅蒸炒。某些来自山区的同学多生疥疮,他与校医一道访求单方,煎煮松叶、野艾,督促患者擦洗。学生及其家长感念至深。

走访学生家庭。我们班的学生来自省内罗田、麻城、黄冈、浠水,省外的河南璜川、罗山,安徽金寨县,多半位于山乡,当时并无公路,动步必劳双脚。胡老师为了解诸生家庭状况,征得家长共同施教,并从实际出发,商请学校领导给特困生解决助学金,因而有计划地坚持走访。他不辞辛苦,跋山涉水,冒雨抗热,行走 7 县 40 多个村湾。我家离学校虽不远,亦有将近 20 公里。三年中,胡老师每年走访一次,与我父母详细询问心性、特长,农副业收入和经济缺空，帮我申请到乙等助学金，让我安心就学。若无恩师的关照，我哪能读完初中，升高中，进大学？

为学生盖被晒被。初中时，我们年龄在 14 至 16 岁之间，生活虽能自理，但都瞌睡大，常常熟睡后抄被子，着凉。胡老师几乎夜夜查房，打着手电筒给大家牵盖棉被。清晨，同学们起床上操时，他又去查看一遍。被单未牵整齐，被子未叠好，他耐心整理。个别同学还有尿床的习惯，他便将湿被子拿出晾晒，晒干叠好放回。恩师的一举一动滋润着我们的心灵。

密切关注学生安全。1954 年夏秋间，大别山南暴雨连绵，山洪奔泻。巴水上游河堤、道路多被冲垮，田园与河流相混。胜利中学在县城西北周家湾，隔河隔畈，粮食几乎断绝。连续几天，学校向附近村民借得少量米面，师生同吃面糊，喝稀粥，煮豌豆做菜。挨至 7 月某日星期五，雨过天晴，河水下落。县政府召开大会动员干部、职工扶田救灾。校长、教师都去接收任务，停课一天。那日下午，(1)、(2)班夏祖文等三位同学急着回家填饥补肠、拿腌菜，跑回下河西北 20 公里外的蔡店河、张家畈。午后 2 点左右，老师回校。查学生发现三位同学未应点。(1)班班主任李锦波与(2)班班主任胡建文急忙追赶。他俩涉水过河西，一阵小跑，一阵快走，急匆匆地从蔡店河转到巴水东北张家畈询问，三同学都未到家。其时已至晚 8 点，两位老师急出一身冷汗，茶水不喝，折身打转，沿河寻找一整夜，脚被石尖划破，小腿被扭伤。至次日 9 点钟返回周氏祠。学校复派人去找，中途得悉，夏等是从小路绕道回家的。这虽然是一场虚惊，却足见恩师爱生的真情。

率领我们抗洪抢险。那场暴雨断断续续，喧闹四五天。头场暴雨降于晚自习后。胡老师听到雨声，心系学生安危，当即披上油布，赶到大河边男生宿舍，同我们挨在一起。他一夜未合眼，时出房门看水势。次日凌晨，河水涨到宿舍南岸一米左右。值雨暂停，他立即召集三个班的男生起床，带上衣服、被子转移到各自的教室里。其后，他传达县政府的号令，率领我们为附近农家扶青苗，排积水，补田缺。此是我们支农的初步尝试。

督促学生种蔬菜。1954 年秋季，胜利中学迁至县城西隅新校舍。次年暮春初夏先雨后旱。时值统购统销，粮食供应不足。胡老师倡议种瓜菜弥补。我们班率先在学校后山左侧开荒整地，相继栽种南瓜、黄瓜、苋菜、萝卜、白菜。老师同我们利用课余时间挑水、担粪、锄草、除虫，终至瓜熟菜丰，累计收获万余公斤，称冠全校。这既改善了生活，又培养起学生对园圃的耕作兴趣。

送走学生关怀未了。学生一批批地升入高中、中专、大学，乃至走上工作岗位。胡老师仍对生徒关怀如故，有困难尽力相助，有思想扣结，只要他得知，便用书信方式给予开释或排解。我就是其中的一例。1959 年，我自罗田一中高中部毕业，因母亲长年患病，家庭生活困难。他得知我以优异成绩考上武汉大学，担心我学费不济。此时他虽已上调罗田县双凤坳中学任校长，仍然同往常一样徒步赶到我家做工作，同时让我到双凤坳中学做小工挣钱。于是在入学之前，我和原在胜利中学的萧楚辉同学做建筑工 40 天，挣得工资 40 多元，凑足了进武汉大学的学杂费。后在武汉大学学习期间。每逢星期天及节假日我坚持勤工俭学，解决学杂费书籍费之需，减轻家庭负担，这也培养了我吃苦耐劳、艰苦奋斗的精神。胡老师给我的精神财富太多了！

## 甘作人梯、淡泊自导的节操

胡建文老师无论是做班主任还是当领导，都为培养国家需要的品学兼优人才，甘作人梯，以学生超越自己为最大快乐。“优秀班主任”的头衔几连冠，“模范校长”的声誉传扬罗、麻两县教育界，但他的家庭生活水平一直很低。

胜利中学我们那一届全班50人有余佩发、沈恒章两人提前被选拔入军校，我和余彦文、李声朗三人被保送进罗田一中，其他45位也都考入高中、中专。毕业率、升学率皆为百分之百，此为胜利中学之最。三十多年，由他培养、上进，后来成名的专家、学者、教授有近50位，跻身军、政、经济界的名士或大老板超过百人。可我们的胡老师过的是什么样的生活呢？“文化大革命”中期以前，国家政治运动一个接一个，以阶级斗争为纲，突出政治为最红的口号。提出发展社会生产力，提高全民生活水平的领导人被批判为“走资派”，被打倒，以传授知识、学问为业的教师工资很低。胡老师的工资一直处在低线上。二十余年微调一次工资他又让指标于人。“文革”中后期乃至改革开放、发展市场经济时，学校办小农场和发展校办工、副业，取得一些收益。身为校长的他从来未多取一份。偶尔给他一份特供，他一概却之。

他子女多，负担重，退休早，工资低，却从未向上级领导叫一声苦，更未向同级、下级露出一丝苦涩。我和他书信来往较多，平和之心态，淡泊之生计，喜悦之情绪每书于信笺之上。我从侧面打听到一些情况，邀约几位同学表示要给他作困难补助，都被他婉言谢绝。

2002年9月，我和湖北省教育厅余更新同学参加胜利中学50周年校庆之后，到麻城白果镇中学看望他。他老伴已逝，自身患胃癌开了刀，家境还是那样贫困。白果镇高楼不少，市井繁华。他家仍然住在20世纪50年代建造的平房里。老式家具很破旧，仅有一些老版的书籍和地方报纸，收拾得很整齐、干净。胡老师虽患大病，但精神爽朗，见到我们非常高兴。他问到我们的事业、成果，我们如实以告，他更为兴奋。我们都衷心祝愿他健康长寿，他笑而不言。想不到两年后，我们的恩师胡建文就与世长辞了！

写到这里，我含泪拟诗五首，以作悼念：

**忆胜利中学胡建文恩师**

偏离市井驻祠堂，四洲山下聚英芳。
啁啁燕雀穿梁栋，蠢蠢蚊蝇舔衽裳。
日借瓦窗明桌案，夜凭灯火照砖墙。

课后师生同竞技，沙滩十里作操场。

穷乡兴教有良师，鸿儒雅聚周氏祠。
讲道忘劳多警语，诸生奋发始如斯。

传道授业诲谆谆，生徒冷暖系于身。
不时走访劳腱胫，旦夕查房理被衾。
言教并重明德教，心交更推美懿行。
屡吐珠玑多慧口，尊师仙逝语长温。

桃李菲菲果得名，学生成就仰先生。
桑榆不敢忘恩泽，巴水长书未了情。

语警声宏犹善教，为兄为父是先生。
与徒作圃争蹴鞠，更兼扑蝶捉流萤。

（二〇〇七年腊月于武汉大学生命科学学院书斋，昔日同窗好友余彦文、余更新、萧楚辉、陈先鉴悉心修改、补充，在此一并致谢。）

在武汉大学讨论两系杂交稻留影(1992 年，左起为作者、齐民友校长、袁隆平院士、汪向明教授)

做人，老老实实。
做事，兢兢业业。
做研究，百折不挠，坚韧不拔。
为国为民服务三农（农业、农村、农民）。

朱英国

二〇〇六年九月廿六日

## 简介：

1941年1月21日生于山西昔阳。化学工程专家。1965年毕业于太原理工大学化学工程系。1981年获中国科学技术大学硕士学位。1986年获中科院化工冶金研究所博士学位。1986至1988年在加拿大不列颠哥伦比亚大学从事博士后研究。2005年当选为中国科学院院士。曾任中科院化工冶金研究所副所长、学术委员会主任。

## 主要成就：

主要从事气固流态化方面的研究。将多相流基本原理与散料力学结合，建立了非流态化气固两相流理论以及移动床气固流动模型。提出V型阀与L型阀排料动力学模型和设计方法，发明了临界移动床输送、V型移动床排料阀等，1997年获中科院自然科学奖二等奖。用自制微观摄像探头，得到快速床内瞬态聚团照片，证实了聚团的存在。提出了颗粒设计、流体设计、外力场设计、床型与内构件设计的理论和方法，能有效抑制气泡和聚团，实现散式流态化。1999年获中科院自然科学一等奖。

# 李洪钟：引导我进入科学殿堂的三位名师

我叫李洪钟，按李家的规矩，中间的洪字表示辈分。1941年1月21日（农历腊月24日），我出生在山西省昔阳县巴洲村。1948年我进入村里的初级小学——巴洲小学读书，1952年由于本村没有高级小学，我到了姥姥家所在的洪水村完全小学继续读五年级，1949年太原解放后，父亲调到太原市山西日报社编辑部工作，1953年我随父亲来到了太原市，转学到太原市第十五完全小学读六年级。

1954年，我以优异成绩被太原市第五中学录取。太原五中是太原市以至山西省最好的中学，前身是山西省省立中学，彭真等老一辈革命家曾在该校就读。1960年被太原工学院工程数理力学系高分子化学专业录取，1962年院系调整后转入太原工学院基本有机合成专业。大学最后一个学期毕业实习，我和另外4位同学有幸被分配到位于太原市的中国科学院山西煤炭化学研究所做毕业论文，我还被指定为领队。这是我第一次接触科研和科研单位，该研究所的人文环境使我十分向往。我有幸在该所留苏回国的科学家杨贵林研究员的指导下完成了题为《流化床的挡板效应》的大学毕业论文，这是我的第一篇科研论文。记得毕业论文答辩那天，煤化所的所长还亲自来到化工系参加我们的论文答辩会，发表了热情的讲话。1965年暑假，大学五年的生活结束，盼来了学校宣布毕业分配名单的时刻。事前我们都不知自己毕业分配的去向，但一心想的是服从组织分配，准备到最艰苦的地方去。当宣布我被分配到中科院山西煤炭化学研究所时，我真有点不敢相信。我真是太幸运了！这不正是我曾经向往的地方吗？后来得知，由于我在山西煤化所毕业实习时的上佳表现，得到了该研究所的认可，才派专人到学校来录取我的。从此我走上了自己钟爱的科学研究道路。

1965年8月我拿着毕业分配派遣证到中科院山西煤化所报到，从此我进入了科学的殿堂，成为一名科研新兵。报到后立即被编入该所的"四清"工作队开赴五台山老革命根据地，参加农村正在开展的"四清"运动。我和老乡们同吃同住同劳动，白天下地，晚上开会。1966年秋，"文化大革命"在全国展开，农村的"四清"运动被迫停止，我所在的"四清"工作队解散，我又返回原单位。

回所后，我立即被分配到杨贵林研究员领导的课题组参加科研工作。虽然"文化大革命"已在所里展开，但所里的科研秩序还没有被打乱，"抓革命，促生产"的口号还执行得不错。我们课题组承担的是与备战有关的全国顺丁橡胶攻关会战项目：丁烯氧化脱氢制丁二烯流化床反应器的研究。我们研究的是挡板流化床反应器，包括反应再生合一的单流化床反应器和反应与再生分开的双流化床反应器。实验室小试结束后，我们到锦州石油六厂进行中试，我们全组人员自带行李到锦州出差，住在工厂简易的招待所里，十多人合住一间房，一住就是半年，每天只有7分钱的出差补助费，吃的是东北高粱米，和工厂的工人师傅一起倒班。中试完成后，我们又到北京郊区的燕山石化公司胜利橡胶厂进行工业化试验，帮助他们建立试验厂。我们研制的工业规模的大型挡板流化床反应器生产出了合格的丁二烯产品，从而保证了该厂顺丁橡胶的生产。1973年在太原召开的全国流态化技术经验交流会上，单位推荐我宣读了科研论文《负压差立管移动料柱之气体流动及料封的研究》。1985年与国家顺丁橡胶攻关项目相关的"顺丁橡胶工业生产新技术"获国家科技进步特等奖。我虽然不是获奖人，但作为一名科研新兵，有幸在杨贵林研究员的指导下，亲身经历了一个科研项目从实验室小试、中试到工业放大的全过程，从中增长了见识，得到了锻炼。

1976年，"文化大革命"结束，我国进入了改革开放的新时代，全国科学大会的召开，标志我国科学春天的到来。记得我曾经在全所誓师动员大会上发言，表示衷心拥护党的改革开放政策。1977年和1978年在我国《化学工程》期刊上我发表了两篇论文：《垂直气力稀相输送过程中适宜气速计算方法之探讨》和《垂直气力稀相输送过程中压力降计算方法之探讨》，这是我在学术期刊上以个人名义公开发表的两篇处女作。1978年，我国恢复了研究生招生考试，我当时37岁，还没有超过40岁的截止报名年龄，父母积极鼓励我报考，妻子也非常支持我报考。但我考虑到我已是三个孩子的爸爸，家庭负担全压到妻子一个人身上她会承受不了。当报名只剩最后一天，我还在犹豫不决时，妻子亲自跑到太原市的研究生报名处代我领回了报名表。正是在父母和妻子的支持与鼓励下，我积极准备，认真复习，好在“文革”中我没有放弃学习，复习并不困难。我参加了我国“文革”后的首次研究生入学资格考试，经过初试和复试，最终被中国科学院化工冶金研究所录取，成为中国科学技术大学北京研究生院的研究生，师从留美回国的科学家郭慕孙院士，从此开始了我的一段研究生生活。

1978年10月，我来到北京清华东路原北京林学院的一栋教学大楼报到，这是中国科技大学北京研究生院的临时校舍，我将在这里学习一年的基础课。来自全国各地的学子云集这里，开始了他们的研究生生活，条件虽然比较艰苦，8人合住一间宿舍，睡上下床，但大家都信心十足，满怀希望。离校13年后再次返回学校当一名学生，感到很不适应，我是属于年龄偏大的学生，记忆力差，反应迟钝，思想难集中。我竭尽全力经过勤奋学习，才顺利通过各科考试，尤其是英语考试。当初报考研究生是希望通过考试来显示自己的能力，如今却担心考试成绩差丢面子。真是岁月不饶人啊！

一年后，我返回研究所的实验室，开始研究生论文的工作。这对我来说应该是轻车熟路，因为我已有13年的研究工作经历。在导师的指导下我选定的题目是《V型排料阀及其动力学》，任务是通过研究该研究所已开发的V型排料阀的流体力学行为，将其由原来的间歇鼓泡式排料改进为连续的移动床排料，并建立动力学模型。我对移动床并不陌生，在山西煤化所时曾研究过移动床的流动规律。通过文献调研，很快确定了研究方案，写出了开题报告。经导师审阅修改后，开题报告通过，进入了实验准备阶段。我很快制作并安装好实验装置，按预先设定的步骤进行实验，获取数据。该研究的技术关键是如何将原来的间歇鼓泡式排料改进为连续的移动床排料，我想出的办法是先脱去气泡后再排料。如何脱掉气泡呢？我的对策是将产生气泡的进气口位置由原来的V型阀进料口以下改为以上，因为气泡通常是向上运动的，这样一改，气泡就不可能向下进入V型排料阀了。我的想法果然奏效，成功地实现了连续的移动床排料。

接下来是建立动力学模型，关键点是如何正确计算壁摩擦力。因为研究的对象是移动床，于是我想起借用散料力学的应力传递理论来解决此问题。结果也相当满意，建立的模型成功地预测了V型排料阀的压降、气体流率和排料速率。我的研究结果得到了导师的认可。后来我的一位山西煤化所的朋友告诉我，山西煤化所的所长在全所年终总结大会上表扬了我(我们那时是带薪读研究生，我当时还是煤化所职工)，说我的导师郭慕孙先生告诉他，我解决了一个别人没有解决的难题，我在煤化所研究的移动床理论做到了一通百通。

1981年，国家颁布了学位制度，我获得中国科技大学研究生院的硕士学位。眼前又多了一个选择的机会，那就是攻读博士学位。在导师和我妻子的鼓励下，我又报名参加了博士资格入学考试，顺利通过，继续师从郭慕孙院士。我的工作关系也从中科院山西煤炭化学研究所调到北京中科院化工冶金研究所。1982年年初正式开始了我的博士研究生生活。第一学期专学英语，教我们的老师是资深的李佩教授和英籍华人彭女士。老师教得很认真，我也觉得有不少进步，虽然通过了考试，但听、读、说、写能力还是很差。后来我和几位同学又申请参加了研究生院举办的出国人员英语培训班。经过几个月的培训，英语水平有了一定的提高。返所后开始博士论文研究工作。经与导师多次讨论后，最终选定的研究课题是《气力临界移动床输送》，这是导师多年来想做的课题。根据导师的设想，临界状态的移动床摩擦阻力最小，输送效率最高，最节能，有重要的工业应用价值。导师把他用英文写好的理论稿交给我看，看后我认为导师的理论分析很有道理。当气固两相流处于流态化与移动床的交界点，即临界点的时候，其摩擦力是移动床中最低的，其颗粒浓度又是流化床中最高的，必然获得最高的输送效率。关键是如何实现输送管中的物料处处都处于临界流化状态以及如何实现连续稳定的输送而避免节涌和喷动的发生。第一个问题导师已指出可以通过理论计算自下而上逐步扩大管径的方法来解决。第二个问题较难解决，我想出的办法是设计顶部限制膨胀和喷动的约束结构。我自己动手制作了十米多高的实验装置，亲自制作了测量颗粒壁应力的应力-应变型探头，安装和校正了压力和应力的测量和记录仪器，设计并试验了锥形、挡板形、U形等多种顶部约束构件的效果。实验结果令人满意，首先实现了连续稳定的移动床输送，然后又实现了连续稳定的临界移动床输送，输送压降仅为物重压降的1.5倍，远远超过国外同行2.5倍的水平。又进一步将多相流的动量守恒和质量守恒原理与散料力学相结合，建立了气力移动床输送的动力学模型，可预测输送管道中的压力和壁应力的沿程分布，选择最优操作条件。1985年，我完成了博士论文工作，1986年通过博士论文答辩，获得中科院化工冶金研究所工学博士学位。这一年，我的妻子和孩子也被批准从太原迁到北京定居，可以说是双喜临门。

我的硕士和博士论文分别发表在国际著名化学工程期刊Chem. Eng. Res. & Des. 和Chem. Eng. Sci. 上。

在名师的指点下，通过硕士论文和博士论文工作的磨炼，我独立从事研究工作的能力有了明显提升，但更重要的是经过导师多年的言传身教，使我懂得了如何做人，如何做一个合格的科学工作者。我和我的导师郭慕孙先生第一次相见是1973年在太原召开的全国流态化技术经验交流会上。他主持会议，我在会议上做了题为《负压差立管移动料柱之气体流动及料封的研究》的学术报告。在会前，我托人到北京将报告稿交给郭先生审阅，先生对稿子进行了认真的修改，这件修改稿我一直保存着，上面郭先生写的清秀的铅笔字和徒手画的规整的流程图给我留下深刻的印象。我在分析移动床中的气体流动时，提出了颗粒流动产生带气，压力差产生渗气，而气体流率为两者之代数和的机理性解释。郭先生认为我的分析太过麻烦。他说只需引入气固相对速度的概念即可，这样就可将思路由狭义推向广义。先生的话使我茅塞顿开。犹如我是在用算术解题，先生则是用代数解题。研究生期间先生对我影响最为深刻的有两点。第一是他的严谨认真、精益求精的科学态度。郭先生的英文水平在学术界是有口皆碑的。我的许多英文稿写好后请他修改时，他常对我说的一句话是“你满意不满意，你认为满意了再交给我”，所以交稿前我总是尽我所能，先达到自己满意。他修改过的稿子上面总是用铅笔字写得密密麻麻，但字迹清楚整齐。我和他合写的论文总要几易其稿，有的修改到第7稿、第8稿才投出去。他常告诫我们写好的稿子一定要做到自己满意后再送出去。第二是他的追求创新、不断进取的科学精神。他常提醒我们，搞科学研究切忌重复别人的东西，要吃第一口馒头。当国际流态化学术界许多人热衷于研究气泡时，他认为我们的目标应该是消灭气泡，于是他另辟蹊径开展无气泡气固接触的研究，终于获得国家自然科学奖和国际流态化成就奖。他活到老学到老，80岁开始学习电脑，现在已掌握了许多计算机软件的操作。

1986年11月，我有幸经我的导师郭慕孙院士推荐，作为中科院自费公派出国留学人员，到加拿大不列颠哥伦比亚大学化工系，在J. R. Grace教授的指导下从事博士后研究工作。当我乘坐的飞机到达加拿大温哥华机场时，我国驻温哥华领事馆的同志亲自到机场接我，给我安排了临时住处，使我感到十分温暖。Grace教授是加拿大工程院院士，他和郭慕孙院士一样，是全世界仅有的5位国际流态化成就奖获得者之一。他知识渊博，为人谦和。我在他的指导下，在这里研究了多种燃料在中试规模循环流化床中的燃烧特性和微细颗粒循环流化床的流动特性。与第一项研究有关的论文在1989年第十届国际流化床燃烧会议上获得最佳论文奖。第二项研究结果发表在国际期刊Powder Technology上。第一项工作有多人参加，开炉后需连续运转，人手不够就两班倒，Grace教授也亲自参加倒班。记得有一次运行中发现炉体法兰处漏气，我和Grace教授拿着扳手去拧紧螺栓，我穿着工作服，Grace教授则赤膊上阵。我一不小心拉脱了扳手，手腕撞到滚烫的法兰上，当下就烫起了泡。研究组每周二开会讨论工作，布置任务。我的建议也常被采纳，如他们根据我的建议采用了V型排料阀，还采纳我的建议将一个同心漏斗式储料罐改为偏心漏斗式储料罐，并风趣地称之为LI-Hopper，大大简化了设备改造的工作量。我独立完成了微细颗粒循环流化床和燃烧炉尾气催化净化装置的设计、安装与实验工作。1988年11月，我按时回国。我在国外留学的最大收获是开阔了眼界，亲眼看到发达国家的情况，尤其是科研和教学状况，结识了许多外国朋友，得到了名师的指点，接触到当时自己所从事研究领域的一些前沿课题。如纳米颗粒和微米颗粒的流态化就是当时国际上刚刚开始研究并且有发展前景的课题，它成了我回国后重要的研究方向之一，相关成果还获得了奖励。

回忆起来，我在从事科学研究的道路上，先后有幸得到留苏回国的杨贵林研究员、留美回国的郭慕孙院士和加拿大的Grace院士这3位科学家的亲切指导，使我的研究工作始终处于学科的前沿，较快取得了成绩，少走了许多弯路。通过他们的言传身教，我不仅学会了如何做科学研究，而且使我看到真正的科学家所具有的认真严谨的科学态度和淡泊名利、献身科学的崇高品德。

在母校太原理工大学化工原理实验室（1965 年）

科学无国界，科学家有祖国。
做一个爱祖国、爱人民、爱科学，
对祖国富强和人类文明有所
贡献的中国人。

李洪钟　自勉
2006年9月20日

## 简介：

1941年2月15日生于陕西咸阳。地球化学家。1965年毕业于中国科学技术大学地球化学专业。2003年当选为中国科学院院士。

## 主要成就：

在变质同位素年代学理论研究方面最早发现超高压榴辉岩中的白云母含大量过剩氩。证明了超高压变质与退变质矿物之间存在同位素不平衡。较早发现在低级变质条件下稀土元素可活动，且Sm-Nd体系可被重置。首次精确测定了榴辉岩中金红石的U-Pb年龄。最早通过测定大别山榴辉岩年龄获得华北与华南陆块在三叠纪碰撞的结论。系统测定了北、南秦岭一系列蛇绿岩及岩浆岩的同位素年龄，为秦岭造山带多陆块拼合模型的建立提供了重要的依据。首次测定出大别山超高压岩石的二次快速冷却曲线，并通过同位素示踪对其多阶段快速折返机制提出较完整模型。2006年获何梁何利基金科学与技术进步奖。

# 李曙光：追忆好友孙贤鉥

世界著名的地球化学家，我的好朋友孙贤鉥博士去世的消息给我心灵以巨大的震撼和悲痛。去年春天他还来中国访问，此后一直到11月，我还不断收到他的E-mail，知道他在忙着帮中国年轻学者修改论文，然而这么快，病魔就夺走了他的生命。他才61岁呀！世界失去了一位杰出的地球化学家，我们失去了一个无私相助、能讲真话的诤友，这怎能不让人感到万分的惋惜和悲痛呢。这两天，贤鉥兄的身影不时浮现在我脑海中，过去23年的交往历历在目，我感到有必要写些什么来追念我的好友孙贤鉥。

孙贤鉥先生是国际著名的地球化学家，1943年10月27日出生于福建省福州市，抗日战争胜利后，随父母移居台湾省台北市。1962年被免试保送台湾大学地质系学习。

1968年，孙贤鉥先生赴美国求学，师从著名地球化学家Paul W. Gast，先后在纽约的哥伦比亚大学和休斯敦美国宇航局约翰逊空间中心从事铅同位素地球化学研究，1973年获得博士学位。期间，他在铅同位素地球化学等研究领域取得了诸多重要的成果。相关论文陆续发表在 Nature、Science 等国际知名学术刊物上并得到了广泛的引用,其中有关年轻的洋中脊、洋岛和岛弧火山岩的铅同位素的文章 SCI 引证次数已经超过 700 次,成为这一研究领域一个里程碑式的经典论文。

1973 至 1975 年,孙贤鉥先生在纽约大学石溪分校做博士后,从事碱性玄武岩的研究。1975 年,孙贤鉥先生前往澳大利亚的阿德雷德大学工作,期间对太古代科马提岩、及高镁玄武岩、大洋玄武岩和蛇绿岩等岩石进行了开创性的地球化学研究。1977 年,孙贤鉥先生在悉尼澳大利亚联邦科学和工业研究组织矿物研究实验室工作,从事氧、硫等稳定同位素的研究。1981 年孙贤鉥先生成为澳大利亚矿产资源局主任研究员,1999 年退休。在此期间,他发表了一系列有关地球的化学组成、演化,以及元素地球化学性质的文章,成为当代地球科学界广泛引用的经典之作。其中最为著名的是 1989 年关于地幔化学和同位素体系的文章,迄今已被 SCI 论文引证超过 3 500 次;另一篇论文也已经被 SCI 论文引证超过 1 000 次。

作为海外华人,孙贤鉥先生十分关心海峡两岸科学和文化事业的发展。从 20 世纪 70 年代末开始,他便与祖国大陆学者开始了广泛的交流,并多次前往大陆与台湾两地讲学、授课,毫无保留地为学者,特别是年轻学者提研究设想和建议、写推荐信、修改文章,并与很多学术机构和研究人员结下了深厚的友谊,为海峡两岸年轻地球化学人才的成长作出了卓越贡献。

在多次的大陆之行中,孙贤鉥先生还出资 2 万多元用于救助大别山失学儿童。在临终前他仍念念不忘,嘱咐家人继续捐助大别山区的教育事业。2005 年 2 月 25 日 6 时 15 分,孙贤鉥先生因患癌症医治无效,在澳大利亚首都堪培拉医院逝世,享年 61 岁。遵照孙贤鉥先生的遗嘱,他的亲属和好友将他的骨灰撒入太平洋。

孙贤鉥先生一生,对科学,充满激情、“好奇、好胜、求新、求变、求好、求全”,学术造诣举世公认;对自己,严格要求、克勤克俭、自省自律、努力工作、勇于改过,学人风骨堪称师表;对朋友,热情奔放、助人为乐、坦诚直言,崇尚“君子之争,争是非,不屑小人之争,争意气”,是一位难得的诤友。

我和孙贤鉥博士相识是 1981 年他第一次应邀访问祖国大陆,在贵阳中科院地球化学所进行讲学的时候。当时“文革”刚刚结束不久,百废待兴,我们急切想了解国际上这几年地球化学的飞速进展。在这种情况下,有著名海外华人学者来讲学,我就专门出差去贵阳听课去了。通过听他的讲学,我第一次了解到国际上已建立了以分配系数理论为基础,能定量计算模拟岩浆过程中痕量元素地球化学行为的“痕量元素地球化学”学科。贤鉥兄的讲学启发了我对痕量元素地球化学的极大兴趣。回来后,按照他给的文献清单,我连续阅读了四十几篇国际最新文献,使我初开眼界,并做了我第一件痕量元素地球化学工作。

1983 年,我被科学院选送公派出国访问进修两年。我当时很想去美国麻省理工学院

(MIT)的地球与行星科学系 S. R. Hart 教授那里进修同位素地球化学。因麻省理工学院门槛较高,S. R. Hart 教授当时已是著名地球化学家,美国科学院院士,因此我冒昧请只有一面之交的贤銶兄为我写推荐信。很快贤銶兄就写来推荐信,信写得简单、客观、平实,毫无溢美之词,其大意是说他在大陆访问时见过我一面,我给他的印象是对新东西很感兴趣,因此相信我是可造就之才。从这封推荐信上我感受到了孙先生作为科学家那种实事求是的精神,以及对国内同行在学术上进行帮助的积极态度。后来 Hart 教授告诉我正是孙贤銶那封简单、平实的推荐信对他接收我起了重要作用。因为他了解孙贤銶博士,说他是华人地球化学家中最好的,是他最早开展了大洋玄武岩 Pb 同位素研究。Hart 教授这番话也使我感受到了孙贤銶博士在国际地球化学界的分量。

在麻省理工学院访问的两年多时间里,贤銶兄一直来信关心我的进修情况。到 1985 年,我将写好的一篇关于夏威夷玄武岩 Sr,Nd,Pb 同位素地球化学的文章打字稿寄给他请他指正,并告诉此文已得到 Hart 教授的好评时,他回信说看来你在麻省理工学院的访问已取得了一些重要成果。他说他一直担心我的表现如何,现在一颗悬着的心终于可以放下了。这封信不仅鼓励了我,使我增强了信心,也使我感到贤銶兄对他的每一次推荐都是很认真的,我们表现如何,直接关系到推荐人的信誉。讲信誉,重信誉,这正是贤銶兄的美德,是值得我们永远学习的。这篇论文后来仅在 1985 年旧金山 AGU 秋季会议上报告过,始终未正式发表。这是由于我第一次向国际期刊投稿,对评议人的"狂轰滥炸"式批评很不适应,尽管编辑要求我做较大修改后再审,但我已完全失去了信心,加之我 1986 年年初回国后兴趣已转移到大别山,故该文我最终放弃了。孙先生对此很惋惜,并在他的一篇重要论文中特地引用了我在 AGU 会议上该文的摘要以示对这项工作的肯定与记录。孙先生喜欢雪中送炭,他总是在他人困难时给以支持、鼓励和帮助。

在和贤銶兄的书信交往中,我们讨论最多的是学术问题,他以广博的知识和敏锐的洞察力给了我很大的帮助。其中最重要的有两次,使我受益匪浅。第一次是在我去麻省理工学院访问前,当他知道我准备带到美国去研究的样品主要是太古代绿岩带岩石后,就建议我应考虑做一些秦岭造山带的研究工作,因为秦岭是中国南北地质的重要分界,其工作意义更大一些。正是在他的建议下,1983 年春天,我开始了对秦岭、大别山的野外考察和取样工作。也正是这批样品,使我在美国访问时测定了大别造山带第一个榴辉岩 Sm－Nd 年龄,打响了大别山超高压变质岩年代学研究的第一炮。第二次是 1992 年,当时大别山超高压变质带研究已成为国际研究热点,我已测定了一批大别-苏鲁造山带的含柯石英榴辉岩 Sm－Nd 年龄,均为三叠纪(230—220 百万年)。当时在通讯中孙贤銶就问我为什么一些学者用 K－Ar 和 Ar－Ar 法测定这些榴辉岩多硅白云母都获得了古生代甚至元古代年龄?我回答说我坚信我的 Sm－Nd 年龄没错,他们获得的老年龄可能是过剩 Ar 造成的结果。当时他就建议我应做工作来证明这一点,而不应采取不理睬这些古老 Ar 年龄的态度。正是这一建议促使我设计了选用2块含多硅白云母的样品，同时用Sm-Nd、Rb-Sr、Ar-Ar三种同位素方法进行比较定年的实验。结果Sm-Nd和Rb-Sr年龄一致为三叠纪年龄，而Ar-Ar年龄异常老，接近900百万年，从而证明了多硅白云母含大量过剩Ar问题。为了判断这一工作的学术价值，贤鉢兄还专门帮我就这一实验结果请教了Ar同位素定年专家澳大利亚国立大学的McDougall教授。回想起来，如果当时没有贤鉢兄在学术上的执著、认真的态度，也许我就会采取不理睬那些老年龄的态度，从而错过这一发现过剩Ar的机会。

贤鉢兄在热心帮助国内同行时从来都是无私的，不计回报的。我1993年、1994年在Chemical Geology发表的2篇论文都含有贤鉢兄的大量心血，对这2篇论文他都花费了大量时间进行评议，详细地指出存在的问题，并帮助润色英文。1993年的论文在我再三说明所有对该文作过贡献的人，哪怕是仅提供过样品的人都署名了，他不署名我心中不安，他才同意署名。1994年的论文他尽管也付出很多，但他坚决不署名。他常以我国地质学老前辈丁文江的话"我们是来救火的，不是来打劫的"自勉。尽管他花了大量时间到国内讲学，与国内同行探讨科学问题，帮助评议、修改论文，推荐青年人出国进修，但他坚持不参与大陆的具体研究项目的原则，他认为这样可以保持客观立场，能不偏不倚地观察问题和发表意见。

孙贤鉢先生为人正直，在学术问题上不徇私情。他这种正直、实事求是的科学家品格，使他成为我能当面给以直率批评的诤友，他那种直言不讳的批评其实是他热心助人的另一种形式。20世纪90年代初我每次将写好的稿件寄给他请他指正时，他都花很多时间给予仔细评议，从不敷衍，其批评意见也绝对是一针见血，不留情面的。但我感到他是在真心帮我才讲真话，使我受益匪浅。贤鉢兄有一次还在《地球化学》杂志上对我的一篇关于"上地幔Sm/Nd值演化"论文进行了公开的批评，这可能是孙贤鉢博士在国内期刊上就一篇论文进行的唯一一次公开学术批评。除了期刊上的公开讨论文章外，我们私下也以书信方式进行更直接的辩论，在谁也说服不了谁的情况下，贤鉢兄干脆就给我猛泼了一盆冷水，说"你根本就不是做这个问题的料"。这话听起来刺耳，也伤自尊心，但我知道贤鉢兄并无恶意，这是他对我这件工作的真实看法。这盆冷水使我冷静下来反思自己。我因在麻省理工学院访问期间阅读了不少地幔地球化学文章，也参与了几次有关的讨论会，Hart教授研究组又是在地幔地球化学领域很活跃的研究组，因此我对地幔地球化学也产生了浓厚兴趣。回国后，虽然主要实际工作在做大别造山带工作，但仍想抽时间做一点地幔地球化学的工作，没有好的样品就想到用文献资料做些理论探讨工作，"上地幔Sm/Nd值演化"一文就是这样一个习作。但冷静下来以后，感到孙贤鉢讲的确有道理，在我脱离了麻省理工学院的环境后，资讯不通，对别人现在正在做的东西不了解，自己又没有第一手观测资料，怎么能进行国际竞争呢？我现在做的这些小研究纯属"玩票"，内行专业人士不接受又有什么用呢？我不如利用大别山地利之便，又是国际研究热点，争取在这一领域上有所建树。从此以后，我再也不分心去搞那些无第一手资料的"玩票式"探讨，而是全力以赴地去做扎扎实实的实际工作。后来回想起来，贤鉥兄这盆冷水泼得好，它使我避免浪费精力，得以集中精力做最有意义的工作。贤鉥兄曾对我说，有时一个人陷进去了，你讲什么道理他都听不进去，在这时大喝一声，泼一盆冷水或讽刺挖苦一下反而管用。大概他也是在与我进行纯学术辩论不奏效的情况下才采用了泼冷水战术，但他的动机确实是帮我解脱。我真为这一生能交上贤鉥兄这样能讲真话的诤友而感到庆幸。孙贤鉥博士曾对国内学术界存在的问题，或对青年学子在学风中存在的问题写批评文章，甚至写打油诗进行讽刺，这曾使某些同行朋友感到不快。但是我真心希望这些朋友不要计较这些批评是否恰如其分，而是要透过这些批评去体会他的“恨铁不成钢”的良苦用心，去反思我们是否有应该改进的地方。我们能听到真话不容易。

孙贤鉥非常关心青年人成长，为此他付出了大量心血。1994 年以后，他告诉我他很忙，手头要看要改的东西很多，就不再帮我看文章了，但如果是我的研究生写的论文，他还是愿意帮助评议的。他还希望我也更多地去帮助年轻人。我理解他正在帮助更多的年轻人，他需要把精力转移到更需要帮助的年轻人身上。他帮助推荐许多年轻人出国进修、读博，但始终希望他们能回国为自己国家效力，对一些人后来不回国他也很无奈。因此，90 年代末他推荐我原来的一个硕士生孙卫东去澳大利亚国立大学（ANU）读博时，他要求和孙卫东做一个君子约定，“学成后一定回国服务”。后来孙卫东在澳大利亚国立大学读博期间，孙贤鉥给我的 E-mail 主要都是谈对孙卫东的培养问题，他为孙卫东在澳大利亚国立大学取得的进步和成就可以说是付出了大量心血。现在孙卫东已成为中国科学院海外优秀引进人才在广州地球化学所工作。

最令人感动的是近年来他对帮助大陆的另一名年轻学者简平付出了常人难以想象的努力。2001 年，简平作为地科院 SHRIMP－Ⅱ离子探针组的一员赴澳大利亚国立大学进行培训。孙贤鉥博士知道简平在大别山超高压变岩研究中坚持多期超高压变质的观点，为此他想借此机会做简平的工作，希望他能修正自己的观点。当贤鉥兄把这一想法告诉我以后，我告诉他这将是很困难的，因为我曾和简平有过长时间通讯及当面讨论，但都不见效。但贤鉥兄认为简平还年轻，应该可以帮助，不尝试一下怎么就知道不行呢？我只好祝他成功，我也乐观其成。培训期结束了，简平回国前在与孙贤鉥博士的谈话中仍坚持自己原有的观点，这多少使贤鉥兄有点失望，还为此写了打油诗。在 SHRIMP－Ⅱ仪器引进并开展工作后，简平通过自己的科研实践也认识到了大别山超高压仅发生在三叠纪，并做出了很好的工作。对此，贤鉥兄很高兴，因此在 2004 年春他来京讲学及回澳大利亚以后又以极大的热情帮助简平修改论文。他这时的身体状况已不好，我劝他要注意休息，不要太辛苦了，但他仍为修改论文写了 100 多份 E-mail 通讯，并满怀热情地要求我及他人也来帮助提供修改意见（后该文发表在国际著名地学刊物）。我心中不禁暗中佩服贤鉥兄这种对培养年轻人的高度热忱、执著和奉献精神。受惠于他的青年学者不仅有中国人，也有外国人，这是他对中国乃至世界地球化学事业最扎扎实实贡献的另一方面。

孙贤鉥博士已过早地走完了自己的一生，他是满负荷运转地快速走完了一生。但他对人类的地球科学知识和中青年优秀科学人才培养方面所作出的贡献却是巨大的，无与伦比的。他的一生不愧是光辉的一生，充满激情的一生，富有成果的一生。他给我们同辈人及年轻一代树立了如何做人、如何做学问的榜样。他的才华和人格魅力已使他在国际地球科学界获得良好的声誉，他的一生是值得骄傲的一生，他将永远活在我们心中。

安息吧，我的好朋友孙贤鉥博士。

在德国海德堡访问(1996 年)

真理是不可穷尽的，科学研究就是在没有尽头的真理长河中游泳。我们每一研究阶段获得的认识，其真理性是相对的，因此不可故步自封，要不断提出新问题，发现新现象，吸收新思想，从而不断地修正、完善我们对自然界的认识。这个过程就是创新的过程。

李曙光

2006.2.1

## 简介：

1941年10月14日生于上海，祖籍浙江镇海。神经生物学家。1963年毕业于上海科技大学生物系。1982年获日本国立生理学研究所学术博士学位。1991年当选为中国科学院院士（学部委员）。曾任中科院上海生理研究所研究员、所长，中国生理学会理事长，《生理学报》主编。

## 主要成就：

在视网膜中信号传递处理及其机制研究方面取得了若干重要成果。1989年和1996年分别获中科院自然科学一等奖和二等奖。2001年获何梁何利基金科学与技术进步奖。

# 杨雄里：托体同山阿

## ——纪念冯德培院士百年诞辰

依然不能忘记那深夜骤然响起的电话铃声，向我报告冯德培院士谢世的噩耗。时光荏苒，那已是十多年前的那个春天！

念兹在兹。一直想要写一篇纪念冯先生的文章，但诸事纷沓，思绪纷乱，提笔再三，始终未能成稿。近年来，冯先生的第一代弟子均相继绝尘而去，他参与创建的研究所也已不复存在，值此冯先生百年诞辰之际，可能是纪念这位中国生理学界一代宗师的最后机会了。

该从何写起？对于其生平和科学上的成就，我曾应陈宜张院士之邀撰写过专文（该文的初稿曾在20世纪90年代初经冯先生亲自审阅——冯先生曾说过，对任何有关其本人传记性的介绍，必须经其审阅），叙述其生活中的轶闻、逸事，因我非其嫡传弟子，也难以尽意。我骤然想起，沈善炯院士曾经跟我谈过，在他心目中，冯先生是一位英雄。于是我想，我就倾力去展示在后辈眼中一位学界英雄的若干剪影，作为对冯先生的纪念吧！

英雄即非常人。冯先生在生理学研究上所取得的学术成就令人有高山仰止之感。他无疑有出色的禀赋。他在大学毕业后跨入研究之门伊始，就显示出卓越的科研能力，以及分析科学问题时所具有的独特的、清晰的逻辑性，深得现代中国生理学开拓者林可胜先生的青睐。冯先生在1988年应邀为美国神经科学年鉴 Annual Review of Neuroscience 写的回忆录 Looking back, looking forward 中，曾透露了这样一则逸事：60年前林推荐冯去英国希尔（A. V. Hill）教授（1922年诺贝尔奖得主）实验室深造，冯并不知道林在推荐信中是如何评价他的，但他接到了希尔给他的短函："如果你像林所说的那么优秀，那就来吧"！他在同辈中迅速脱颖而出，不得不归诸于其天赋的才华。但是，在我看来，他的成就更多是由于他对科学无与伦比的献身精神和高昂的热情。这是一个以科学为生命的人，点燃其生命火焰的是科学，使其生命不息地燃烧的是科学，甚至当其病情危急，延续其生命之火的还是科学。"文革"后期，他在长期陷于囹圄之后，刚获自由，我就经常看到他在办公室里深夜挑灯伫立于书架边查阅文献或伏案书写的身影。学术问题的讨论是冯先生最强的兴奋点，我向冯先生在学术上请益时，他已届迟暮之年，但每当我与他谈起学术上的进展时，他已不那么清晰的眼神会突然明亮起来。1994年冬，他病笃无法言语，甚至都不能挪动手臂。一次我去医院探望，他在病床上用眼神示意要纸笔，我把笔架在其指间，然后缓缓移动纸张，于是他留下了一串模糊的字迹，我仔细辨认，原来是他拟写论文的英文题目。我知道，正是这种对科学执著的热情支撑着他摇曳的生命火焰。1994年12月23日清晨，他急召我去医院，要护士拔去气管插管，用纱布盖住创口，断断续续地留下遗言：将他毕生积蓄的美元悉数捐赠国际生理学会（IUPS），设立基金，资助来华进行交流的外国科学家，以推进中国生理学的发展（为此，IUPS设立了迄今为止唯一以中国人命名的纪念讲座——T. P. Feng 纪念讲座），而其时在他办公室的衣柜里挂着的是一件60年前他在英留学时的旧大衣！

英雄提掖后进。冯先生晚年尤其关心中国生理学的持续发展和薪火相传。在2006年11月中国生理学会庆祝学会成立80周年的大会上，我应邀作了冯德培纪念讲座。我谈到我之所以感到荣幸，其一是我对冯先生素来崇敬，其二是冯先生对我有知遇之恩。1963年，他作为生理所所长例行地接见我们这届毕业生后十余年中，我们间几乎没有任何个人的交往，但30年前（1977年），当"文革"风暴甫定，重建所学术委员会时，他毅然将我这个无名小卒聘为委员。1985年，他从学会理事长退下时，又力排众议，将我这个当时在学界尚默默无闻的晚辈推入常理会。1985年我去哈佛大学之前，他与我作了一次语重心长的长谈，希望我不仅为中国生理学的发展尽心尽力，而且他还说，他的目标是把我"推向国际"。1994年，当我衔命代表中国生理学会组织的亚太地区生理学联合会（FAOPS）第三届大会在上海召开时，他特别兴奋，在病中专程出院致开幕词，他那最后一次在公众场合作的精彩讲演，赢得了满场掌声。当我于1987年年底回国应命后，在我担任中科院上海生理研究所所长、《生理学报》主编期间，他总是以平等的口吻与我商讨问题，从不干预我的工作。他极少当面赞誉年轻人，但在幕后他扮演的总是提携后进的角色。眼下，我已年逾花甲，卸去了多半的行政责任，我已不在乎自己在生理学中是否已留下足迹，而唯愿以冯先生为楷模，在扶持年轻人方面略尽绵薄之力。

英雄总是强者。冯先生性格刚毅，秉性耿直，宁折不弯。每天清晨，无论冬夏，无论晴雨，他总是以独特的冯氏健身法，大步行走，其威风凛凛的模样常常使人想起一头桀骜不驯、敢于跨越一切障碍的雄狮。在“大跃进”浮夸之风日盛的年代，他不畏权势，坦然直言，针锋相对地提出要“规规矩矩办科学，稳扎稳打大跃进”。“文革”期间，在严刑逼供下，他绝不作违心之言，赢得了人们的普遍敬仰。他在学术讨论中，言辞犀利，有时不免伤人，但这是一种“英雄”性格的昭然体现，理解了，就不会见怪。他对祖国的忠诚在任何情况下，都不动摇。1994 年我为他的科学论文集撰写英文序言，请他审阅时，他做了一点改动，用了“unflagging”（始终不渝）这个词来表述他对祖国的忠诚。他在抗战前回国，与同事们、学生们一起，在艰辛的日子里，坚韧不拔地为发展中国科学事业而耕耘不止，真可谓是“鞠躬尽瘁，死而后已！”

英雄也有悲哀。在 20 世纪 30 年代他起步研究时，可以说与国际第一流科学家（之后有不少人成了诺贝尔奖得主）在同一前沿上，但多年的战乱、新中国成立后频仍的政治运动拖曳了他的脚步，使冯先生未能尽才。20 世纪 80 年代初，科学院庆祝老科学家科学生涯 50 周年，他感慨地说过，说是 50 年，其实真正能潜心研究的日子连一半都不到。当终于迎来了“科学的春天”时，他已逾古稀。他自知迟暮，但心犹不甘，于是惜时如金，总想以更巨大的努力去索回失去的时光，去追赶疾驶的科学列车，以长寿来弥补历史的缺憾。1987 年访美期间，他曾和我谈起，他还想学两门课程：分子生物学和数学；他甚至说到，他手还不抖，还想亲自动手做实验。旁观者清，在我看来，这对一位高龄 80 的老人已不再现实，但我不忍拂了他的兴致，而婉转地向冯师母高老师谈了我的忧虑，高老师回答说，就让他做一点自己感到高兴的事吧！只是他纵有壮志，但显然已力不从心，当我走进他的办公室时，每每发现他倦怠地倒在躺椅上假寐。看到他强打精神与我谈话，我不禁悲从中来。他最终也没有实现他的心愿。1995 年春冯先生病情急转直下，医院全力抢救，他要我转告院方，“不要违背客观规律了”。我想，在这生命之火即将熄灭之时，他一定经历着杜甫所描述的“出师未捷身先死，长使英雄泪满襟”的感受吧！

英雄也是常人。冯先生也有“揾英雄泪”（辛弃疾句）感性的一面。在近 30 年中，我曾经两次目睹他动真感情。一次是在“文革”后听控诉“四人帮”迫害著名导演郑君里的录音报告时，我见到冯先生不止一次拭去夺眶而出的眼泪。另一次，是我自美回国与他谈及我与家人告别时的痛苦和矛盾，我看到他的眼中分明闪烁着泪光，他哽咽着向我表示他的深切的理解。此情此景，久留脑际，挥之不去！

一个历史时代过去了。我深深知道，像冯德培先生那样身许科学的英雄，在眼下这个时代，不再多见了。我们不必为此而失落、悲哀。社会的嬗变、转轨遵循着无声的规律，有其自身的历程，我们可以期待的是，当历史的脚步终于跨过了这个阶段步上正确的轨道后，一个以为科学献身而荣的英雄辈出的新时代又会降临。时光无情催促人生，让无数辉煌的历史画面变得苍白，但在任何时候，我们都应该记住那些为科学贡献毕生精力的英雄们的名字。"死去何所道，托体同山阿"（陶潜句），冯先生的业绩将与中国生理学的"山阿"同在，冯先生的音容将长久地留在人们的记忆中。每天清晨，在我们的队伍中仍然可以看到他健步的身影，他仍然是我们队伍中神采奕奕的一员，一个当之无愧的英雄。

（原载于 2007 年 4 月 3 日《文汇报》"笔会"，此次作者做了修改和增补。）

在上海(1963 年)

人的一生是一个不断弥补自己的不足，渐臻完善的过程。

杨雄里
2004年春沪上

# 天伦情深

## 简介：

1916年12月18日生于安徽芜湖。2011年11月23日逝世于北京。导弹与控制技术专家。1940年毕业于中央大学电机系。1947年获英国伦敦大学帝国学院硕士学位，同年回国。1991年当选为中国科学院院士（学部委员）。曾任航天工业部高级顾问和二院技术总顾问。

## 主要成就：

长期从事导弹武器研制工作，成功研制出中国第一发固体潜地战略导弹和中国第一个陆基机动固体战略导弹武器系统。主持的"'巨浪'一号固体潜地战略武器及潜艇水下发射"获1985年国家科技进步奖特等奖。1999年被授予"两弹一星"功勋奖章。

# 黄纬禄：
# 我的孙子豆豆

我的孙子出生在美国，小名叫豆豆。那时，我的儿子儿媳忙工作、忙学习常常直至午夜，无奈只得将豆豆日托在别人家中。到了晚上，当他们终于可以放下手中的一切来陪伴豆豆时，他已进入梦乡。儿子儿媳不在豆豆身边时，地毯上放着的一台安装了很多幼儿游戏的计算机，会毫无怨言地接受着豆豆小手日复一日的拍打，伴着他慢慢长大。由于无暇给予他最好的启蒙教育，近2岁的豆豆除了喜欢模仿飞机起飞发出的声响和在惊讶、得意时像美国人一样"ho-ho"以外还不大会讲话，我们全家都有些担心了，就这样，我的儿子远渡重洋将豆豆送回北京我的身边。

记得刚下飞机的豆豆坐在儿童车上，双手紧紧抱着一只比他还高的绒毛狗。他把脸深深地藏在狗的大耳朵下面，但充满好奇的眼睛一刻也没有停止观察周围陌生的一切。

终于到家了，我们都很欢迎这位小客人，儿童车不时从一个人手中换到另一人手中，豆豆有点认生，紧搂着玩具狗不撒手，但他始终没有哭。经过几天充分的休息，时差倒过来，人也熟悉了，豆豆顺利地开始了他在北京的生活，并且在全家人的精心呵护和谆谆教导下，很快学会说话并可以进行简单的交流了。

## 豆豆学认字

豆豆喜欢写写画画，他学认字、写字实际上从学说话时就开始了。我们为他准备了许多幼儿、少儿读物，但字书的数量远远多于连环画：歌谣、绕口令、小故事、唐诗、宋词、儿童版《十万个为什么》等等，应有尽有。我把书中出现的字都写成字块，以便于教他认知每一个独立的中国汉字。

豆豆对汉字似乎有种特殊的敏感，当我第一次把一盒字块倒在他面前时，豆豆把字块一个一个摆在自己面前无一颠倒。这引起了我的注意，故意把字块斜放或弄颠倒，并在此后反复试验过多次，他都会毫无差错地把字正过来摆在自己面前，这使我至今每每想起还百思不得其解。

豆豆聪明好学，记忆力强，接受知识就像干涸的海绵遇到水，吸附起来毫无阻力。一般情况，我每天教他十几个字，每个字带他读两到三遍，他基本上就可以记住。此后，在教他学认生字的同时，不停地复习已经学过的字。日积月累，当豆豆三岁半时，已经认得一千多汉字了。

豆豆喜欢听故事。我每天把他抱到膝上坐着，为他读些朗朗上口的歌谣、诗词、谜语，他总会被深深吸引，一坐就是一个多小时，专注听，认真看，眼睛一刻也不愿意离开书本。

随着认字量的增加，豆豆的阅读水平迅速提高。他开始越来越多地跟读，进而发展到自己念歌谣、谜语、诗词，每次不读完一本书或所有的（五十多个）谜语小卡片就誓不罢休。豆豆认的字越多，也就越喜欢展示他的本领。每当我的秘书或客人到家里来，豆豆就会让他们看自己认字：这是电视的电，这是小青蛙的蛙……对每个字，都会给出与我教他时一样的解释。

在阅读的同时，豆豆的理解力也在一点点提高，并开始对他的行为产生了影响。

豆豆读过狗熊掰玉米的故事，在我们的暗示下，他不再把玩具玩一个丢一个到处乱放；豆豆读了唐诗“锄禾日当午……”，居然把嘴边的牙膏用舌头舔干净咽了下去，当我们惊异地看着他时，豆豆说“农民伯伯种牙膏很辛苦，豆豆要爱惜”；通过读书和我们的教育，豆豆懂礼貌，见人问好，从不骂人说脏话，很讨人喜欢。豆豆打喷嚏后的一句“Excuse me”让从美国回来看他的妈妈都惊讶了。

3 岁半以后，豆豆被送进航天总公司幼儿园。随着年龄的增长与知识的积累，豆豆开始以他自己的方式来观察和思考问题。乘班车去幼儿园的路上，豆豆常常眼望车外，见字就念并且不停地提出各种各样的问题。“为什么天上的云会走？”“为什么汽车能比自行车跑得快?”“路边上的牌子上有个叉叉,是什么意思?”……我们曾作过一次统计,在班车行进约半小时的行程中,豆豆提出的“为什么”有一百多个。当然,在他读标语、标志和提出问题的同时,也不乏犯一些可笑的小错误。比如“肉部加油站”、“禁止西瓜人园,兔费存放”等等,常博得大家一阵善意的笑声和“这孩子真聪明,真可爱”的褒奖。

记得幼儿园的老师曾在班上给孩子们提出过一个问题:“月亮上的光是从哪里来的?”只有豆豆举手回答:月亮的光是从太阳上来的。老师询问是谁教给他的,豆豆很自豪地回答“是我自己从《十万个为什么》(这本书)里面读来的。”

## 豆豆学写字

豆豆是个有毅力的孩子,无论做什么事总喜欢坚持到底,但要凭着自己的记忆把“豆”字写下来,对于不满3岁的孩子来说着实不易。只见几张纸上,写满了大小不同的“豆”,但没有参照字,他还是写不下来。豆豆不肯罢休,却把我们急坏了,根据字形为他编了一个小故事,只见豆豆一边用笔写,一边用自己的语言复述着“一个小帽帽,下面藏着一个大嘴巴。咕咚、咕咚,从大嘴巴里掉出两个小豆豆,小豆豆没有掉在地上,让写字的豆豆接住了”。第一个“豆”字终于被他自己在故事的引导下独立完成了,豆豆抬起小脸,眼睛里充满胜利的喜悦,我们看着他,眼里饱含着关爱,心里装满了赞扬。

淘气是孩子的天性,豆豆也不例外。我们尽可能地因势利导,把豆豆的注意力转移到学习中。比如,有一次豆豆闹得实在厉害,我们就开始和他“谈判”:“豆豆,你要乖一点,星期天带你到公园去玩。”“那好,带豆豆到公园玩一次,豆豆就乖三天!”“可以。但是豆豆要在地图上把公园找到,再把公园名字念出来,念出一个,我们就去一个。”“好!”“还有一个条件,豆豆去一个公园,回来就要写一篇日记。”“嗯,好吧! 拉钩!”于是,我们成交了,从此,颐和园、动物园、北海、天坛、八大处、军事博物馆、天文馆……一个接一个地留下了豆豆的足迹,豆豆也在我们为他准备的小日记本上,写下了一篇接一篇的“小文章”。给我们印象最深的两篇日记,一是到天文馆看彗星撞击地球演示的观后感,一是参观军事博物馆的退役军舰与飞机回来后的记事。豆豆在简单的叙事中,还凭借着自己的想象在本子上画出了21颗彗星撞击地球和退役舰艇的图画。他已经在尝试用图文并茂的手法来表达自己的思想,这对当时只有四五岁的孩子来说不可谓不是一个巨大的飞跃。

豆豆学会写字,也学会了以写字为手段与人沟通。记得有一次豆豆真的把我的女儿惹恼了,有一整天没搭理他。豆豆推了一下我女儿的房门,没有打开,自己就悄悄回去写了一份检讨从门缝中塞进去,我女儿读完后忍俊不禁,两人立刻化干戈为玉帛。检讨上写着:姑姑,原谅豆豆吧,豆豆再也不坏了。就是不知道坏字会不会再来。既有对自己错误的认识,又不承诺今后不犯,多有意思的小孩子。

## 豆豆学数学

豆豆学数学，与学认字可以算是并行作业。除了平时学数数外，我的老伴晚上带豆豆睡觉时，教他背九九乘法口诀表也是一项不可缺少的内容。日复一日，月复一月，尽管豆豆还不明白乘法口诀的意思，但在无数遍的跟读重复中，他逐渐把乘法口诀背熟了。我真正教豆豆算术计算，大约在他五岁的时候。豆豆的理解力很强，学习加减法并不费力；而讲到乘除法时，熟记的乘法口诀起到了事半功倍的作用。我曾经作过较精确的计时，豆豆学会计算鸡兔同笼共有多少只脚和等差级数求和的方法，一共只用了两小时左右的时间。

我给豆豆一副算数棋，棋子由许多 0 至 9 的数字和加、减、乘、除、等号符号组成。通过不同的摆拼，可以组成无限多道四则运算题。豆豆自己摆棋自己算，计算能力逐步提高。

当 5 岁半的豆豆离开北京返回美国时，他已经掌握了四位数以内的加、减、乘、除计算。从上小学至今，豆豆的学习成绩一直名列前茅，常常作为学校的一名代表成员，参加各校举办的奥林匹克数学竞赛。老师曾经给他这样的评语“我为拥有你这样的学生而感到骄傲”。当然，我也为拥有这样的孙子而感到欣慰。

## 培养豆豆的动手能力

豆豆不但爱读书，也喜欢动手做一些他感兴趣的东西。比如：做手工、玩变形金刚、智力玩具，用积木组成各种模型。我根据他的兴趣，除了引导他去完成一些较为复杂的模型外，还给他变些小魔术，豆豆都很愿意探个究竟并且去努力模仿。直到他回美国后，仍然对魔术保有一定的兴趣。

除此之外，豆豆 4 岁左右时，我们开始培养他对摄影的爱好。用最通俗的语言告诉他如何取景，把人物放在画面的什么位置最合适。豆豆很愿意参与实践，练习几次之后，就可以掌握基本要领。一次带豆豆去颐和园，让他给大人拍照，豆豆在把镜头角度调高的同时，把小肚皮也挺起来，腰向后弯去，惹得游人驻足观看。几个热心的大学生居然走过来说：“别难为小孩子，我们帮你照吧。”当他们得知豆豆在练习照相，都有些将信将疑，直到看了豆豆拍的几张照片，才佩服得伸出大拇指，夸豆豆了不起。

## 因势利导是良好的教育方法

每个人都有自己的个性，豆豆也毫不例外。他比较倔强，用强硬的口吻去命令他，要求他服从，一定得不到满意的效果，因势利导，却是解决问题的良好途径。

记得一次在去公园的公交车上，豆豆单独坐在一个座位上。到站上车的人很多，一位年轻母亲带着年幼的孩子站在豆豆的座位旁。我们示意豆豆让座，豆豆不愿意。我们并不大声地呵斥他，只是轻轻地在豆豆耳边说“豆豆每次从公园回来都很累。要是在车上遇到这个孩子坐在他妈妈旁边，不愿意坐在妈妈腿上让出一个座位，豆豆再累也就只能站着了。豆豆愿意这样吗？”他听后没说话，但立即顺从地从椅子上下来，坐在大人的腿上。孩子和他母亲向豆豆道谢，让他领略到为别人做好事而得到的礼遇。从此，豆豆为他人让座就成了一种自觉的行为。

另一次在游乐场，豆豆玩得很久很投入，再加上工作人员卖力的鼓动，无论我们怎么劝他也不肯回家。这时，我们把决定权交给了豆豆：“豆豆已经玩了一整天，现在剩下的钱还够你玩三次。如果豆豆玩一次，我们可以坐车回家；如果玩三次，就只好走回家了，豆豆自己来决定怎么办吧。”豆豆不讲话，小手恋恋不舍地抓住碰碰车的方向盘，经过思考后他这样回答：豆豆再玩一次就回家，但是下次还要来。问题就这样迎刃而解了。

## 豆豆趣事

豆豆聪明、乖巧，模仿力强，也不乏活泼、淘气或是来点小小的恶作剧。

记得有一次给他理发，他突发奇想地在各个房间里跑起来。我的女儿拿着理发剪在后边追，每抓到他一次，剪一绺头发，地上的脸盆也被他踢得当当响。直笑到两个人都跑不动了，豆豆才安静下来，可惜头皮上的颜色深一块、浅一块无法补救了，最后只有全部剃光。豆豆一点也不难过，还高兴地大喊：“姑姑给豆豆剃秃秃，剃完秃秃当唧唧！”真是让人忍俊不禁。

豆豆模仿大人擦地板，会连人带墩布一起擦到床底下，当我们试图找到他时，却只闻其声不见其人。

当电视里播放国歌时，豆豆会自动停止玩耍，神情严肃地立正站好，保持敬礼姿势，直到国歌播放完毕。

豆豆的口音变化很快。家里曾经雇过一个河南保姆和一个四川保姆。豆豆在数数时，1到6带有河南口音，7到10就变成了四川话。直到上幼儿园，豆豆还保持着“标准”的“四川普通话”，搞得老师直纳闷：不是说这孩子是黄总的孙子吗？怎么是外地口音？

豆豆最喜欢的颜色是红色，带有米老鼠图案的红色运动衫他百穿不厌。

豆豆最喜爱的玩具是汽车。家里有几十辆玩具汽车了，但让他继续在美食和汽车中二选一，他还会毫不犹豫地选择汽车。

豆豆最爱画的图画是从美国带回的卡通片中的小火车，画得惟妙惟肖。

豆豆最爱看的电视栏目是当年王刚主持的《动物世界》和各色各类的广告。他口中的广告词和哼着的歌曲，紧随着电视节目的变更而变化。

豆豆最热衷的运动有三种：第一是拉着我的手去爬楼梯，第二是从客厅门口向着客厅里的沙发猛烈冲刺，第三是打上一套自己“发明”的拳。

豆豆最拿手的本领是把歌谣、唐诗、宋词、小故事，一口气全都读一遍，中途谁叫停都不肯罢休……

豆豆在北京生活了三年半，我们在付出许多辛苦的同时，也享受到含饴弄孙的天伦之乐。回忆往事，一切就像发生在昨天。“爷爷、奶奶，豆豆回来了！”他那稚嫩清脆的童音常萦绕在我的心头，叫得人心里甜甜的，暖暖的。

豆豆回美国很多年了，除了给我们留下愉快的回忆，还有记载他成长的珍贵录像与录音，让我时常感受到他的进步与成长。

豆豆，现在做一个品学兼优的好学生，将来做一个能够对人类有所贡献的科学家，这是爷爷对你的最高期望。

在大连海滨(2000年)

成功時应突出别
人的贡献
失败時应深究自
己的责任
黄纬禄
2004年3月

## 简介：

1922 年 4 月 23 日生于山东临沂。物理学家。1945 年毕业于西南联合大学物理系。1955 年获苏联科学院列别杰夫物理研究所物理数学副博士学位。1980 年当选为中国科学院院士（学部委员）。曾任中科院长春物理研究所研究员、所长、名誉所长，中国科学院长春分院副院长，发光学会理事长。

## 主要成就：

中国发光学的奠基人。在发光机理上，尤其是在导带电子的性质及它在场致发光的作用上有系统、独创的研究并取得多项重要成果。提出了分层优化方案，发现了固态阴极射线发光。1999 年获何梁何利基金科学与技术进步奖。

# 徐叙瑢：家庭往事

转眼之间，我已步入了耄耋之年。我 15 岁起，由于日寇的侵略，失去了家庭的温暖，饱受国破家亡、刻骨铭心的痛苦。经过惊心动魄、艰难困苦、走南闯北的求学生涯，我接触到了许多新鲜的事物，特别是接受了党的教育、辩证唯物主义的熏陶，形成了自己的思想体系及宇宙观。

细想起来，家庭对我的影响是巨大的。我的诚实守信、认真负责、心地善良、谦虚谨慎的品格，竟都源于从记事起到 15 岁的这段短暂的经历。它塑造了我正视人生的基本态度。而随后，党的教育端正了我人生努力的方向、工作原则及科学方法。

我出身于书香门第，早在祖父一代，就注意培养男孩成为知识分子。父辈弟兄三人都毕业于高等学校，靠脑力劳动在动乱不定的旧社会生存。父亲徐中昂参加过乡试，中了秀才，随后科举制度取消，他又进入北京京师大学堂学习。毕业后原拟公派出国学习，适逢祖父逝世，他回家奔丧就未出国。20 世纪 20 年代初前后，他曾在原籍临沂唯一的一所中学任校长，后在外地转入政界，做过县长。七七事变后，为躲避日寇的奴役，避难至河南，辗转迁徙，颠沛流离，最终到达四川，在罗江大竹等地辛勤地工作。

父亲有许多优秀的品质感染着我们。父亲给家中起的名号是“徐积善堂”，意在积极倡导多多行善，宁可人负我，不可我负人。有一年父亲回家时正赶上春节，三哥徐英玉亲手写了一副对联，兴致勃勃地贴上了大门，上联是“物华天宝龙光地”，下联是“人杰地灵徐儒家”。父亲看了以后，让我们赶快揭下，换上“诗书继世长、忠厚传家远”，这件事给我的印象很深刻。

他在堂邑做县长期间，为了充分利用地方资源，提高百姓技能，办了一个编织学校，主要传播各种编织技术，造福一方乡民。父亲还经常以历代英雄的浩然正气、民族气节熏陶子女：“宁为玉碎，不为瓦全。”他鼓励我们要有民族气节，满腔热忱地保家卫国，抵抗外敌入侵。

父亲常年在外工作，一生清廉，两袖清风。他一年大概只有 10 天时间回家与家人团聚。每月寄钱至临沂家中糊口，家中经常拮据。两个哥哥上大学时，家中的钱还只能供给一个人，另一个哥哥需要打零工来养活自己。

严父慈母是通常的理解，我对父亲也有几分惧意。一次我在学校打篮球，抢球时眼睛被打肿了，校医诊视后用纱布包扎好。当时正值父亲回家，我就不敢回去，让同学给家中报了信。父亲听说后，立即到学校看望我，不仅对我未加训斥，还再三叮嘱我要多多休息，慢慢恢复。我深深感受到父亲慈祥的亲情，仔细想来，父亲从未对我们动过怒，总是和蔼可亲。即使做错了事，他也循循诱导，从事情的发展过程中，分析对错。父亲经常寄来家书，每次信中都提些做人的道理，所以虽然和父亲在一起的时间很短暂，但他在我心中是一个清廉、正直、忠厚、谦让、慈祥、心善、一生为民的清官。父亲一直工作到 1944 年，后病故他乡，是在国破家亡、远离亲人的情况下，凄然辞世的。

父亲在外地工作，母亲则带着我姊妹三人居住在临沂，起初是在三婶家寄居，随后搬进临近的一个小院落，到初中时，才搬进一所较大些，但很破旧的庭院。那是兵荒马乱的年代，土匪常常在夜晚进城，母亲就拖儿带女同邻居老乡到孔庙去避难。听说南北军作战了，看见飞机在城上盘旋，就从墙上挖出的洞口到邻居家的地窖内躲藏。有时散兵游勇把长枪摔进院墙内，家人担惊受怕，就需要想方设法把这些枪支送出去。在这种环境下，哪里能安居乐业？我们姊妹三人的衣食都靠母亲一人操劳，母亲用脆弱的双肩支撑着这个三面靠街的家，每晚都要巡视大门、墙角，保证安全。当母亲听到街上打更人的梆子声由远及近，又由近及远，才有点安全感，才敢入睡。

母亲一生过度操劳，从未看见她静坐休息，偶有闲暇的时刻，她也在为家人纳鞋底。清贫、劳苦的生活并没有吓倒坚强的母亲，她很精心地安排我们的生活。鲁南的主食是煎饼，一般是高粱做的，过年过节时才能吃上麦子做的煎饼或馒头，制作工序很复杂，要推、磨、烙，她偶尔也为我们做点豆腐改善生活，豆腐的做法很费力，也很烦琐，母亲都一人承担。直到中学，我才承担了其中的力气活及庭院的清扫。通过这些沉重的劳动，我对“锄禾日当午，汗滴禾下土，谁知盘中餐，粒粒皆辛苦”有非常深刻的体会。

为了丰富物质，节省开支，母亲还养了一群鸡，平常拣蛋攒着换些生活用品，有乡下亲戚来时，则可杀鸡待客。院内空地上种了枣树、石榴、梨树等。她不仅勤劳持家，还量入为出，精打细算。她对孩子们给予了很大期望，创造一切条件让孩子们安心上学。在放学时刻，她常常依门望儿归；冬天没有暖气，她就采用暖壶，让孩子们手僵时烤烤手，睡觉时暖暖背。最令人难以忘怀的是，在我们生病时她百般呵护，睡觉前在房内准备好柴火、药罐，半夜起来给孩子煎好预先买来的中药。我每年春季都有一次喉疼，漆黑的深夜，煎药的火光，妈妈劳累的身影，经常映入我的记忆。

妈妈虽呕心沥血，有时年幼的我还会淘气，惹妈妈生气，这时，我常常跑出家去躲避，半天后我才敢回来，此时妈妈已经消气了，还给一顿美餐，我对妈妈的宽容难以忘怀。1937年，七七事变后为避免日寇奴役，我们全家都分批流浪到内地，母亲为免得拖累大家，坚决不走，搬到乡下逃难。没有料到抗战持续了8年，这期间我们与母亲断绝了音讯，直到我到北大工作后才辗转与她取得了联系。1947年冬天将母亲接到了北平，奈何北平解放前物价飞涨，一个月的工资只够买一袋面粉。母亲早已积劳成疾，又遇到如此困难，健康每况愈下，勤劳一辈子的母亲在新中国成立后还没来得及安度晚年就于1950年在北京与世长辞了。她留下了极其宝贵的精神财富，使我们学到了勤劳、自立、谨慎、宽容、善良、助人等优秀品质。

我父亲比祖父更进一步，不仅培养男孩读书，还培养女孩读书。我最大的两个姐姐都做过中等学校的校长，可惜她们都过早地被病魔夺去了生命。

几个哥哥对我的影响也很深，他们不仅从思想上教育我，而且还重视培养我的专业知识。我三哥当时在北京大学数学系学习，他经常给我写信，放假时回家又当面给我讲解，他的这些教诲包括了学习做人、书法、专业等多个方面。他经常以“头悬梁、锥刺股”、“囊萤夜读”、“学如逆水行舟，不进则退”等鼓励我发愤学习。告诫我“光阴似箭，岁月如流”、“一寸光阴一寸金，寸金难买寸光阴”，要抓紧时间刻苦学习。要有坚强毅力，有“十年磨一剑的志气”。要不断总结经验，对主要事情（包括学习）都要“日三省吾身”，巩固已知，明析欠缺。在做人方面，他首先强调慎独，“一室之不治，何以国家天下为?”又强调要重视理想，要承担社会及历史责任，“国家兴亡，匹夫有责”、“天将降大任于斯人也，必先劳其筋骨，苦其心志”。要有“卧薪尝胆的志气”，关云长刮骨疗毒的毅力，民族英雄的气节，诸葛孔明的智慧，“鞠躬尽瘁，死而后已”的忠贞，“受人之托，忠人之事”的诚信，“威武不能屈，富贵不能淫”的浩然正气，七擒孟获的宽容等。他给我写的信都用行书或者草书，我没有学过草书，他就在字旁标上楷书，所以我以后也能认识并书写一些草书。他对我更专业化地培养，每信都附有几道算学难题让我练习。使我了解了算学中可能遇到的各种难题和解答方法。到四川绵阳国立六中后，他也在那里做过数学教员，是他卖掉了结婚时的用品，竭尽全力供我去西南联大读书，但付完第一年的费用后，他就“弹尽粮绝”了。

这种兄弟互助的家风，在上一辈中已突显出来，有一年我父亲回家时，土匪以为他是富翁，就把他抓去了，当时我的叔父徐中晟已经定居在另一个城市，他专程到土匪的老窝营救哥哥。后来，二叔遇到灾难时，我父亲也想方设法帮他解脱出来。这些事例也深深映入我的记忆。

童年就是在这样的环境中度过的。我自己利用假期还看了中国的古今名著，从中学到很多中国的优秀文化。

从离家到北大工作的十年间，我懂得了自力更生的道理，经栈道步行入川，历经超百里的锤炼，深切体会到“山穷水尽疑无路，柳暗花明又一村”，“不怕疲劳，连续作战”的风格及信心。在联大的几年则养成了爱惜光阴、发奋图强、生活简朴、择贤为友、互相关心的习性。旧社会的黑暗，民主的兴起，群众的力量，共产党的作风，影响着我步入了进步队伍的行列。1946 年到北京大学后，在众多民主运动中我和“北京人社”的交往较多。一次路遇一陌生人落水，刘毓英同志热心地想法营救，对她的心地善良、见义勇为的品质，我颇为钦佩。新中国成立后，她服从党组织分配，担任了北京市西城区小学联合支部副书记，工作很忙。1949 年好友杨翼振为我们做了红娘。1950 年 1 月，在西城区委书记及北大接收小组成员的证婚下我们成了家，然而因工作忙碌，我们很少团聚。经过多年的风吹雨打，多少严冬酷暑的坎坷锤炼，如今已度过了六十多年。

1951 至 1955 年，我奉命去苏联学习发光学，家中只靠夫人刘毓英一人抚养孩子，她含辛茹苦地度过了 4 年。我归国后进入科学院，1958 年前一直住在单人宿舍。这期间参加了科学规划、“大跃进”、反右倾等运动，至 1961 年后才安定下来。但从 1966 年起又开始了史无前例的“文化大革命”，我及毓英都成了批判对象。十年的磨难，毓英同志对党的事业忠贞不二，做事果断，敢做敢当，绝不嫁祸于人的品格让我敬佩。“文化大革命”后期，我们全家下乡落户，按当权者的原意，我们将从此改行，从事农业劳动，毓英很快适应了这种生活。天不亮，我们就到生产队和社员一起劳动，寒冬腊月，即使只穿一件衣衫，也会浑身出汗。这期间我们深感中央政策并不能不折不扣地在农村得到贯彻。宗族势力统治着大队、小队，毓英坚决抵制这种势力，被称为“铁娘子”。

下乡的那段日子，也正是林彪、“四人帮”作乱的时期，我们都是改造甚至专政的对象，但我们心胸坦荡、光明磊落、正气浩然、挺起胸膛堂堂正正做人，对农村的发展，不断有新的考虑。我们把科学方法应用到养猪、养鸡及制备 920(一种助长农药)上，都取得了很好的成果，这坚定了我们一生都从事农业劳动的信心。晚间无事，我和老乡做社会调查，肝胆相照，和他们结为朋友。调回长春后，我还去看过他们。通过这段经历，在老乡的心目中留下了一个人格高尚、眼光敏锐、心地善良、一心改进农村面貌的知识分子形象。

“四人帮”倒台后，工作步入拨乱反正的轨道。毓英执行政策坚决、干脆，例如按中央指示精神，她把“文化大革命”中一些被迫害的同志所遭受的不实之辞、海外特务关系的无根据无历史的材料等统统付之一炬，至今那些被平反的同志在节假日还常常与我们联系。她是抗战时期的干部，现已离休了，但仍关心国家大事，是非清楚，爱憎分明，看事入木三分，处事宽宏大量。她一直都大力支持我的工作，由于“60后”及“80后”的年轻人和我们的代沟——经历、知识的不同，我对某些社会现象颇有看法，她都能帮助我以拿得起、放得下的心态往前看，谋取社会的进步。

我这忙碌的一生，前期是学习做人的基本道理，后期是树立正确的人生观，提高工作的效率及水平。在今天与社会接触中撇开理想不说，我能很明确地看到周围一般同志，直至学生的特长及优点，尊重他们的先进品质，从善如流，嫉恶如仇是与这些教育、素质及作风密切相关的。我很愉快地见到年轻人中不少人表现出优良的品质：有的人对新鲜事物很敏感，富有创新意识；有的人动作敏捷，干脆利落；有的人文章秀丽，言简意赅；有的人热心公益，无私奉献；有的人认真负责，对工作一丝不苟；有的人助人为乐，排忧解难。我深感“三人行，必有我师”的愉快。

另一方面，也有些情况令我担心。有的人诚信不够，有的人道德欠缺，有的人没有灵魂，有的人是非不分，有的人爱憎不明，有的人口是心非。作为教师，有义务改变这些歪风，我特请了冀国蕊老师剔除“代沟”、“幼稚”、“无知”或缺少理想的差异，从历史进程中提炼出放之四海和古今都为真善美的传统及经验，系统、负责地传授给学生，指导他们走正道，希望社会主义大家庭中的每一位成员都能成为当代的圣人。

与夫人刘毓英在山海关（2002 年）

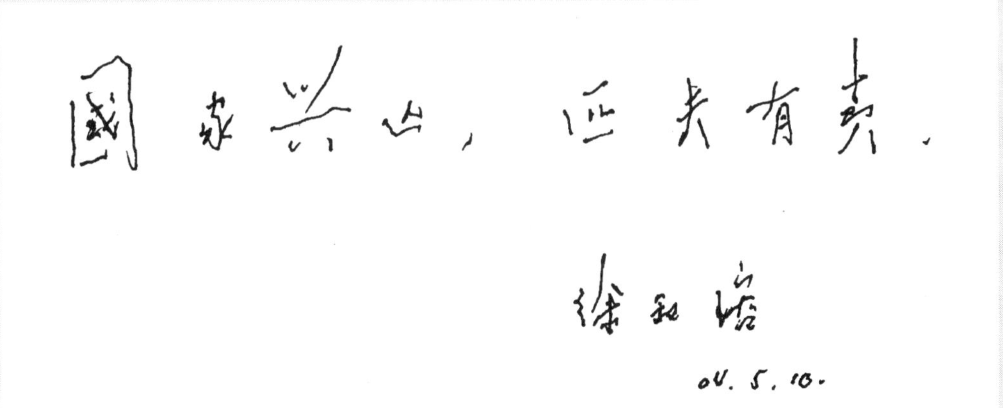

## 简介：

1923年7月28日生于重庆，祖籍四川江津。计算机专家。1945年毕业于中央大学电机系。1945至1947年上海交通大学电信研究所研究生。1950年获英国爱丁堡大学博士学位。1951年回国。1985年获英国赫利奥-瓦特大学荣誉科学博士学位。1991年当选为中国科学院院士(学部委员)。

## 主要成就：

中国计算技术创始人之一。设计研制成功中国第一台自行设计的通用电子数字计算机。解决了在大型计算机中的高速信号传输问题。负责研制成功多台高性能计算机，包括阵列处理机、流水线计算机、分布式计算机、并行计算机等。提出最大时间差流水线工作原理和基于反图拓扑的可伸缩的高速互联网络。

# 夏培肃：
# 我的母亲黄孝永

1923年，我出生于四川省重庆的仁济医院，我的家在四川省江津县，现在它已成为重庆直辖市的江津区。

我的母亲黄孝永出生于19世纪90年代，四川省永川县人。她毕业于女子师范学校，毕业时学习成绩全班第一。后来上私塾，专学国文。她会写诗，写过不少诗，但都未保存下来。她还学习书法，临的帖是翁同龢的隶书，和我的父亲结婚后，就基本上一直居住在江津。她在江津曾创办县立女子两级小学并担任校长，后担任江津县立女子中学国文教员和永川县教育局局长，开创了四川省川东道女子从政的先例。

作为知识女性，在工作和日常生活中母亲深感男女不平等。她还从资料中看到一些男女不平等的事例，例如：梁漱溟在《有关民国初年政史的见闻》一文中曾记载“同盟会于1912年8月25日改组开会，新党章不收女党员”。又如《四川文史资料选辑》中载《国立成都大学兴废记略》一文中载有“1925年暑期招生，考取八十余人，其中女生十余人，考试成绩很好，一个未取”。她认为女性的聪明才智绝不低于男性，女性和男性应该有同样受教育和工作的权利，这样对国家有利。

## 母亲的教育

母亲对我们姐妹的教育很重视。在我两三岁时，她就开始教我背诵《唐诗三百首》中的一些五言绝句和乐府。在我四岁半的时候，我的姐姐夏培雍到了上小学的年龄，我闹着要和她一道去上学，这样我就成了一名小学生。我们在小学的第一堂课学的是“大狗叫，小狗跳”。母亲认为在学校里学的东西太简单，给我们增加了不少课外知识。例如：给我们订了《儿童世界》和《小朋友》两种刊物，买了一些世界著名科学家的挂像，使我们从小就知道牛顿、爱因斯坦、居里夫人等，而居里夫人从此就成为我终身崇拜的偶像。有一次，她在一本画报上看到了金陵女子大学校长吴贻芳博士的照片和事迹，十分钦佩，让我们向她学习。她还教我们背诵《木兰词》，女英雄花木兰给我们的印象很深。

为了让我们了解中国历史，母亲买了一张很大的挂图，该图以框的形式勾画出中国历史上的各个朝代的名称和先后顺序，框中还标注了各个朝代的起止时间和帝王姓氏等。同时她还让我们背诵《历代帝王歌》，使我们知道每一朝代有哪些帝王。她还常给我们讲一些中国历史故事。所以我们从小就知道中国有悠久的历史，有哪些朝代，有哪些帝王，并对各个朝代的先后顺序和帝王姓氏等都很清楚。

我上了四年半小学后，生了一场病，只得和姐姐辍学在家。于是母亲教我们读《四书》和《唐诗》。现在，七十多年过去了，一些唐诗，包括白居易的《琵琶行》、《长恨歌》等我还能熟练地一字不漏地背诵出来，《论语》、《孟子》等也还能记得一些。

在家里学习，没有学历。母亲考虑让我们按同等学历参加县里举办的小学毕业会考，考试通过后，就可获得小学毕业证书。高小的主要课程是：国文、算术、历史、地理和自然。当时的教材没有统一的标准，有《新学制》、《新中华》、《新主义》、《新时代》四种版本，它们的内容不完全相同，学校爱用哪种版本就用哪种版本，所以每个学校教的内容都不完全一样。高小学习时间为两年，共四个学期。这样，每种课程就有 16 本不完全相同的教科书。母亲把每一课程的四个学期的四个版本的主要内容综合起来，组成一种新版本让我们学习，同时请了一位曾经当过小学教师的亲戚辅导。这样学习了半年，就把高小两年的主要课程全都学完了。于是我们去参加县里的小学毕业会考，结果姐姐的考试成绩为全县第 3 名，而我只考得第 25 名，当时我还未满 11 岁。

小学毕业后，照理应该上初中，但母亲认为当时的江津女中的水平不高，于是我们又在家里学习。除了向一位亲戚学英语外，还是学古文，因为她认为古文是基础。这时我们主要学《左传》、《诗经》中的《国风》和《古文观止》。在学习《屈原列传》时，还学习了《离骚》；学习《归去来辞》时，就学习陶渊明的诗；学习《吊古战场文》时，就学习杜甫的《三吏》和《三别》；学习《前出师表》和《后出师表》时，还学习文天祥的《正气歌》，并给我们讲《正气歌》中提到的苏武、董狐、张睢阳、颜常山等人的事迹等等。另外，我们还常阅读家中的藏书，包括《万有文库》和一些中外名著等。

母亲看了《曾国藩家书》后，看到曾国藩对其子弟要求甚严，颇为赞同，于是让我们熟读《朱柏廬治家格言》。她认为：时代虽然变了，但这篇文章中的一些内容仍然值得学习。一直到现在，我还可以背诵这篇文章。

这样学习了一年半以后，母亲请了她的一位朋友教我们数学，这位老师认为初中和高中的数学有不少重复之处，不如直接学高中数学。我虽然学了几年古书，兴趣却不是很大，我有兴趣的是数学。在这位老师开始讲代数以前，我像做数学游戏一样，已经做了《范氏大代数》中的不少题目。我最有兴趣的是平面几何。有一次我们碰到了一道几何难题，老师都证明不出来，我想了很久，后来在夜里睡梦中证明出来了。学习平面几何大大增强了我思维的逻辑性。在学习数学的一年半期间，我们还学了初中的其他课程。

1937 年夏天，姐姐和我都以同等学历考上了重庆南开中学（当时称为南渝中学）的高中。在南开中学时，我的数学成绩在全班是无可争议的第一，我的姐姐在课堂上用文言文和国文老师辩论，使全班同学大开眼界。

除了学习功课外，母亲还教我们学女红。20 世纪 40 年代我在英国学习时，穿的旗袍和裙子都是自己缝制的，我的爱人杨立铭和我所穿的毛衣全是我织的。我还参加了英国的织毛衣比赛，设计和编织的毛衣还得了奖。

母亲为我们姐妹的学习费尽心血，使我们终身受益，我们一生都感激她。

## 母亲的针灸医术

1932 年，我家暂住重庆。那时我得了一种怪病，多日昏迷不醒，命悬一线，危在旦夕，中西医都束手无策，父母亲忧心如焚。此时，有人请来了一位老道士，姓程名烈光，是一位针灸医生。他在我的一个穴位上扎了一针，我的病竟然奇迹般地被治好了。程烈光道长是当地政府从成都华阳山（也可能是华阳观）请来的，并专门为他办了一所针灸医院。他来重庆是为了“阐扬绝学”，他已经为很多人治好了病。有的病人是由担架抬到医院的，经他在门诊治疗后，病人便可自己步行回家。他不但给人治病，还举办了多期学习班，培养了不少徒弟。我的母亲看到针灸治病有如此奇效，便拜程道长为师，参加了第二届学习班。母亲学习非常认真，非常刻苦，得到了程道长的一些真传。她后来给一些亲友和熟人治病，效果也相当好。下面是她治病的一些实例。

1. 有一 30 岁的病人患喉痛，不能吞咽，不能说话，服药、注射均无效。母亲在左右“通里”穴各扎一针，喉痛即告痊愈。

2. 一个 3 岁幼女发烧，口吐血水，呼吸困难，后昏迷不省人事。母亲在病儿的“回阳九针穴”上灸了一遍后，病儿开始蠕动。又灸了一遍，病儿即睁开眼睛说话“我要喝水”，此时病儿已清醒。第二天，完全恢复正常。

3. 一幼儿发高烧十余天，在医院注射无效。母亲见到病儿时，他满脸通红，口闭眼合，心跳手颤，周身热如火炭。母亲用三棱针刺他拇指的“少商”穴、无名指的“关冲”穴和小指的“少冲”穴，每个穴位都出了一点血。不久，烧就退了。

4. 一个12岁的女孩颈部耳后长了一些疹子，颜色发红，隐隐作痛。母亲在“天井”穴进针，两次即告痊愈。

5. 一位80岁老翁在家行走时，突然倒在地上，不省人事，从此左侧瘫痪。治疗这类病，母亲选用了“合谷”和“太冲”、“曲池”和“阳陵泉”、“足临泣”和“外关”以及“后谿”和“申脉”四组穴位。她每天用前两组穴位为病人治疗，过了4天，再用后两组穴位，也用了4天，8天为一个疗程，共用了四个疗程。在治疗过程中，病人的病情逐渐好转，开始能自己上下床，后来可以扶拐杖走路，直到可以上街，最后恢复如常人。为了感谢母亲，他写了“立起沉疴”四个字送给她。

母亲的针灸治疗方式和现在我所见到的针灸大夫的治疗方式有一些不同，她的治疗方式的特点如下：

1. 治病时一般只用一两根银针，最多不超过10根。

2. 对穴位的定位和选择非常讲究。在进针前，先用拇指尖掐穴位，如果患者有循经感传的感觉（即沿经脉线有酸、麻、痒、胀、痛、热等感觉），且症状有所减轻，则说明该穴位的位置是准确的。有时多个穴位都有循经感传效应，则选择症状减轻最多的那个穴位，所以一针就往往可解决问题。

3. 在选择穴位时和进针后，要求患者以呼吸配合，这是她的师傅传授的要点之一。

4. 给患者治疗时，进针和出针的时间间隔不是固定的，有时很短，有时很长。在循经感传的感觉完全消失后才能出针。

母亲给人治病都是免费的。程道长在传授她医术时就告诫过：行医的目的不是为了赚钱，而是为了治病救人。程道长还传授给她一些为平民大众治病的药方和制备这些药的方法，包括中暑晕厥的急救药、治脓疮化脓生肌的膏药和丹药、跌打损伤后的止血消肿药、治疗眼睛红肿的风火眼药、化脓眼药等。后来母亲制备了这些药，免费供人使用，救治了很多人。

母亲的生活非常节俭，但却将我给她的不多的生活费买了不少有关针灸的书刊和付报酬给替她抄写文章的人。另外，她还给附近的幼儿园捐款。

母亲除了给人治病外，还花了很多时间认真研究经络实质，写过一些文章，试图证明人体内有经络系统。由于她的研究仅在古籍和临床经验的范围之内，因而缺乏说服力。

关于经络实质，现在国内外研究的人很多。循经感传现象和经络效应的客观存在已得到普遍认同，但中医和西医对人体中是否存在一个经络系统却有着不同的看法。经络学说是中医和针灸的基础。《黄帝内经》说:“经脉者,所以决死生、处百病、调虚实。”千百年来,中国用中医和针灸治疗疾病,治病的理论根据就是人体中的经络系统。然而,现代医学却不承认人体中有这么一个特殊的系统,因为找不到像神经或血管那样的组织形态。长期以来,中医和西医对经络系统存在的客观性、经络的物质基础和运行机制等问题,存在着极大的争议。

如果能使循经感传的途径和过程在人的体表和体内可视化,对解决经络系统是否存在的问题可能会有所帮助。医学影像技术可以观测人体内部,利用 PET(Positron Emission Tomography)已观察到氟带脱氧葡萄糖在胃经的腿部段落的三维循经迁移线。但 PET 的空间分辨率只有几毫米,循经感传的途径和过程可视化要求比 PET 更高的分辨率,利用第三代同步辐射的光源成像,分辨率可达微米级,即便是人体内的毛细血管,也能清晰地成像。

随着科学技术的进一步发展,将会研制出可对活体内部进行高精度的、实时的、动态的观测和分析的影像设备,这将大大推动经络可视化的研究。

经络实质的研究是一个很复杂的问题。穴位的特异性、针刺穴位时所产生的能量和信息的传递特性以及它们对内脏、神经、血管、筋膜甚至对细胞、基因等的影响和它们之间的相互作用都需要研究,这需要医学、生物学、化学、物理学、数学、信息科学等多种学科的共同合作。

经络实质问题如果能得到解决,不但是生命科学的一大进展,而且也可以告慰我母亲的在天之灵。

在上海交通大学(1946 年)

孔子曰：三人行，则必有我师。是故弟子不必不如师，师不必贤于弟子，闻道有先后，术业有专攻，如是而已。

摘录自韩愈《师说》

夏培肃

2004年6月

## 简介：

1925年1月1日生于山东青岛，祖籍安徽六安。管理科学和管理工程专家。1949年毕业于日本京都大学经济学部并获学士学位。1954年获美国加利福尼亚大学博士学位。1956年回国。2001年当选为中国工程院院士。1995年当选为国际质量科学院院士。曾任中科院系统科学研究所副所长，第四机械工业部质量顾问。

## 主要成就：

自1956年开始在国内开展管理科学与管理工程的研究与应用以来，长期在企业从事试点、培训和普及工作。1960年出版《运筹学在纺织工业中的应用》，开中国管理科学理论联系实际的先河。1976年创立中国的全面质量管理，经国务院采纳在全国企业中推行，改变了国内企业对质量的看法和质量管理的做法。1979年国务院授予全国劳动模范称号。2004年获中国工程科技光华奖。

# 刘源张：
# 我的外祖母·我的大女儿

1925年1月，我出生在山东省青岛市。父母都出身于中国封建式的大家庭。父亲家是山东潍县的大地主，母亲家是从安徽六安到外地上任的大官僚。父亲留学过日本，回国后当了军阀时代山东省政府的官员。母亲从家乡出来，到山东济南读师范。他们俩相遇、恋爱、结婚在济南。因为都是新派人士，他们约定脱离大家庭，组织小家庭，选择定居青岛。到了青岛，父亲开了家汽车行，母亲当了小学教师。

父亲生性豁达，母亲柔弱处又有几分倔强。父亲的汽车行不过是有二三辆跑市内和近郊的公交车的小本生意。我记得，小时在家里经常看到一些和尚、道士。到了晚上，这些我搞不懂的三教九流就到我家来了。父亲就把当天收上来的卖票钱分发给他们。母亲管不了，只有勤勤恳恳当她的小学教师。母亲教学的小学校是一所设在四方的乡村小学。每天我就跟着母亲坐着父亲的公交车去四方小学上学。其实，在这以前我早就跟着母亲一起去上学了。母亲告诉过我，她在从学校回家的途中，动了胎气，到家后生下了我。

关于父亲和母亲两边的老家，我几乎一无所知。只是，父亲老家那边时常有亲戚来青岛我家长住或短住过。听他们讲，我才知道我有两个祖母，七个姑母。父亲是二房所生三女一男的唯一长子。前房生的四个姑母我没见过，只知道她们都是没受过什么教育的乡村妇女。后面的三个姑母都是大学毕业的新女性，上学期间每放寒暑假时，她们都跑回老家卖田卖地，拿钱回学校。父亲从不过问，任凭自由。这三个姑姑我都见过，而且二姑带着她的女儿还在我家住过很长一段日子。两个祖母都来到我家，并且是在我家由父亲送终的。另外我还知道了，父亲在和母亲结婚之前有过一个妻子。我不曾见过，也不知道这位妇人那时是活着，还是死了。好像早已去世，因为她生的两个男孩在我家住过两三年，从来没听他们提起过自己的母亲。我同父同母的还有一个弟弟和一个妹妹。虽说是小家庭，一时这么多的人住在一起，吵吵闹闹，我的童年就是在这样一个环境中度过的。现在，我一看到人多，就头痛。这大概是那时留下的深层心理的影响。

这些人当中，我最亲的是我的外祖母。她老人家离井背乡，陪读母亲，远路到了济南，又来到了青岛。在这样一个人情关系复杂的家庭里一直呵护着母亲，又一直资助着父亲的生意。我们三兄妹又都是她一手抚养起来的。外祖母识字知礼，对人宽厚，父亲母亲都尊重她的意见，家里的佣人都好像特别听她的话。她心灵手巧，会烧菜，又会做衣服。我兄弟穿的长袍马褂，我妹妹穿的小裙子，都是她一针一线缝出来的。每逢过年过节，她都烧一些南方口味的菜肴。大块的粉蒸肉，一锅海带酥鱼，再加上她每年都腌的雪里蕻炒的肉丝和丸子汤，乐得我们兄妹合不上嘴。由于外祖母善持家务，我们这个家不管人多时还是人少时，都算平平安安，虽不十分富裕，却也丰衣足食。这所有的一切都多亏了外祖母她老人家的操持。

小时候，母亲很关心我们兄妹的教育。我记事的时候，妹妹还小，弟弟比我小一岁，母亲特别注意我这个长子的学习。没上小学就要我认字记字，上了小学，嫌功课太少太浅，要我每天读一篇《古文观止》，还要背诵出来。背不出来，就打手板。每天早上要写一张大字，四行小字。写不完，不给早饭吃。外祖母在一旁，总是激励我，要我好好写。但是，我最喜欢的是，听外祖母给我讲那些二十四孝和大明朝朱皇帝的故事。至今我还记得外祖母教我唱的凤阳歌。不知怎地，那句“自从出了朱皇帝，十年倒有九年荒”一直在我心里惦记着。夏天在院子里，我更特别喜欢躺在外祖母的怀抱里，望着天空，听她一边教我辨认北斗、天河，一边给我讲牛郎和织女是怎样相别又相会的。过年时，外祖母要我们兄妹向父亲母亲磕头，而父亲母亲又一定要我们先向外祖母磕头。就是这样，我感受到了外祖母的慈爱。清明节时分，我们回不去家乡，夜里，外祖母领着母亲和我们兄妹到外面的十字街头烧纸，向着朝南的方向跪拜。现在我想，是外祖母她老人家传授给了我中华民族的传统。这些都是我的根。

然而，我九岁那年快过年的时候，一场意外降临到我们家。外祖母离开老家时带了一笔钱，到青岛后她把它都存在一家私人银行。这家银行的利息比较高，许多老百姓都把钱存在那里。一天传来消息说，那家银行的老板携款逃跑了。外祖母叫我去看看究竟是怎么回事。银行在中山路的一个拐角上，我到那时，只看到门口的两扇大铁门关闭着，中间还挂着一把锁。大部分是上了年纪的一些妇女在捶打着那扇大铁门，一边叫着一边骂着，还有一些坐在地上号啕大哭。这一幕场景，七十多年后的如今回忆起来，就好像发生在昨天一样，历历在目。就是这样，外祖母从家乡带出来的活命养老钱化为乌有了。当我把看到的情景告诉外祖母时，我并没有发现她有什么异样。她坐在椅子上，没有哭，没有叫，一句话也没有说，我倒有些怕了。以后的几天里，家里来了好些人，都围着外祖母劝慰。

父亲为了安慰外祖母，提出来要把我过继给她当孙子。外祖母生有一男一女，可是我这个舅舅在九岁那年生病夭折了，这在那个时代是天大的不幸。而且她那指望着养老送终的积蓄竟然失于一旦，更是雪上加霜。我自小是她最疼爱的外孙子，她答应了。但是，外祖母家乡的族人不答应。他们派了代表到青岛来，说不能过继外姓的人，要打官司。父亲对他们说，把自己的儿子过继给她老人家做孙子，只是希望报答外祖母抚养儿子的恩德，一不要她家乡的地，二不要她家乡的钱。父亲同时还立了字据，这事才算了结了。可是，家乡的族人最终还是把外祖母从祠堂除了名，从此不认外祖母是刘家的人。这个打击比丢钱还要大得多，不过，外祖母挺过来了。我想，在她眼里和心中，我才是她最大的财富和指望。

转眼我十岁了。在我就读的四方小学，一天，做教务长的赵老师把我叫到他的办公桌前，对我说："从今天起，你改姓换名。我给你起个名字：刘源张。你是从张家过继到刘家去的。记住，中国的历史上有位大人物，他的名字是：林则徐。"我没有考证过，林则徐是不是过继给他外祖母的，但我相信，那位赵老师是要我做一个像林则徐那样的人。自那天起，我一直记住了林则徐。也永远感谢我的这位赵老师。多年后，等我看到了赵丹主演的电影《林则徐》，一幅画面是他的客厅墙上的一块匾，两个大字"制怒"。心想，这一点我倒是很像他。不管怎样，我没有做出赵老师所期待的像林则徐那样的成就和贡献，但我敢说，我从来没有辱没过"林则徐"这个名字。

过继给外祖母做孙子后，我改称外祖母为祖母。1937 年 7 月 7 日，卢沟桥事变爆发，当年年底，日本的军舰逼近了青岛。祖母急急忙忙做了两件棉长袍，把我和弟弟叫到她身旁，因为做得长了一些，又卷起一段用毛绳拦腰绑起来，一面给我们穿上，一面对我们兄弟俩说，"日本鬼子要打进来了，我们一家若是逃散了，你当哥哥的要好好带着弟弟跑，你当弟弟的要好好听哥哥的话。你们每个人的腰带里奶奶都给放进了五块钱，不要丢了。"妹妹那时才 6 岁，只好由母亲带了。幸好我们一家逃到青岛的远郊，没有逃散。我记得，途中路过一条小河时，看见头顶上有日本飞机飞过。这是我第一次看见飞机。逃难的那段日子里，也是祖母管着我们一家省吃俭用度过来的。祖母的恩情说不完……

在乡下过了小半年，我们又回到了青岛的家。日本鬼子已经进了市内，街道路口都站有日本兵手持上了刺刀的大盖枪，路过的行人必须向他先鞠躬，才能过路。紧张的气氛笼罩着全市。祖母总是叮嘱我们兄弟不要上街。这个时候没有学上，我待在家里，只有跟弟弟玩。我们把家里的椅子板凳放在屋里地上摆成一行，当成火车，我当开火车的，弟弟当卖火车票的，就拉妹妹来当坐火车的。妹妹不愿来，我们就找祖母告妹妹的状。于是，祖母就抱着妹妹来坐我们的火车。如今，祖母早已离世，弟弟又不幸遭车祸丧生，妹妹也因病住到异国他乡她女儿家里去了。只剩下我这个“开火车”的还在开着我心里的那辆火车……

1941 年，我考上了燕京大学。9 月入学，12 月 8 日，日本军队的宪兵队封锁关闭了学校，学生都被赶了出来。我回到了青岛，进了一家名叫“斯宜”的制药厂，当了一个名为“实习生”的学徒。第一个月拿到五元钱工资，我用它买了块料子给祖母做了件衣服。万万没有想到，这竟然是我一生中能够孝敬祖母的唯一的一件东西。

1942 年 2 月，我去了日本。我是在临上船时才告诉了祖母和母亲的，直到 1956 年 11 月再回到青岛，才又见到了她们。15 年啊，让祖母为我担了多大心，等我自己有了孩子我才稍稍明白了。15 年来对祖母缺少侍奉，真是罪孽深重。这里，我要感谢我的同窗好友唐之羲。他是我高中时代的同班同学，后来学医，成了青岛市立医院的外科主任，被誉为青岛市的“一把刀”。他又是山东省政协常委。是他在我不在家期间，来我家对祖母嘘寒问暖，防病治病。我们全家大小蒙他照顾，此等大恩大德，无以报答！如今，唐大哥已然仙逝，我唯有在这篇短文里写上一句：谢谢他！

1957 年 1 月，我正式到中国科学院力学研究所运筹学研究室参加工作，妹妹在 1955 年 8 月已经从美国回到北京，在中国科学院化学研究所任副研究员了。等我在 1959 年结了婚，1960 年 8 月有了长女刘欣，祖母才肯到北京我自己的家来住。欣儿不好哭，总是笑，祖母总看着她高兴地说：“这孩儿真喜人。”1963 年 3 月，妻子张宁又有了身孕，住进了北京妇产医院。眼看要生产了，祖母每天都扒在朝向马路的窗沿上看着窗外的路，因为我妻子肯定是抱着新生婴儿从这条路上回家的。我知道，祖母是盼着抱重孙子了。一天，我接她们回来，老远就看见祖母扒在窗沿上。一进门我就告诉祖母，是个女孩。她没说什么，但我看出来她失望的表情。不过，祖母还是尽量帮妻子照料我的小女儿刘明。

祖母在我家住的几年里，日子很平静。三年自然灾害过去了，国民经济的调整有了成效。大家都觉得满意了。祖母坐在小沙发上从收音机里听她喜欢的戏曲。欣儿开始上幼儿园了。临到放课回家的时候，祖母就搬把小竹椅子到家门口的路上坐下，看着欣儿朝她跑来，扑到她怀里。欣儿笑，祖母她也笑。我看着，心里也在笑。本来一切都是很好的。1964 年 9 月，说要搞农村社会主义教育，干部都要下乡去执行党的任务。经过一个多月的培训，上级领导决定我所在的单位去吉林省梨树县。我告诉了祖母，她说：哟，那可是个冷地方。一定要我把她用的狗皮褥子带上。

1964 年 10 月 3 日，我随单位的同志们出发了。我被分配到团结公社房身屯大队的第四生产队。工作原则是与农民同吃同住同劳动，工作任务是向农民宣传社会主义。我的具体工作是介绍大寨的先进思想和做法，外加负责培养和指导生产队的会计员。生活是苦的，劳动是累的，工作是忙的。唯一的感受是，土地是那样的肥沃，农民却是那样的贫困。

12 月 4 日，队上来了电话，要我即刻回北京。生产队的会计员尹顺套车送我到榆树台镇。已经没有去四平的汽车了，晚上只好在镇供销社的红旗旅店住下。第二天再上路，12 月 6 日早上我一到家，就看到祖母睡在床上。祖母闭着眼睛，我喊叫“奶奶，奶奶”，不知道祖母是不是听见了，好像她感觉到孙子在旁边似的。我一直守在祖母身旁，到了清晨，我发现祖母走了……

呜呼哀哉！祖母享年 86 岁，一生克勤克俭，洁身自爱，为刘张两家操尽了心。李密的《陈情表》中有两句话，“ 臣无祖母，无以至今日；祖母无臣，无以终余年。”好像是为我写的。然而，我真的为我祖母侍奉送终了吗？

1966 年 8 月的一天，我记不太清，大概是 8 月 10 日，我忽然觉得天旋地转，一头栽倒在房间地上了。到医院检查，医生说可能是美尼尔氏病。我从小没有抠耳的习惯，五官中耳朵是最好的，怎么能有美尼尔氏病？后来我才悟到：这是祖母来给我报信了！8 月 15 日晚 10 点多，我被抓进了秦城监狱，一去就是八年八个月。祖母的在天之灵在担忧着我呢。

不孝孙刘源张哭祈，愿祖母安息！

小时候过年。除夕夜，吃完了饺子，是相互说团圆话的时间了。我们兄妹去祖母的房间听她给我们讲故事，祖母说，我们家出过一个大人物，是你们的曾祖父，他小时候一天夜里去出恭。那时，厕所在宅院的一侧，他提着灯笼走进去，刚蹲下，就看见一个头长得很大的小小人走过来，站在他前面。他就把灯笼放到这个小人的头上，还说了一句：“小鬼小鬼，你好大头。”那个小鬼回了一句：“老爷老爷，你好大胆。”我的大女儿刘欣出生的那天，我到医院去，看见刚刚抱出来的欣儿有着好大的头，还带着尖。一问，原来是被拉出来的缘故。看见大女儿的大头，我忽然想到曾祖父看见过的大头。这总算一种缘分吧。等到大女儿学讲话的时候，我就教她说，“大头大头，下雨不愁；人有雨伞，我有大头。”她非常高兴地把这句话唱到了她进小学的时候。

欣儿出生到周岁正是“三年自然灾害”时期，妻子为了给她筹措牛奶和鸡蛋，费尽了心思和体力，骑着车子跑到远离中关村的八里庄找老乡讨换。可能因为喂得饱，或是因为天性，欣儿不好哭，老是对着人笑。家里的老奶奶、老娘，常常来家看她的舅爷和远亲近邻都喜欢她。我说，我给大女儿起的名字起对了。欣儿长到 3 岁了。非常健康，身长和体重都在一般以上。她又好跑，又好动。想给她找个小板凳，让她坐坐，最好是个轻点的，好让她自己搬动得了。我借出差的机会，从上海给她带回了一把小藤椅。她有了自己的座椅，高兴得很。搬来搬去，坐下、起来忙得很，家里的两间屋子成了她的运动场。

跟欣儿几乎同时出生的有她的小表姐，我妹妹的二女儿小方。不过，她们互相见面，并且互相认识怕是在她们都长到 3 岁的时候。我的老奶奶在我家看着欣儿，再到妹妹家去看看小方，喜不自胜。就在刘欣 4 岁的那年，我的二女儿降生了。好像是新生儿给我们带来了好运，我们搬到了单位分配的新房子，从两间屋变成了三间屋。欣儿瞪眼看着她的小妹妹，很奇怪似的。妻子在厨房的台子上用大脸盆盛上水给小娃娃洗澡，她就跑来要帮忙。

这些就是天伦之乐吧。就在这年，我被抽调去吉林省梨树县团结公社搞“四清”。年底，祖母去世，我赶回家奔丧，一星期后，又赶回去“四清”。转过年，我又去沈阳为一机部办《工艺能力》学习班，两个月后回到北京，忙着总结。一晃眼，1966年，“文革”浩劫初现，红卫兵开始频频到我家来了，打乱了我的天伦之乐。

不料，还不止于此。记得一次红卫兵来家，看见还差一个月满六周岁的欣儿，指着她说，等她长大，再来清算她。没等这群小孩子长大来清算欣儿，一群大汉子却早早在这年把我拉进秦城监狱清算我了。等我又见到我的欣儿，她已经是个15岁的高中生了。

我在监狱里的八年八个月，家里发生了多少事呀，孩子们是怎样长大的呀，都是妻子一点一点告诉我的。

我刚回到家的第二天吧，欣儿偷偷问妻子说，爸怎么那么丑。我走时，欣儿太小，记不得我40岁时还算清秀的模样，看到50岁的我一脸臃肿，目光呆滞，言语不清，坐立艰难的形象，大感非常意外吧。近九年的独身牢房，两年多的日夜审讯，还能有什么样的形象呢。同样，对我来说，欣儿也是一个大大的惊奇。回到家的当天，看见站在妻子旁边比妻子高的姑娘，我心想：这是欣儿吧。伸出手同她握了握手，嘴里嘟囔了一句：“你好！”惹得妻子大笑。

上面说过那个小鬼和老爷的故事，欣儿则是头大胆大兼而有之。妻子给我讲过好几个欣儿胆大的故事。“四人帮”当权的年月里，欣儿姐妹出门，经常受到邻居儿童的欺负，骂她们打她们。妻子不愿让孩子受到更大的心灵伤害，便不许她们出门。为了补偿，妻子自己带着她们去公园玩耍，去香山爬山，去游泳池游泳，尽量让她们正常地成长。一次，去颐和园，她们母女走到了后湖的一座拱桥上。妹妹问了一声，姐，你敢往下跳吗？欣儿二话不说，高高地“扑通”一下就跳进了昆明湖。妻子吓坏了，好在欣儿水性不错，浮了上来。那年，她才十岁多点。

让我听了以后心里很是难受的是欣儿7岁时的一件事。我被关已一年半多了，工资早就停发。妻子从和我结婚，生了欣儿，身体一直不好，就辞职回家了，因此也就没有了收入。母女三人只靠卖家当过活，像样的家具，值钱的衣服都卖光了。妻子没别的办法，只好向姥姥求救。但是，日夜都有人监视着妻子的动静，妻子只有让欣儿带上一封信，要她去东郊建国门外齐家园姥姥家，告诉她怎样坐车怎样转车，又跟她约好回家来的时间。临到约定的时间，妻子带着小女儿到中关村汽车站去等欣儿。看见欣儿从车上下来，向她们跑来，母女三人抱在一起，欣儿说，都带回来了，妻子才放下了心。姥姥把钱缝在了欣儿穿的小棉袄里子里面，还有一封信。信上姥姥训导妻子太鲁莽，怎么把7岁大的孩子支出这么远的路，万一走丢了，一家子还要不要活。

欣儿胆大，说话也冲。妻子自然是反革命大特务的家属，要进学习班，要扫大街，还要被拉去批斗。这种日子过了三年，一位好心的管学习班的警察叔叔了解到了我家里的窘境，告诉她，父亲工资停发期间，孩子们还是有生活补助的，并且代为向所里办了手续。一个孩子每月12元。于是，每个月去所里领补助的任务就交给了欣儿。一次，欣儿带着她的小伙伴到所去领钱，恰恰是午休。所里的会计趴在办公桌上睡午觉，见欣儿打搅了他午睡，会计很不高兴，便要她下午来。欣儿说，下午还要上学，不能迟到。硬逼着会计把钱给她。也许是那位会计看她人小，不跟她计较，就把钱给了她。以后，应了那句“不打不成交”的老话，那位会计对她倒很是客气了。

妻子告诉我好多欣儿孩童时的故事，其他的我还会写在别处。这里只写她头大胆大的故事。

欣儿一出生，我就看到了。这里要说的是，我离家近九年后回来了，欣儿也长大懂事了，说说这以后我看到的欣儿。

我回到家，欣儿已是北大附中高一的学生了。学校知道刘欣的父亲回来了，她的班主任，一位年轻教师，便来找我这个家长谈话。他说，刘欣很聪明，好学习，在班上成绩数一数二。我听了，当然很高兴，连忙说，都是老师们教导有方，我非常感谢。忽然他改变了语气，一本正经地对我说：在她母亲的影响下，刘欣会成为修正主义的一颗大苗子，希望做父亲的你要注意这件事。这位老师最后解释说，这就是他为什么找我谈话的原因。我刚刚出狱，心存余悸，慌忙回家向妻子细说这次的谈话情形。“四人帮”不是打倒了吗？怎么还要如此警惕修正主义！咱家怎么会出什么修正主义？妻子又好气又好笑，说，他们是看欣儿的穿着不顺眼吧。原来，孩子们的衣服都是妻子自己给做的，姥姥的旧大褂，我的旧毛衣，妻子自己的旧衣服，都拆开来重新做成衣裙，织成毛衣给孩子们穿上。妻子自己的设计别出心裁，无论是款式还是色彩，都很“洋气”。孩子们穿上，惹人喜爱。两个孩子穿着一样，人们还误以为她们姐妹是双胞胎呢。妻子的结论，这就是修正主义！我说，那就修正主义吧。

欣儿上高中的时候，谢天谢地，下乡插队的事取消了。然而，学工学农还有。有时还得在工地过夜。妻子心疼，给欣儿准备这准备那，要她带上。欣儿都不要，说，不怕。高中三年光景，学工学农多少次已记不清了。反正每次欣儿都是好好地回家来。每次回来，都给她妈讲讲工地上、农田里干活的情况。欣儿长得白皙，嘴又甜，工头儿总是给她分配一些轻活干。我听了，对她说，这不太合适吧。欣儿辩解道，爸，您放心，自己会干活，不会偷懒。她说，在颐和园那次，是拉埋电缆；她个儿高，主动跑到最前头的位置，去肩扛拉起，带头往前走的。去农村帮忙收割的一次，她先把同学们用的镰刀收到一起，都给磨了一遍，再发给同学们。这件事被老师和村干部看在眼里，就经常安排一些为大家服务的比较轻但比较重要活让欣儿干了。

欣儿上高三那年的年底，托胡耀邦的福，我家换了房子，搬进四间一套的又大又好的宿舍。姐妹俩有了她们自己单独的一间屋子。我又用补发下来不久的工资给她们买了一架钢琴。姐姐要考大学，不怎么弹，因此，这架钢琴就由妹妹“专用”啦。于是，我又去买回一台录音机给欣儿，让她练习当时流行的英语 900 句。院里给搬进这种宿舍的研究人员配备了沙发、书柜、桌椅，我们这个家从此才真正变成了我们自己的家。在这以前，我们原来的屋子厨房是由三家合用的，一个小厨房摆着三家的蜂窝煤炉，做饭时，三家必须轮班进去。这次总算脱离了苦海。搬进来的第一天晚上，姐妹俩高兴极了，但忽然又问我们，爸，如果再有人进来住，咱们留哪一间？怎么回答这个问题呢！谁能保证将来会怎么样？我只好说，就要这间最大的客厅。欣儿说，客厅连着书房，能行吗？所幸到现在，妻子和我在这个家已经住了三十多年了。欣儿在 1981 年离开了家，明儿也在 1984 年离开了家，都远远离开了家。单位和朋友都劝我们搬进有电梯的新楼房，妻子和我都婉谢了。这个家有着我们太多的回忆，我和老伴在这个家还能感觉到欣儿姐妹过去那些年的欢乐气息。

1979 年，欣儿考进了北京大学计算机科学系，住进了学校的学生宿舍，只有周末回家来。再加上我那几年几乎天天在外面下厂，跟孩子们见面的时间越来越少。她们戏称这个家只是爸爸的中转站。尽管这样，看到姐妹俩相亲相爱的样子，妻子和我感到有说不出的幸福。妻子这时总是说，大姨活着该多好 。孩子们的大姨是和我同时被抓进监狱的，我活着出来，她却病死在里面。大姨是多么疼爱这两个孩子啊！

大姨自己没有孩子。可怜的大姨！

欣儿快念完大二的时候，有一部电影，叫《芙蓉镇》。妻子和我都去看了。电影描绘的是“文革”中发生在那个小镇的故事。片子的末尾有一个场面，是一个半疯的老头走在小镇的街道上，一边敲着锣，一边喊着“七八年来一次，七八年来一次”。妻子吓坏了，回到家马上对我说，不行，得赶快把欣儿送去国外，眼看到时候“文革”又要来了，明儿还小，暂时不打紧。看到妻子那样惊恐，那样认真的样子，我也没有话可说。我在美国和日本都有可以托付照顾欣儿的朋友至交。就这样，在欣儿念完大二的时候，我们把她送去了日本。我心想，欣儿胆大，能闯。

欣儿在日本的学习和生活都很好。她先学了一年日语，然后重新考入了日本名校东京工业大学的经营工学科。毕业后不久，去了加拿大温哥华，又在当地的哥伦比亚大学读了一年，然后创业定居下来。就这样，我们夫妇跟大女儿一年能见上一次面就算很不错的了。虽然欣儿现在已是五十多岁的人了，但是在我的眼里，她还是那个给我们绘声绘色地讲述中国篮球队出国比赛的那个高中生。

与夫人张宁在大连(2003年)

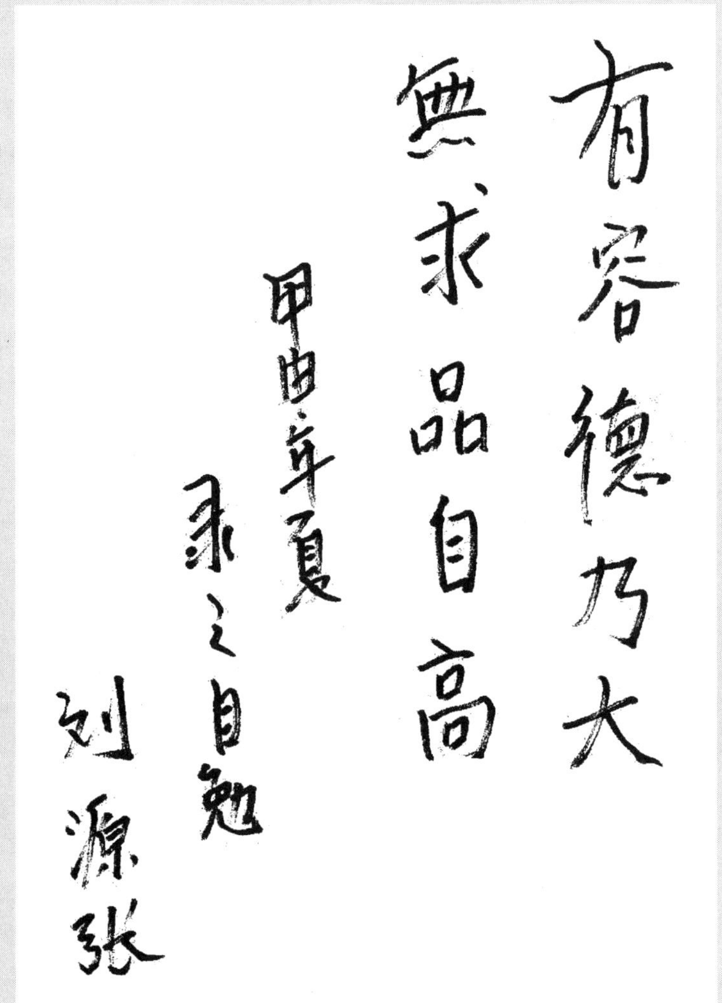

## 简介：

1925年11月2日生于北京，祖籍湖南长沙。生物化学和分子生物学家。1948年毕业于浙江大学化工系。1961年毕业于中科院上海生物化学研究所蛋白质专业。1964至1966年在英国剑桥分子生物学实验室进修。2001年当选为中国科学院院士。曾任中科院上海生物化学研究所副所长、分子生物学国家重点实验室主任。

## 主要成就：

在重合成胰岛素的分离纯化与结晶，胰岛素活力碎片的酶促合成与结晶，胰岛素的生物进化，猪胰岛素生产的新工艺，胰岛素的作用原理，重组人胰岛素在酵母细胞中的高表达，表皮生长因子及其类似物的微量酶促合成，烟草花叶病毒新株的鉴定，烟草花叶病毒蛋白亚基的晶体研究中做出了成果。

# 张友尚：
# 怀念父亲张孝骞

2007年12月28日是我父亲张孝骞诞辰110周年。协和医学院和湘雅医学院在28日和29日分别在北京和长沙举行了纪念活动。我作为家属，参加了29日湘雅的活动。以下是我在会上的发言。

今天我怀着非常激动的心情来参加这样一个活动。作为张孝骞的家属，我首先要向湘雅医学院的领导和全体师生员工表示衷心的感谢！从前面大厅里那些巨幅照片的展出中我们可以看出为了筹备这次活动，湘雅和协和花费了大量的精力，另外还出版了两本书，一本是《张孝骞》的再版，另一本是《张孝骞画册》，这本画册里面有很多珍贵的老照片，不少照片我都没有见到过，这是费了大量的精力才收集到的。作为家属，我要对湘雅和协和表示深切的谢意！我认为进行这样一次活动不仅仅是纪念我父亲诞辰110周年，同时也是纪念将近一百年以来，一代一代的湘雅人为中国的医学事业奋力拼搏的精神。

正是这样一种精神造就了湘雅今天的辉煌。

什么是湘雅的精神呢？今天我一到会就听到会场上响起了湘雅医学院的院歌。我认为湘雅的精神就体现在湘雅的院歌里。湘雅医学院原来是没有院歌的。一直到 1941 年，也就是湘雅改成国立后的第一年，我父亲才请湘雅第三班的毕业生龙毓莹教授为院歌作词。龙毓莹的国学根底很好，同时也精通中医。院歌从“长沙张仲景，医学溯先贤，泱泱乎流风千载，湘雅树中坚”开始。张仲景在东汉时期做过长沙太守，是《伤寒杂病论》的作者。下面是“椎轮始业，自谭胡颜”，谭、胡、颜是湘雅的创始人。谭是当时的湖南都督谭延闿，胡是美国医生胡美，颜是颜福庆，也是湘雅的首任院长。再下面是“历尽艰难颠沛，壮气直无前”。院歌是在湘雅最艰苦的岁月里谱写出来的，那时的确很困难，但是湘雅人仍然是奋力拼搏，堪称壮气直无前。接下来是湘雅的院训“公勇勤慎，诚爱谦廉，求真求确，必邃必专”。“公勇勤慎，诚爱谦廉”八个字是我父亲制定的，这里我想特别说一下“慎”。我父亲的号是“慎斋”，他一生谦虚谨慎，一直强调对待病人一定要非常谨慎小心。他经常说：我们诊治病人是“如临深渊，如履薄冰”，一点也不能粗心大意。院歌的最后是“宏创造，利人天，发扬光大，亿万斯年”。现在我们也强调创新和天人合一，即人与自然的和谐，可见院歌不仅有历史意义，也有现实意义。通过求真求实和不断创新，湘雅的精神和事业正在日益发扬光大。

下面我想请大家看两张老照片，是我来以前找出来的。一张是 1949 年“求真读书会”的合影。读书会是我父亲组织的，名为“求真”是来源于院训“求真求确”（在此，我又想起了浙大的校歌，“昔言求是，实启尔求真”）。这张照片里面有我，但是没有我父亲，他在 1948 年已经到协和去了。照片里面有凌敏猷院长、易见龙教授、刘秉阳教授、任帮哲教授等。我那时是生化科的助教，任教授是我的老师。第二张照片我记得好像是 1951 年在北京开全国卫生会议期间湘雅同学聚会时拍的。这里面有我父亲，他和颜福庆坐在一起。最后一排有我的弟弟张友会，他旁边是我的姑父陈荣殿。这里面没有我。我不知道为什么没有参加。这两张有纪念意义的照片在画册里面没有，可惜我没有在画册出版前把它们找出来。我父亲 1924 年到协和工作，在抗战期间回到湘雅，1948 年又回到协和，在协和一共工作了 52 年。这是很长的一段时间。从 1937 至 1948 年，他在湘雅工作了 11 年，虽然时间不如在协和长，但是他在最困难的抗战期间团结了湘雅的师生员工，使湘雅弦歌不断，所以大家认为不仅在协和，也应该在湘雅举行纪念他的活动。今年是抗日战争 70 周年。1937 年七七事变以后，日本军队进攻北平。那年我父亲已经接受了湘雅的聘约准备回湘雅工作，因为湘雅的院长王子玕要担任中正医学院的院长。就在我们家准备回长沙的时候，抗日战争爆发了。平汉路的北段已经不通了。于是我们只好坐火车北上到山西大同，再坐敞篷卡车越过雁门关到太原，然后坐火车沿正太路越过娘子关到石家庄，再沿平汉路和粤汉路经过汉口回到长沙。应该说从七七事变开始，我们家就和湘雅同呼吸共命运，共同经历了八年抗战的艰难岁月。七七事变以后，8 月 13 日日本军队在上海登陆，12 月占领南京，今年这个月我们刚刚纪念了南京大屠杀 70 周年。南京沦陷后，日军又占领了武汉，长沙也岌岌可危，日本飞机不时来轰炸。到了 1938 年夏，我们家和湘雅搬到了贵阳。在 1939 年贵阳“二四”大轰炸时，我们家落了一颗炸弹，幸亏没有爆炸。后来湘雅在贵阳次南门外的长郡义园新建了校舍，我们家也在学校旁边盖了一个茅草屋。1944 年日本军队又打来了，湘雅又从贵阳搬到了重庆。抗战胜利以后，湘雅才在 1946 年回到阔别八年的长沙。这一趟一趟的搬迁是非常艰苦的，我父亲也花费了很大精力，想方设法使学校能继续办下去。但是独木难支大厦，只靠我父亲个人的努力是无济于事的，只有全校师生员工团结一致才能渡过难关。第一次从长沙搬到贵阳以后，一切从无到有，校舍家具都要想办法解决。当时的总务主任是李启盘先生，他处处精打细算。为了节约木材，他动足脑筋把凳子做成经济实用的三条腿。1944 年湘雅从贵阳搬到重庆，那时的总务主任就是在座的刘树焱先生，他现在已经年过九十，仍然免费为人治病。他那时年富力强，受命于危难之际，押运十三辆卡车，使人员、图书、仪器和设备安全到达重庆。

最后，我要表达我们家对湘雅的感激之情。我父亲虽然在协和工作了 52 年，但是他的根在湘雅。他是湘雅培养的第一班毕业生。第一班的毕业生后来都是医学各科的先驱，像外科的萧元定、内科的应元岳、肺科的吴绍青、儿科的高镜朗和微生物科的汤飞凡。汤飞凡和我父亲是好朋友，在北京常来我们家。汤飞凡的贡献是很大的。他在 20 世纪 50 年代首先分离出沙眼的病原体。这个成就被认为可以和小儿麻痹症病毒的分离相提并论。可惜他在 1958 年“拔白旗”的运动中不幸去世。除我父亲以外，我的二姐张友善和弟弟张友会也是在湘雅毕业的。遗憾的是我没有学医。1948 年我在浙大化工系毕业以后找不到合适的工作又回到长沙，在湘雅生化科做助教。当时任邦哲教授刚从美国留学回来，带回来生化的新进展，于是我在任教授的指导下进入了生化的知识殿堂。所以我也要感谢湘雅，感谢我的启蒙老师任教授，感谢湘雅举办的这次活动。

大学毕业(1948年)

只问耕耘　不问收获
几分耕耘　几分收获

张友尚
2004年3月18日

## 简介：

1927 年 9 月 28 日生于浙江余姚（今慈溪）。神经生物学家。1952 年毕业于浙江大学医学院。1995 年当选为中国科学院院士。曾任浙江大学医学院院长、中国生理学会、神经科学学会副理事长，《中国生理学报》副主编，《中国神经科学》杂志主编。

## 主要成就：

早期从事实验性烧伤后输液质量对动物存活关系以及下丘脑、中脑与镇痛关系的研究。20 世纪 80 年代以来主要研究糖皮激素对神经细胞的快速、非基因组作用，并分析了它的细胞内信号转导途径，取得多项成果。

# 陈宜张：
# 记我的父亲和两个叔叔

我大学毕业后分配到第二军医大学从事生理学、神经生理学的教学和科研工作，已经五十多个年头了。有一点点成绩，这是浙江大学对我的培养，是与指导我的前辈老师，如张香桐、冯德培、朱鹤年、卢振东等诸位先生对我的教诲分不开的，这些我都在一些回忆文章中有所提及，但是，想想自己工作的特点，能有点滴成绩，又与家庭对我的影响有很大关系，这主要是我父亲和我两个叔叔对我的影响和教育。

我父亲陈登原，他出身于余姚农村，大学毕业后工作很有成绩，出版了很多著作，后来在中国史学界也有一定地位。1926 年，他毕业于南京东南大学文科，自 1936 年一直到他 1975 年去世之前，除抗日战争时期在日本沦陷区没有工作以外，先后是杭州之江大学、广州中山大学及以后西安西北大学的历史系教授。抗战期间，武汉大学曾经请他去当教授，因家里没有人照顾所以未能成行。我父亲的自学能力很强，当他还是大学四年级的学生时，就在上海商务印书馆出版了《中俄关系述略》的专著，另写了一本书《荀子哲学》，1928年也在商务印书馆出版。他以后的著述很多，有专著23本，学术论文40篇以上。他的著作加在一起可能近1 000万字，这本身就是他在中国历史研究方面的成就。

他在20世纪30年代末出版的《中国文化史》(上、下)，上册有日文翻译本，俄罗斯科学院对这本书有专门介绍。他的著作经受了历史的淘炼，历半个多世纪而显示其很高的学术价值，1983至1998年间他的不少著作纷纷被重印，例如他的《中国文化史》、《历史之重演》和《古今典籍聚散考》被收入上海书店出版的《中国丛书》，其中《古今典籍聚散考》还被单独重印；他的《颜习斋哲学思想述》被大百科全书出版社及东方出版中心重印。《国史旧闻》是他集毕生精力的巨著，全书189万字，第一分册1958年由三联书店出版，以后三个分册由中华书局出版，第三、第四两分册出版已是他去世以后的事了。《国史旧闻》在中国史学界公认有相当高的学术价值，以史料引用广博、评述精到而著称。

他做学问的态度给我留下深刻的印象，作为他的儿子，这都是些言传身教，我主要是看到他在家里是怎么做学问的。1939年，余姚还没有被日本人占领，我就读于上虞战事初级中学，我父亲在那儿教书，地点在上虞县城，即现在的丰惠镇。那时几乎每天要逃躲日本飞机的轰炸，我父亲把他一箱子卡片当做命根子，逃躲轰炸就常规地往城外逃，卡片不能丢在城里，于是雇了一个挑夫把卡片挑着到城外去，找到一个庙宇或农舍，他边看卡片边写作，我带一些功课做，当时我并不知道父亲在写什么，后来知道就是写《国史旧闻》。父亲写《国史旧闻》前后花了四十多年时间，整个抗日战争八年中，他都在写这个稿子。他在自己的本子上，多处提醒，引书要注出处，他用这个来督促自己一定要把引用的文字搞得很准确。平常在家里写稿，夏天天热，就边打扇边写作，晚上还要驱赶蚊子；冬天在煤油灯下工作，煤油灯有玻璃罩可以增加亮度，也防风吹，然后我母亲在玻璃罩的外面再做一个铁丝罩，光线从边上出来，铁丝罩上面摆上一个茶杯，可以喝到热茶。《国史旧闻》稿子并非一、二稿就可以完成的，父亲的写作持续不断，也很是艰苦，这样近二百万字的书稿，他抄了至少四五遍，现在我家还存有抄了两三遍的稿子。在当时的条件下，修改、订正书稿，唯一的办法就是边抄边改。但我父亲并不认为这是一件苦事，他告诉我，反复地抄写稿子就是反复地修改，这样才能写出精炼的文章。据我母亲讲，“文化大革命”中，我父亲给前来抄家的“革命小将”看他手指边上的老茧，说这都是拿毛笔磨出来的，“小将”们也为之动容。这些都说明他用功的勤苦。

1941年秋，日本人进犯浙东，我辍学回家，渡过5年的沦陷区自学生活。我的自学之所以可能，是有一定条件的。因为父亲是历史教授，可以讲授文史，两个叔叔是浙江大学土木工程系毕业的，他们对我在中学期间在家自学的帮助是巨大的。我三叔叫陈叔陶，四叔叫陈季涵，他们都是浙江大学土木工程系的毕业生，他们在浙大学习时，正好是抗日战争期间，浙大举校西迁逃亡，学校从杭州沿江西、湖南，最后到他们毕业时，学校在广西的宜山。毕业后，他们在昆明的资源委员会桥梁设计处工作，桥梁设计处负责滇缅公路桥梁的设计，三叔在昆明做设计工作，四叔在功果参加功果大桥的施工。后来因为我祖父去世，仅祖母在家，1942 至 1943 年他们回到余姚家中，以后三叔曾去浙江龙泉浙大分校教书。在日本沦陷区时，他们就指导我学习从初中到高中的数理化和外语。

我从初中的平面几何、三角，到高中的立体几何、大代数、解析几何，都是自学的，当时用的都是英文原版书。二位叔叔对我的帮助首先是给我指定教科书叫我自学，所用的书都是他们中学时读过的英文原版书，现在还记得，几何是 3S 几何(三位编者英文名字的第一个字母都是 S)，大代数是 Fine 编的，还有一本是 Hall & Knight 编的，这些都是经典的高中数学教科书，化学、物理学教科书也是原版书。其次是帮助我解决我自己解决不了的问题，在数学解题上，有时有多种解法，叔叔们就会指导我，如何选择最合理的途径和方法，这是最使我获益匪浅的。再就是对我要求非常严格，除了数理化要做大量练习以外，学英文采用一个课本，三叔就要我背课文，开始我不感到有什么负担，很轻松地背了出来，但想不到十多次的内容积累下来，不仅要背当前的课，连以前的课都得背，背起来就很紧张了。在他们的督促下，我学习十分努力，尽量背英文的课本，做了大量的数学、物理学、化学的练习题，我记得，四五年下来，我的数学练习本足足有一尺多高，几乎把所有的习题都做了一遍。

自学是有榜样的。像三叔他们老一辈知识分子的刻苦学习精神是非常令人敬佩的。据我所知，三叔在高中学习阶段，曾经读英汉模范字典，他可以从 A 读起，按字母顺序一个一个地往下读，怪不得他要我背英文课文了！他们自己的工作态度给我也是一种言传身教，在老家，两位叔叔继续做土木工程方面的研究，当时没有计算机，为了做精确的开方，他们甚至于把两面珠算算盘联起来，因为一般算盘有 13 档，开方运算时不够用，拼起来有 26 档才够用。他们像我父亲一样，也是夏日挥汗如雨，冬天呵手取暖，做学问不止。

两位叔叔在大学毕业前后取得的优异成绩也经常鼓舞我。我记得非常清楚的是，两位叔叔浙江大学毕业前合作写了一篇科技论文，投稿到英国的一个土木工程杂志，后来论文 1942 年被接受、发表，发表时他们已在昆明工作了。杂志主编给他们的信中有一句话：两个中国工程师无疑在十分困难的条件下做了这个工作。我那时就背诵这段英文词句，既为我两位叔叔而自豪，也鼓励自己。要知道，作为一个大学刚毕业的年轻人，能在国际专业杂志上发表文章，那是很不容易的。

在两位叔叔对我的影响中，三叔对我的影响尤其深刻，因为他的确有非凡的毅力和过人的才能。这话得从他 1935 年在国立中央研究院历史语言研究所集刊发表《新元史本证》说起，这是一本具很大篇幅的专著。

我国的二十四史中有《元史》，后来到了民国初年有一个学者柯绍忞又写了元史，前者称为旧元史，后者称为新元史。一般学术界认为新元史比旧元史写得好，我叔叔写的《新元史本证》，主要是针对新元史里面一些不准确、不正确的地方进行了订正，而且提出了根据。三叔发表《新元史本证》的时候，他还是浙江大学土木系低年级的一名大学生。

土木系的一名大学生为什么对元史感兴趣而有时间写出这样一本有分量的学术专著呢？这是他考上大学后，因患伤寒病退学回家休养期间写成的，不在他上学期间。三叔毕业于杭州高级中学，1934 年考上上海国立交通大学和杭州国立浙江大学，他选择去上海交通大学上学，但入学不久就患伤寒病，于是病退回家。浙江大学当时有一个学籍管理办法，考取的学生可以保留学籍，所以第二年，1935 年，他就利用保留的学籍进了浙江大学，期间差不多有半年多时间在家休养，利用这个时间，他就在家里写了这本书，可能我父亲也给他一些帮助。等到这本书投寄到中央研究院历史语言研究所被他们接受时，三叔已在浙江大学土木系读书了。

今天我们仍然可以从网上查到，历史语言研究所自 1928 年起，每年出集刊一“本”，每本四“分”，三叔的《新元史本证》发表在集刊第七本第三分，按年推算，应为 1935 年。历史学方面的撰稿人有陈寅恪、陈垣、傅斯年、顾颉刚、胡适等，语言学方面的撰稿人有赵元仁、李方桂等。与这些大家相比，陈叔陶当然是一个名不见经传的小人物了。但就是这样一个正在土木系读书的大学生，写了这本有很大篇幅的专著，他能够在一年不到的时间，写出这样的书，当属凤毛麟角。

当时历史语言研究所所长是历史学家傅斯年先生，是五四运动主将之一，傅跟浙江大学校长竺可桢先生熟悉，写信给竺先生，要他查一查浙江大学是不是有一个年轻人写了这本书。竺校长查了，在历史系教师中没查到，学生中也没查到，最后查到土木工程系二年级有一个学生叫陈叔陶，所以对陈叔陶的印象非常深。当然竺校长也知道，作为一个土木工程系的学生写下这本历史专著是很不容易的。据三叔告诉我，新中国成立后他参加全国劳模大会，在会上碰到当时的校长竺可桢先生，竺先生还认识他，还记起这件事。

我父亲和我两个叔叔对我的影响和教育是很深刻的，他们那种治学的态度，严格地督促我学习课程以及他们自己搞学术的精神、韧性和成就对我是有很大的教育的。我体会到，第一，做任何事情都要努力地去做，抓紧时间地去做，不要马马虎虎。第二，做学问要盯住不放，当初我父亲也好，我叔叔也好，他们的客观条件不算太好，但他们能够发挥自己当时条件下最大努力，锲而不舍，做出相当好的成绩来。第三，要培养自己的自信心。这些都给了我以强劲的动力，给我以信心，激励着我应该根据自己的知识水平和条件，充满信心地把那些可以做好的事情做得自己认为最好。

在实验室和研究生一起观察实验结果(2000 年)

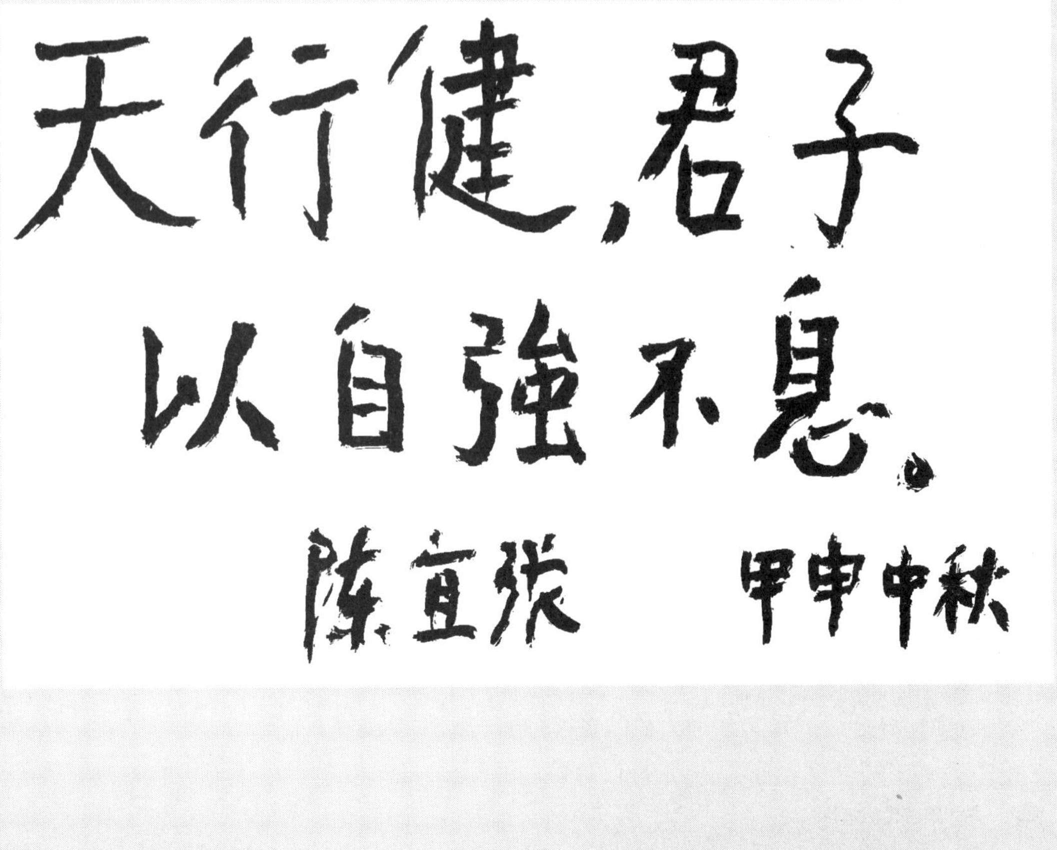

## 简介：

1930年1月30日生于四川成都。满族。两栖爬行动物学家。1951年毕业于华西大学生物学系。2001年当选为中国科学院院士。曾任中科院成都生物研究所副所长，美国伯克利加州大学客座教授，美国康奈尔大学访问教授，世界自然保护联盟中国两栖爬行动物专家组主席，第七和第八届全国人大代表。

## 主要成就：

命名两栖爬行动物40新种，建立两栖动物2新属，报道中国新记录15种和1科。1969至1970年与昆明动物所合作研制成功“云南蛇药”。1973年作为中国首批两栖爬行动物学者参加西藏综合科学考察，增加8新种和10新记录种，首次提出在动物地理区划中增加喜马拉雅南坡亚区。1981年率领中国两爬学者参加横断山综合科学考察，主编《横断山两栖爬行动物》专著。1993年与K. 阿德勒合著*Herpetology of China*，是全面记载中国661种两栖爬行动物的第一本专著。

# 赵尔宓：
# 怀念爱妻涂茂洌

When lilacs last in the door-yard bloom'd,
And the great star early droop'd in the western sky in the night,
I mourn'd and yet shall mourn with ever-returning spring.

—Walt Whitman[①]

庭园里曾盛开的丁香花已枯萎，　香消黯庭园，
闪亮的星星从西天的夜空坠落。　星陨坠西天。
我为此已无限悲痛——　　　　　忧伤何时了，
也将为每年春天的到来而忧伤！　年年怕春归。

爱妻茂洌去世已五年，思念之心无时或已！

2006年3月9日爱妻去世后，对我的打击很大。过去，我一直认为男性寿命短于女性，因此，断定我

① 瓦尔特·惠特曼(Walt Whitman)(1819—1892)，美国诗人。茂洌去世后，美国K. V. Kardong教授在给我的悼念信中附有惠特曼诗中的三句。我试用散文诗与五言绝句分别译出置于本文篇首。

会走在她前面。不料,她竟先我而去,我为此无限悲伤。2007 年年底,上海东方出版中心来函约稿,从征稿提示的范围中我考虑再三,决定写我的亲人——爱妻涂茂浰教授。我认为自己此生最大的成功是婚姻,因为我选择了最理想和最聪慧的她做妻子。她不仅是最完美的女性,也是我情深似海最忠实的伴侣,更是我一生的良师和诤友。我所做的一切工作都离不开她的帮助,我如有任何一点成就都铭刻着她的辛劳。

## 邂逅

1948 年秋季,我还是华西大学理学院生物学系二年级学生。开学不久,在华西的树德中学校友会上增加了几位新校友,其中一位是药学系年方十七的温雅少女①。她给我留下了深刻的印象。此后,我积极参加校友会的活动,争取有更多机会与她接近。我发现她不但有温雅文静的一面,更有活泼好动的另一面:她喜欢体育运动,尤其擅长排球,是中学和大学的校队队员,多次代表学校参加成都市的校际比赛;她也擅长短跑,在校田径运动会上屡屡取得优异成绩。后来还了解到她的学习也非常好,特别是数理化成绩尤为突出,曾参加过全市中学生的数学竞赛并获奖。于是,我对她更加景仰爱慕。当时我们有个别课程是两个系合上,如物理学、微积分学等,而数学及物理学等对我而言较困难,因此经常向她请教。于是我们逐渐熟悉,彼此了解也更加深。大概是在 1950 年,有一个周日我冒昧提出去她家约她外出看电影,她没有反对。那天我如约去她家,通报后在门口等候。她带着最小的妹妹出来和我一同去看了一场电影。后来听说她家里人对我的印象还不错。自此以后,我们的接触愈渐频繁,在同学中也渐渐明确了我们的"恋爱"关系。

## 别离

西方有一句谚语:No leave, no love(没有离别就没有爱情)。好像是上天的有意安排,1951 年夏,我大学毕业,当时的西南军政委员会文教部规定,西南区应届大专学校毕业生必须到重庆大学集中学习一个月,内容是服从分配到祖国最需要的地方去工作。我作为华西大学学生会副主席,担任全校各学院上百名毕业生的副领队,协助领队王浴生同学率领应届毕业生带上行李乘车赴重庆。学习结束,我被分配到东北区工作。当时规定所有学生必须自重庆出发,动身前不得请假回家。我考虑此去经年,不知何时才能与茂浰再见,连忙挂电话告诉她到我们途中必经之地四川绵阳来见面告别。对于她是否能按时前来,我并没有把握。

分配到东北地区的毕业生分乘十多辆大卡车自重庆出发,到达绵阳需住宿一晚,我向带

---

① 最近听她的中学同班同学沙国祚女士介绍,音乐老师曾教唱译成中文的男女声四部合唱歌曲《温雅少女》,茂浰的名字与歌词中"温雅少女"的名字读音相近,故班上同学称她是"温雅少女"。

队领导请了假，径奔县城事先约好的地点相会。令我喜出望外的是，她在我的胞妹尔宜陪同下如约而来。从成都到绵阳的距离虽只有 100 公里左右，但当年客车的行程却要一整天。宜妹还告诉我，她们乘的车在途中曾抛过几次锚（车坏检修叫“抛锚”），为了不影响按时到达，茂浉还积极加入推车。我听后感动不已！

虽然有幸见面，但同时也意味着离别！第二天一早我们继续向北进发。几天后汽车到达陕西宝鸡，换乘火车直赴首都北京。在北京休息两天又立即换车去沈阳，到东北军政委员会报到。我被分配到哈尔滨医科大学担任生物学教研组助教。

## 结婚

1952 年夏，茂浉自药学系毕业。原希望她也能分配来哈尔滨，可是她被留在母校担任助教。那段时间我们只能靠通信联系。虽然如此，双方的感情仍日益加深，并约定第二年暑假我回成都结婚。

经过整整五年的相互深入了解，1953 年 8 月 9 日，我和茂浉在成都结婚了。婚礼在华西坝钟楼西侧一幢两层的生药学教学楼（该楼现已拆除另建新的大楼）楼上的会议室举行。在当时的社会历史条件下，只邀请了老师和同事共几十人参加。我们没有大摆宴席，只备有鲜花和茶点。仪式虽然简单，但非常荣幸的是出席的客人中有我的恩师、华西大学校长刘承钊教授、药学系和生物系的几位教授和其他同事，还有著名植物分类学家、我的老师四川大学方文培教授。茂浉那天穿着一件水红色皱纹绸缝制的短袖旗袍，衣领上别了一枚雕刻着爱神维纳斯头像的象牙领花，它是我父亲的老友、北京同仁医院著名放射科专家余贻倜教授随中央领导出访维也纳时买回来送我们的。从结婚当天茂浉的照片上可以看出，她显得特别温柔美丽！婚后十多天，为了下一次的重逢，我们再一次别离，我独自一人返回哈尔滨。

## 团聚

1954 年 4 月，我终于从哈尔滨调动回成都了。这可能又是上天的有意安排！原来生物系比我高一年级、毕业后留在华西母校的史瀛仙师姐被派往哈尔滨外国语学院学习俄语，与该校的王超尘老师结了婚。她需要照顾去哈尔滨，我需要照顾回成都。领导正好将我们两人对调。所以我顺利地回到母校（1953 年院系调整后更名为四川医学院）工作，自此与爱妻茂浉得以团聚。

## 孩子

1955 年，我们的第一个女儿出生了。一年半之后，我们的一对孪生女儿又诞生了。两年之内我们家里增添了三个孩子，也就是现在的三个可爱女儿。

三年后，女儿们都上幼儿园了，由于我们的收入不高，只好将保姆辞去，孩子全靠自己照顾。每周六(那时一周工作6天)下午接她们回家，周日下午送她们回幼儿园，这是最繁忙的半天了，下午茂浉赶着将晚饭做好，等她们吃完，碗筷都来不及洗，就给三个女儿换上干净衣服，带着她们匆匆忙忙赶往幼儿园。两个孪生女儿还不会走路，茂浉因喜爱运动，体力比我好，她主动承担起繁重任务，一手抱一个孪生女儿走在前面。我则牵着大女儿在后面紧跟，走一段路，大女儿走不动了，我就抱她一段路。就这样，要走几公里路才到达幼儿园。直到将三个女儿分别交给老师，我们才疲惫不堪、依依不舍地离开。回家后，还要收拾残局——洗餐具，洗涤她们的脏衣服，收拾她们的玩具，整理被她们弄脏弄乱的家等等，都由茂浉主动承担其中的大部分劳作。

## 良师

茂浉几十年来一直在华西药学系(院)担任教学工作，讲授过生药学、中药学、天然药物化学(中草药化学)、质谱、紫外光谱等课程。作为教师，她的教学效果很好，对学生更是关怀备至，在学生中有很高的威望，深受学生爱戴。现引用3位学生所写文章和信来说明：

> 您不仅教给我们知识，具体帮助我们做实验，在我胳膊摔伤的时候，还亲自帮我抄笔记……这些都如昨日情景，历历在目，永志于心。[摘自王谷诒1995年给涂老师的信。]
>
> 第一次上涂老师的课是《质谱解析》，她走进课堂的瞬间，我惊叹于她全身所散发出的魅力，我似乎无法用语言形容那种魅力。她仿佛将女人的美丽、老师的端庄、母亲的慈祥都聚集一身，她是那么完美！听了她的课之后，更被她的学识折服，她竟然将那么枯燥的波谱讲解得如同故事一般，让我们都热爱上了这门课。[摘自黄文哲(2006)《涂老师，您永远在我心深处》一文。]
>
> 我有幸在老师身边学习和工作，亲身领略了老师的大家风范和独特的人格魅力。我不仅敬佩她渊博的知识和过人的智慧，而且从她那里学到了献身教育事业的宝贵精神和许多做人的道理……涂老师和蔼可亲，平易近人，是一位令人景仰的长者。她言传身教，以身作则，对学生百般呵护，关怀备至。[摘自李冲(2008)《怀念我的导师涂茂浉教授》一文。]

茂浉作为中国共产党党员，除繁重的教学任务外，还担任过中草药、中草药化学、天然药物化学等教研室的主任，也曾几次担任支部书记协助队长率医疗队上山下乡为农民服务。

茂浉的朋友和同事也给予她很高的评价。无锡市慈善医院主任医师陈立在《忆涂茂浉教授在无锡的几天》文中回忆：“我妻子曾多次说：‘赵夫人没有大知识分子的架子。’她追求完美又何等朴实，夫人非常可敬可爱。”

茂浰为人光明磊落、坦荡诚恳，更热心助人。在她去世一年时，与她同窗共事五十多年的李美容老师写了一首诗《追思茂浰》纪念她，原诗如下：

同组共事五十载，互助互知难忘怀。
事事认真不苟且，待人宽厚待己严。
担当责任无私心，直言真话多受冤。
茂浰品德我心佩，情谊深厚胜姐妹。
但愿真有天堂在，群花丛中好安眠。

## 挚友

三个女儿离家后，茂浰在家中主动承揽了大小事务，举凡采购一日三餐的菜饭，挑选各季衣服和被褥，换洗和缝补，莫不由她操劳；尤其是她拿手的编织，我和女儿的毛衣毛裤基本都是她亲手织成，而且她还主动帮不少至亲好友织毛衣。在业务上她是我当之无愧的良师益友，特别是在有关数学、物理和化学或其他学科有疑问时，我都主动向她请教，并立即得到她的解答，省去我自己花费许多翻书查资料的时间。在工作上她也是我的诤友，我遇到任何棘手或难以解决的事，总是主动征求她的意见，请她帮我分析判断，给我建议、解决方法，得以妥善处理，既掌握原则，又有利团结。此外，我写的任何文章，包括我自己专业方面的文章，都主动争取她过目，她会给我提出一些有益的建议，或帮我修改润色。1993 年她退休后，对我的工作帮助更多，协助我整理资料、抄写卡片或做记录等等。特别是她自己有从事科研工作的经验，给我提出许多有益的建议，比我考虑得更全面周到。回想起来，茂浰对我的工作、处世和生活等各方面，都不愧是我的良师和诤友。实事求是地说，我的任何成绩都凝聚着她的智慧，我如有任何贡献都铭刻着她的功劳。此外，她还有令我终生难以忘怀的恩情！

## 恩情

我们婚前和婚后的半个多世纪中，我生过多次病，也住过几次医院，至少有三次住医院的经历给我留下极为深刻的印象。第一次大概在 20 世纪 70 年代，我患腮腺炎入住四川医学院附属医院传染病室，几天后，主要症状消失但低烧不退，医护人员束手无策。我建议茂浰去请医学院院长、著名传染病学专家曹钟樑教授来会诊。曹院长当天中午饭后就从他在学院的住所步行到传染病室，径直来到病床给我诊断，仅几分钟就判断是并发了其他炎症，立即提出治疗方案，但急需的药物中有一种当时市面上无货，曹院长知道妇产科乐以成教授家中有此药。于是茂浰立即去乐教授家，得到她的慷慨赠予，我才得以很快痊愈。第二次是1993年7月4日，我不慎摔伤，左腿股骨颈骨折入住天祥骨科医院，从7月至10月住院整整四个月，茂浰一直昼夜守护在我身边。我的左腿被夹板固定伸直不能活动，120多天在床上饮水、吃饭和大小便，全靠她的精心照料和护理。第三次是1995年年底，我左腿髋关节又疼痛难忍，先后在北京解放军301医院、积水潭医院和协和医院检查，都确诊是股骨头坏死。1996年年初我入住成都市友谊医院，著名骨科专家饶书城教授亲自给我做人工全髋关节手术。事后证明手术是非常成功的，因为我术后到现在每年仍去野外工作，照常跋山涉水，没有任何障碍。本来两周后就可出院，遗憾的是出院前发生了一点波折：药房个别人向我推荐一种“口服液”，碍于情面被迫买了一些，见它成分中有活菌，我不敢贸然服用。茂浰知道后自告奋勇先试服规定剂量，经过一两小时并未发现不良反应，这时才让我服用。没有想到，我服后一小时就开始腹泻，基本上是一小时一次，连续泻了一昼夜24次，以致拖延到一个月后才出院。

回想过去的一切，我衷心感谢茂浰始终陪伴我度过在病榻的日日夜夜，以及对我无微不至的关怀和照顾！特别是通过“口服液”一事，充分说明她为了我的安全而勇于试服不明性能药品的牺牲精神，这是她对我情深似海最有力的证明。她对我的恩情我终生难忘！

## 歉疚

2008年春节假期我将自己历年出差记录加以整理，目的是查看我每年出差的次数和时间。从1953年8月结婚后开始计算，到茂浰去世前的2006年年初止，我离开她出差、出国和野外工作总共4 395天(还缺少几年记录)，折合为12年以上。出差最多集中在20世纪60和70年代，这段时间正是女儿们成长、就读和两个孪生女儿下乡当知青的时期。也就是说，在这段时间，茂浰除完成自己繁重的教学、科研和行政事务工作外，还一人承担了三个女儿的生活、学习和全部家务。正如最近一位了解我们的好友说：茂浰求学时期作为学生和体育爱好者，参加工作后作为人师，结婚后作为妻子和孩子们的母亲，以及一生处世为人，都是尽心尽力，力求尽善尽美。因此，她不仅身体劳累严重损耗，精神负担和心理压力也不小。她在中学时代就患失眠，长期以来必须依靠服安眠药才能入睡；她患高血压多年，也曾患过冠心病、坐骨神经痛和牙病等。我作为她最亲近的人，却没有细心观察了解她，没有更多关心照顾她。最终导致她先我而去，这令我终生感到歉疚！每念及此，我沉痛万分，但我决心要求自己顽强地生活下去，力争在有生之年做出更多成绩来报答她的恩情！

安息吧！茂浰，我的心中永远只有您！

与夫人涂茂浰在台湾屏东恒春(1999年)

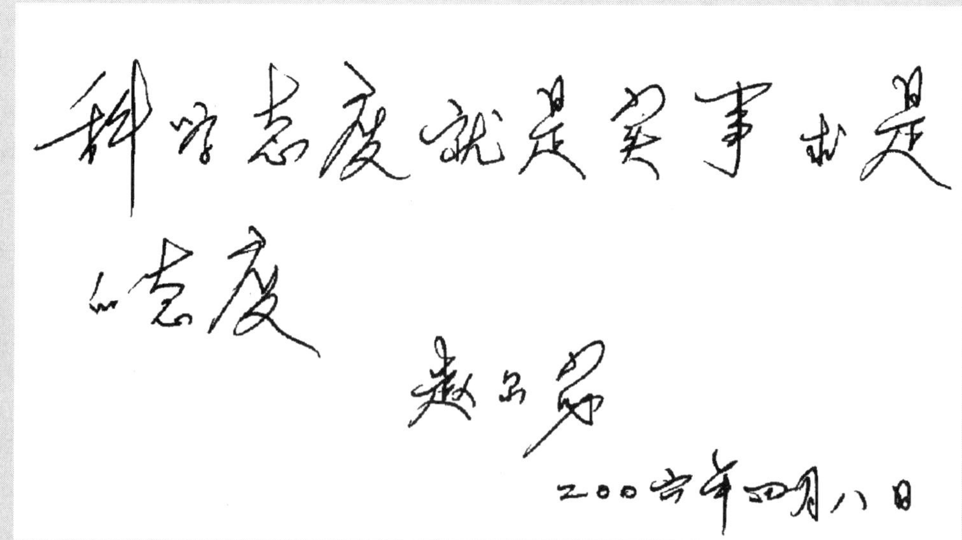

## 简介：

1933年1月3日生于浙江杭州。光学和材料学专家。1952年毕业于浙江大学化工系。1959年获苏联科学院化学副博士学位。1980年当选为中国科学院院士(学部委员)。1993年当选为第三世界科学院院士。曾任中科院上海分院副院长，中科院上海光学精密机械研究所所长，中国科协常委，上海市科协副主席，中国硅酸盐学会副理事长，中国光学学会副理事长。

## 主要成就：

长期从事光学和激光材料、非晶态物理、光电子技术，特别是光存储技术的研究。是中国这些领域的主要开拓者。建立了中国第一个光学玻璃试制基地。建立了中国耐辐射光学玻璃系列和激光钕玻璃系列。发展了可录和可擦重写新型光盘。1988年和2000年分获国家自然科学奖三等奖、国家科技进步奖二等奖和全国优秀科技图书特等奖。1997年获何梁何利基金科学与技术进步奖。2001年获国际玻璃协会终身成就奖。

# 干福熹：
# 科研苦旅

### ——我和妻子邓佩珍科研生涯的欢乐和悲痛

以往有些图刊和杂志约我写个人传记，一方面是太忙，定不下心来，另一方面觉得没有什么可写，也不去回忆。但2007年我的老伴突然去世，深深刺痛了我，让我回忆起我们科研生涯中许多不可忘却的事情，所以想写一点下来，既为了纪念她，也想记录一点我们科研生涯中的欢乐和悲痛。

2007年是我毕业于浙江大学的第55年，也是她毕业于东北人民大学(现吉林大学)的第50年。我们与老同学们约好，秋天要分别相聚杭州和长春——但由于她的突然离去而最终未能成行。我们都是离开学校就进中国科学院参加科研工作的，已逾半世纪。2007年我们两人已共同经历了47年的科研生活，再过3年就金婚了，但她却匆匆别我而去。

2007年9月19日，在她的追悼会上，中国科学院上海光学精密机械研究所退管会主任致的悼词中是这样讲的："今天，我们怀着十分沉痛的心情，向中国科学院上海光学精密机械研究所退休职工、研究员、博士生导师邓佩珍同志告别。”她没有当过官，一辈子的职务是课题负责人，但在追悼会的挽联上，她被称为“科技巾帼”，我想她当之无愧。四十多年来，她在光学和激光材料领域耕耘不辍，在她的指导和领导下，经过她的学生和同事的努力，获得三次上海市科技进步一等奖、三次国家科技进步二等奖、一次中国科学院自然科学二等奖等。由于她在科研道德、作风、敬业精神上的卓越表现，她生前就获得上海市“三八”红旗手、上海市十佳科技巾帼奖、上海市先进女职工标兵、全国先进女职工等称号。她是一个普通的科技工作者，她去世后没有组织治丧委员会，没有通告外单位，只在所内贴了讣告，但科技界同事和朋友们在短时期内得知消息后，亲朋好友、学生和同事三百多人都来到了追悼会上，送花圈近百个。她应该得到宽慰，这是对我们几十年科研生涯的认可。

1952年我从浙江大学毕业后，统一分配到长春，参加中国科学院仪器馆(今长春光学精密机械研究所)筹建，在光学前辈龚祖同先生领导下从事光学玻璃研究开发基地的建设。四年中大家积极努力，熔炼成功中国第一批光学玻璃。1956年我被王大珩、龚祖同先生推荐，为中国第一个12年科学技术发展规划去苏联学习。1957年邓佩珍从东北人民大学化学系毕业后分配来所，在光学玻璃研究部门工作。当我1959年年底从苏联学成回国时，仍回到当时已改名为中国科学院光学精密机械研究所继续从事光学玻璃研究。经过一年多时间相处，1960年年底，我们就结婚了。结婚前我们没有用多少时间谈情说爱，只专注于科研工作。受龚祖同先生的委托，我当时正在准备总结八年多来我国光学玻璃研究的成果和自己从苏联开始的关于玻璃的物理性质和化学成分之间的关系和计算工作。邓佩珍正在准备光学玻璃的基础研究——关于玻璃的析晶和分相，筹建X—射线衍射结构分析设备。当时国家正处于三年经济困难时期，肚子都吃不饱，而我们俩都埋头在实验室工作。她是一个喜爱文娱活动的人，为了我这个“书呆子”，却从此以后放弃了唱歌跳舞。

1961年年底，我们有了孩子，一个漂亮的女孩，为我们工作以外的生活带来了欢乐。但是，不知是困难时期营养不足，还是因为在东北缺乏户外阳光，三个月后孩子生病了，孩子被送进长春白求恩医科大学(现吉林医科大学)医治。邓佩珍陪在医院八个月。一个年轻的妈妈看着自己的女儿一天天衰竭下去，那是何等痛心！孩子经多科会诊得出一个可怕的结论：先天性骨髓受放射性辐照损伤。我们多无知呀！邓佩珍在怀孕期间还一直在做X—射线衍射分析实验，而当时又不懂得辐射线防护。送走了孩子，研究所对邓佩珍封锁了消息，停止了她的晶体结构分析工作。当时我正在开拓激光玻璃这个新的科研领域，就劝她参加。为了安慰她失去孩子的痛苦，我们想再要个孩子。1963年年底，我们又有了一个女孩，可三个月后，我们害怕了：因为这个孩子的病情和上一个孩子一模一样，医生也束手无策。这时中央批准建中国科学院光学精密机械研究所上海分所，专门从事激光技术研究，我们参加了分所的建设。1964年5月我们抱着孩子从长春来上海，一下火车就到上海儿童医院住院，带去了两个孩子的病历，可是，上海先进的医疗条件也无法挽救孩子的生命，孩子还是不到一岁就走了……我们绝望了，不敢再要孩子。我抱了我哥哥最小的还只一岁的侄儿作为我们的孩子。我们只能把悲痛融化到工作中去，埋头工作。邓佩珍这时作出了果断的决定，从原来有基础的光学玻璃领域转到新的激光晶体领域，她不希望和我在同一个具体研究领域工作，以免讲她的科研工作成果总是在我的领导和帮助下完成的。她是一个坚强的人。

以后的几年，我们全心全意投入科研工作，依然相互关心、帮助。在总结以往科研工作的基础上，我们皆有成就。邓佩珍发表于中国硅酸盐学报的《全氟化物光学玻璃的研究》一文被美国情报刊物 AD 全文转译发表；由我编写而她参与收集资料和写作的《光学玻璃》和《硅酸盐玻璃物理性质变化规律及计算》专著，分别于 1964 年和 1966 年由科学出版社出版。在激光材料这一新的领域中，仅迟于美国发表钕玻璃激光器一年，我们也发表了在钕玻璃中产生激光的成果。在《中国科学通报》英文版上发表的有些掺钕激光玻璃的结果还早于国外。那时我们都是三十多岁的人，用忘我的工作来消除自己的悲痛是有效的，但也带来我们一生的祸根：工作狂。

1966 年秋，“文化大革命”转入内部，我就失去了科研工作机会，被挂黑牌监督劳动，不能进实验室，不能进图书馆。但是科研工作是我的第一生命，为了我，邓佩珍偷偷地从图书馆借来我要看的书和期刊，使我晚上有了一点安慰。1967 年她又怀孕了，准备到上海妇婴保健医院去流产，那时正好老医生来看门诊，对三十多岁的人还不要孩子觉得很惊讶，把我也叫去问清原因，并负责任地查阅了两个孩子的病历，认为事隔已有五六年，可以生孩子。这样，1968 年我们有了第一个男孩。但是不久“文化大革命”开展“抓特务”，我以国民党、苏修、英国三重特务的罪名被当时“上海市革命委员会”批准隔离审查，被关了起来。当时家里有我的老母亲和两个孩子，小的孩子只有半岁，一家全靠邓佩珍一个人照料，靠她一个人的收入维持生计。她还是天天上班开展掺钕石榴石激光晶体研究。在那个时代我知道工作的可贵，“一个人不能工作，就是废人”这种理念埋在我们的心头。不久，我们又生了第二个男孩。我们爱孩子，家庭给了我们最大的温暖。

粉碎“四人帮”，结束了苦难的十年动乱，科学的春天到来了！我是一个不会做也不愿做行政管理领导的人。20 世纪 70 年代末上级委任我担当中国科学院上海分院和上海市科学院副院长，还兼任上海光学精密机械研究所所长，我个人认为是“历史的误会”。那时候拨乱反正政策要落实，科研工作要加速发展，国内外学术交流要恢复，真是忙碌，但我还是不脱离自己的科研业务。为了使激光晶体的研究深入，邓佩珍决定重建 X—射线衍射结构分析实验室。重新做这方面的实验要下很大的决心，这时已引进国外先进的设备，辐射防护也加强了。但她有过自身的不幸经历，推己及人，她从不让女同志和已婚尚无孩子的男同志参加。她深入地进行了激光晶体的缺陷形成机理和分布规律研究，并与工艺结合，开发了生长无位错的掺钕石榴石晶体的方法。她的研究成果获得国内人工晶体界的认可，并获上海市科技进步一等奖和国家科技进步二等奖(1988年),她均在研究人员中排名第一。

1982至1984年,我多次主动提出辞去一切行政领导职务,以后也再不担任行政领导。当时《光明日报》报道了我的辞职理由:第一,我不擅长做,也不喜欢做行政领导工作;同时我认为一个人在领导岗位上待长了会有问题,不是讲"能上能下"吗?第二,十年动乱中我丧失了中青年时期做科研工作的时间,我想弥补回来。第三,当时我五十多岁,还是壮年,我有条件可以带领和培养一批中青年科研骨干去开创新的科研领域。第四,我可以亲自总结自己的科研工作,写书、写文章去影响后人。1984年年底,领导同意了我的请求,我得以卸任一切行政领导工作和政治社会活动。这以后的二十多年来,我觉得实现了自己的愿望,这和邓佩珍的理解、支持和配合是分不开的。20世纪50至60年代是我科研生涯的第一个阶段,从事光学和光学材料研究;20世纪60至80年代,我主要从事第二个科研阶段的研究——激光和激光材料的研究;80年代开始,我想新开拓第三个阶段的工作,研究光电子技术和光电子材料,特别在信息光存储和光存储材料方面。从那时到20世纪末的这15年中,我承担了有关光数字存储技术、红外光通信技术和光子学等的国家重点技术攻关的"七五"、"八五"项目,中国科学院的"八五"、"九五"重点研究项目以及国家自然科学基金会的重大项目和重点课题;建立了研究开发队伍和实验与中试基地,获得了国家自然科学三等奖、国家科技进步二等奖、中国科学院科学进步一等奖等;培养出五十多位博士生,写作并出版了英文著作2本,编著了中文著作5本。我自己满意于在离开行政领导工作和政治社会活动后的15年中,做了自己想做的事并有所建树。

这15年中,邓佩珍同样开辟了新的可调谐激光晶体研究方向,采用独创的晶体生长新工艺,获得低位错、高掺杂浓度的大尺寸钛宝石晶体,具有高的激光效率和增益。该成果获1993年上海市科技进步一等奖,且排名第一;与其他单位的成果合并,获1996年国家科技进步二等奖,她的单位排名第一,她个人排名退让为第二。"九五"期间,她在研制大尺寸、高质量白宝石晶体和全固化钛宝石激光器的开发应用中继续作出贡献,并培养出博士十余名。由于我们的大专业是一致的,这15年中我们或者两人一起出国参加国际学术会议,或者她陪我参加国际学术组织活动,访问了二十多个国家。特别高兴的是我们合著出版了《激光材料》专著一本。在功能材料这个领域中,国内外学术界都熟悉我们。我们的三个儿子都受过高等教育,并在国内外都有所成就。中国科学院上海分院评我们为模范夫妻。这15年我们在科研生涯中得到许多欢乐。

21世纪开始,我们都快到古稀之年,都想退出科研第一线,辅佐年轻人来主持研究项目,我们也这样做了。"十五"开始,邓佩珍已65岁,该退休了,但国防科研的重点任务还指名要她做第一负责人,承担上千万元经费的课题。研究所要特聘她,周围的人鼓励她,但孩子们都反对。在矛盾中我自己也犹豫了,没有坚决反对,希望她接了任务后再渐渐退下。这样,跨进21世纪后,她继续白天黑夜忘我地工作,兢兢业业,怕完成不好任务。但年龄不饶人，那段时间她经常发愁，睡眠不好。一家人想了不少办法想把她拉出实验室。2002 年夏天，我们要去欧洲参加两个国际学术会议，然后去加拿大到小儿子家过暑假，目的就是为了让她离开工作一段时间。但没想到的是，首站到德国耶那(Jena)参加国际玻璃学术会议时，她已感到半身不适，有中风之兆，我急忙安排换机票回来。次日(我们返程的前一天)，会议节目委员会还要求我代邓佩珍宣读她的特邀报告《用时间分辨和高分辨率的格位光谱研究玻璃和晶体中镱离子($Yb^{3+}$)的弛豫过程》。会议在讨论中对报告作出了高度评价，认为这是国际上首次用激光光谱技术证实和解释了掺镱激光材料的弱浓度效应，可成为有前途的高功率激光材料。这是我们一生科研生涯中的最后一次合作。

邓佩珍病倒了，回国在医院治疗两周后，她的脑血栓病治愈了，大家都欣慰不已。但她却一直担心不能彻底治好，怕病会反复，发愁科研任务完不成，一直郁郁寡欢。我不理解她为什么会这样，医生告诉我，这叫“抑郁症”，老年人中风后常有，要我们转院治疗。可怜我对医学太无知，以为回家可休养吃药，这样她的病日益严重。她总想着她的病好不了了，常念叨“不能工作就是废人”，走了算了。2002 年秋末，她才进了精神卫生中心。医疗才使她暂时忘记一切，包括她最关心又最发愁的事——科研工作。

2003 年年初邓佩珍出院，开始了漫长的治疗恢复的五年。“老伴老伴，老了要伴”，我要一直陪伴她。我不能去参与具体的科研任务了，就想在家做一些自己喜欢的事——比如中国古代玻璃的研究。我在 2005 年出版的《中国古代玻璃技术的发展》一书的序言中写道：“我一直是中国古代玻璃的热心者和业余爱好者，但是半个多世纪来主要从事现代玻璃和高技术玻璃的研究。古稀之年想分出一部分时间来研究中国古代玻璃，以了自己的心愿。”我陪伴着邓佩珍，同时在家看书、整理资料、安排实验、撰写文稿，两年完成了书稿的撰写，开始了我科研生涯的第四个阶段工作。医生劝邓佩珍去学习绘画、写字、唱歌、弹琴，可这些她年轻时有的擅长的事，现在却已毫无兴趣，只得允许她参加一些熟悉的事——科研活动，提高她的信心，但不能再卷入科研项目工作。这四年来，邓佩珍就在我的办公室，帮我做些照片的电脑编辑，逐渐地看一点业务书。2005 年，她还给“全国稀土材料和应用”的总结报告写了“稀土元素在光学和激光材料中的应用”一文，综述了几十年来在长春光机所和上海光机所有关的研究工作。邓佩珍也常到研究室去看看，她的学生——研究室负责人向她汇报项目工作进展很好，研究室有新的发展，她听了很开心。这几年我还在国内外参加一些学术活动，邓佩珍也一直陪伴着我。2004 年我们一起去埃及进行古玻璃的考察和交流，一起去英国爱丁堡参加 14 届国际玻璃大会，在会上我获得了国际玻璃协会的终身成就奖。2005 年我们又一起去英国和丹麦考察，每次去英国，我们总要花一天多时间在伦敦大英博物馆收集资料，她帮我照相和录影。我们又度过了一段短促和快乐的科研岁月。

2005 年年底，我生病住院了，邓佩珍很自信能独自一个人生活，还来医院看护我，我也高兴地认为她的病已快痊愈了。我对她的照管少了，她也更多地卷入了业务工作。2006 年国家“十五”计划结束，当她知道她承担下来的重点课题项目没有能完成，这几年的科研成就很多是虚假的时，她心碎了。研究所领导又一次希望她再出面恢复工作。我劝她：你已离开岗位好几年了，不必再揪心，我们就这样平静地生活吧！然而规劝终究无用，她又一次认定，“不能工作，就是废人”。为减轻我的负担，她就这样匆匆别我而走了，结束了我们共同的科研生涯，我也只得再一次把悲痛融入我的科研生活中，继续工作，去走完我们的科研苦旅。

在上海光学精密机械研究所光存储实验室指导研究生(2002 年)

诚信为做人之本

勤奋为成功之道

干福熹

丁亥年正月初一

## 简介：

1933年1月19日生于山东龙口。作物生理学和作物栽培学专家。1954年毕业于山东农学院。1962年获苏联科学院植物生理研究所生物学副博士学位。1995年当选为中国工程院院士。曾任中科院西北水土保持研究所副所长，第九届全国人大代表。

## 主要成就：

中国旱地农业的学术带头人。长期从事作物抗旱生理和旱地农业研究。曾主持国家、省(区)及国际合作课题多项，在提高半干旱地区农田降水利用效率综合技术途径，有限水高效利用的生理生态基础方面做了系统的工作。现致力于植物整体抗旱性、节水农业生物学和中国半干旱地区农业发展战略方面的研究。曾多次获国家级和省部级奖励。2001年获何梁何利基金科学与技术进步奖。

# 山　仑：
# 母恩难忘

在我心中，祖国和母亲是两个最感人的称呼，最神圣的字眼。母爱是世界上最无私的爱，也是最伟大的爱。母亲对我的影响是终生的。

我六岁那年爆发了抗日战争，家乡山东黄县县城遭到日本飞机的多次轰炸，我虽然住在乡下外祖母家里，也感受到了战争的恐怖，但同时也产生了一股恨敌人和爱祖国的感情。我的爱国思想的最初形成还直接受到母亲的影响。抗日战争前，有高中文化的母亲在县城一个小学里教高年级的数学和语文，她刻苦努力，认真负责，教学质量很高，在同行中颇得信任，几个学校争着聘任她。胶东地区被日军占领后，母亲就不再去学校教书了，因为学校课本中有了亲日的内容。从此，家庭经济陷入困境，但母亲宁肯借债，变卖家具，也始终坚持不去学校教书。我记得有一年冬天，外祖母家里我的那个心爱的衣柜也被人家抬走抵债了，我还为此大哭了一场。后来因生活所迫，实在不得已，她曾带着我做过一个时期的家庭教师，我们母子吃住在他人家里，她教这家人的几个孩子，也顺便教了我，课本由她选定。这样一直坚持到1949年新中国成立后，她才又重新走上教育工作岗位。母亲的爱国心，加上在日本人统治期间目睹的一切，使我产生了一种强烈的反日爱国情绪，在这种情绪支配下，我竟然在初中一年级上日语课时在一张纸条上写下了“打日本”的口号，纸条不慎丢失，曾使我几天之内惴惴不安。由于仇视日本而不愿意学日语，所以日语成绩不好，有时不及格，但母亲为了给我补习日语，自己上了日语夜校，居然成绩很好，名列前茅，最后以优异的成绩结了业，还免收了学费，然后再辅导我的学习。在这个问题上，母亲是分清了语言和侵略是两回事的道理还是为了儿子的学业不顾及其他，这我并不清楚，但至今仍使我感动。

母亲十分爱我，我也爱母亲，熟悉的人说，都多大了还往你妈怀里钻。在我记忆里，她性情急躁，做事认真泼辣，不甘落后，对人十分诚实和宽厚。她教育我和我大哥的思想大体是“不受苦中苦，难成人上人”。反对我们走“从政”、“经商”之路，极力主张通过发奋读书实现“成名成家”。按现在的思想标准，这种教育“路线”也许有些问题，但在这样一个旧社会知识女性身上，更多地存在着勤劳、善良、进取等品德以及一颗拳拳爱国心。

抗日战争结束后，人们也有过一段兴奋的日子，但很快就被失望所代替。大概主要由于当时所处的经济地位及其“善良”、“正直”的心灵所决定，并非是什么“政治态度”，母亲对国民党的腐败统治极为不满，盼望着社会变革，盼望着解放的到来，可能也与受到父亲一个好朋友我们叫他二叔的宣传与影响有关。我记得，1948年秋季，母亲曾单身一人去了青岛附近的兰村，想投奔解放区（直接起因是和父亲吵了一架），也许是遇到困难，也许是舍不得孩子，第三天又一个人回来了，她一进家门，我高兴得几乎蹦了起来。新中国成立以后，母亲很快接受了党的各种主张，积极加入了街道妇女工作和扫盲工作，后来还曾以街道妇女代表的身份出席了青岛市第一届妇女代表大会，并当选为执行常委。但是，在一个时期里，她却不同意我申请加入党团组织，至今说不清具体原因，也许因为党团员要处处带头怕我出什么“危险”，也许有违于她所理解的一心想让我通过“发奋读书”之路成名成家的初衷。不过，她从不同意我参加党团组织到后来自己积极申请入党，肯定是经历了一番思想变化。新中国的建立确实给母亲带来了幸福。这种幸福首先不是物质上的，而是对绝大多数人来说，一个真正平等和公正的社会来到了。照她的话说，这是一个“老实人”不吃亏的社会。

希望和现实总是有距离的。母亲后来成了一家小型工厂职工文化教育方面的负责人，她工作十分卖力，并递交了入党申请书，要求入党，但始终未能如愿。我也感觉到，一段时间里她工作并不很顺心，过去我从学校回到家里她总是愿向我说起工作中受他人帮助和支持的事，以及其他使人开心的事，而在这期间她不再说这些了，从话语里感觉到她受到了什么委屈，受到某种不公正的待遇，但具体事情她从不提起。我参加工作后，一次来信中她表露出工作不顺，身体不适，有了“退职”不再工作的想法和打算，我还回信以批评的口气鼓励她继续干。因为那时在我看来，不想工作就是不想“革命”，现在想起来真有些后悔。

母亲好胜心强，处处想带头，事事要做好，“大跃进”期间工厂分配她负责工人们的技术革新工作，她并不懂技术，很为难，但仍千方百计地想办法去推动这件事情。1958年我妻子郭礼坤一个人回青岛生孩子，母亲一方面积极参加“大跃进”，还要照顾我妻子的生活，十分忙碌。那段时间婆媳关系处得很好，在相互关照中打下了牢固的感情基础。产后一个多月我妻子回郑州“黄委”工作，一段时间后由于要长期到试验基地工作，实在带不了孩子，又把儿子送回青岛母亲家。1959年年初我去苏联学习，按当时规定国内就不发工资了，生活上出现了一些困难，这期间，婆媳在相互照应中更加密切了感情。1960年我回国休假看望母亲时，她曾对我说：“如果我病重，谁也不叫，就叫礼坤回来就可以了。”当时我有点伤感，但并不认为会发生这样的事。后来果真就是大哥山昆和我妻子给她送的终。

说起1960年夏季从苏联回国休假探亲的事，我至今仍记忆犹新。刚到家后见到母亲我真的有点吃惊，她明显消瘦了，神态显得很疲惫。当晚她给我做了面条，煮了又煮，说这样耐饥，然后就到工厂夜校教课去了。回来时已经很晚，她已经很累了，我劝她也吃点剩下的面条。第二天一早，母亲对我说，昨晚回来吃了点饭，感觉好多了。母亲的明显消瘦可能有两个原因，一是在这期间外婆去世对她的打击（她因没照顾好外婆而自责），再就是工作劳累吃不饱肚子。当时十分繁忙，白天工作，晚上还要加班，为节省粮食她有时一天只吃一餐，工厂食堂有时供应一点好吃的，她都舍不得自己吃，带回家留给孙子。就是在这种境遇下，我从没听到她对社会有什么怨言，最多是对某些人的不满。有一天她问我，我们遇到这么大的灾害和困难，苏联老大哥为什么不来帮帮忙，给点援助？两家有什么不和吧？我在苏联学习当然知道些情况，但因受过“保密”教育，所以也只能对母亲说，没有什么问题，两家关系正常，掩饰了过去。就是在这一次，她提出如果自己病重怎么办的打算，可惜我当时虽也意识到她身体状况不好，但未能采取什么措施，如陪她去医院做检查等，只是回苏联途中在扎兰屯车站向大哥报告了这个情况。这次休假时间不长，还要回原单位看看，到妻子那里住些天，所以陪母亲的时间就更少了。尽管这样，那次母亲对儿子最后的关心和爱，我至今难以忘怀。她和我一起去剧院看电影，一起去商店买高价点心，尽量做我喜欢的饭菜，鼓励我不要挂念她，以及要努力学成回国的嘱咐……这一切仿佛还在眼前。

没有想到，我回到苏联后不久，1961年春季她就去世了，年仅50岁。后来父亲和大哥告诉我，在我走后母亲身体一直不好，但仍事事带头，一次天下大雨，她从数公里外拉架子车回工厂，途中摔倒不省人事，后被送到医院。医生严厉地说：“这样的身体还能拉架子车?!”经检查，母亲由于长期营养不良和工作劳累，患上了急性肝炎等多种疾病，后因胆道蛔虫做手术并发了败血症而不治身亡。母亲去世后，家人从她床下发现还存有不少当时看来算是珍贵的面粉、白糖等食品，以及相当数量的本地和全国粮票。母亲啊！你为什么不用这些东西来保护自己的身体，来挽救自己的生命呢？你要留给谁呢？我想，这不只是母亲一个人的行为，而是体现了善良的中国母亲、中国女性的共有品德。说到这里，我觉得应当告诉大家，我的母亲叫李文，一个普通中国妇女的名字。

母亲的思想品质对我的影响是终生的，如果说我后来事业上取得一些成功有当年自己的努力作铺垫，那么，母亲留给我的忍耐、正直、向上等品德，则成为我终生享用不完的财富，使我在后来的学习和工作中能够勇敢地面对困难，能较宽厚地待人，公正地处事。尤其是她赋予我的爱国心，凝聚成诚挚的事业心，促使我在后来的科学事业中一路攀登。

在倡导与实施黄土高原旱地农业研究等道路上，我曾遇到不少曲折和困难，在此期间有多次调往大城市工作的机会，我都放弃了，原因是，我认为看准了的事情就要坚持，这种执著的事业心最初是由母亲赋予我的。

在工作集体中和在社会上，我有一种较强烈的平等观，我不认为自己一定比别人高明，在研究组里，我引领方向，但涉及具体研究内容和技术，我可能不如其他同志；在社会上我是一名科研人员，但我需要多种服务，都是其他人的劳动在起作用，工作和生活中大家谁也离不开谁。这种朴素平等观所表现出的谦虚不是装出来的，而是一种自然感受，是自觉不自觉遵守的原则。在我的记忆里，母亲一直就是这样处事待人的。

我曾长期主持过研究所职称的学术评审工作，管理部门不想轻易调换，说我比较公正。确实，在处理这类问题上我是有原则的，总结一下大体可概括为十二个字，那就是“不拔高，不贬低，不唯亲，不记恨”。母亲不是一个完全没有私心的人，但决不做损人利己的事，她自己是这么做的，也教育我们这样做。

母亲已经逝世五十多年了，我也是 78 岁的老年人了，但我仍然深深地怀念着她。

在古巴(1971年)

我们应当倡导科学精神。科学精神是一种实践精神。作为一名农业科技工作者应坚持在科研第一线，掌握发展趋势，了解农村的实际，要亲自调查，亲自动手。科学精神还应包括团结、协作精神，科学精神最重要的是要有一种勇往直前、不怕困难甚至不畏牺牲的奉献精神。

山仑

2004年4月13日

## 简介：

1933年5月13日生于浙江湖州。热能工程专家。1955年毕业于上海交通大学动力工程系。1957年上海交通大学研究生毕业。1980至1982年美国迈阿密大学访问教授。1995年当选为中国工程院院士。曾任中国工程热物理学会副理事长。

## 主要成就：

在气液两相流体力学方面所建两相流孔板流量计算式被国际上推荐为同类最佳式，称林氏式。在沸腾传热学方面，创立了国际上第一个脉动流动时的沸腾传热计算式。在多相流测量领域，首先解决了用一个元件同时测定两相流量和组分的国际难题并得到专利和应用。1989年获国家自然科学奖三等奖。

# 林宗虎：
# 怀念母亲吴锡珍

每当"母亲节"来临之际，我总想写一篇短文来怀念母亲她老人家，因为人世间她是最爱我的，也是我的最爱。但总因琐事而未能如愿。在她逝世30周年，又是她110周年诞辰之际，我下决心要写一篇纪念短文来寄托我深切的思念。

母亲名叫吴锡珍，生于书香门第，年长父亲两岁。她在19岁时按父母之命嫁入林家。婚后次年即生下大姐，此后，一共生了十个子女。她的生育过程很富戏剧性，按工程术语是分批生产，第一批连生五个女孩，第二批再生五个男孩。当然，在当时以祖父为核心的重男轻女大家庭里，这样的生育程序对她形成的压力和烦恼是不言而喻的。我是在她的第一个男孩亦即我哥哥患脑炎幼年夭折后出生的，因而倍受珍爱。为了期望我健康成长，为我取名时加了一个"虎"字。母亲产后缺奶，子女都是请奶妈来家带大的。因此，家中除了一群子女外，还常有好几个奶妈和保姆，形成了一个不小的家庭。好在祖父家境殷实，父亲又是高级职员，收入颇丰，所以在经济上还能应付过去。

母亲身材修长，端庄秀丽，富有大家闺秀的风度和气质。她慈祥、稳重、公正、宽容，是全家的主心骨。在她的精心操持下，家中人数虽多，但在任何时候都井井有条，保持着一种和睦、团结、亲切、温馨的气氛。

她虽是一位普通妇女，但处事坚强果断，乐观向上。我懂事以来就从未见她愁眉不展或伤心流泪。

1937 年日寇将要侵入故乡浙江南浔时，母亲决定独自带全家赴沪避难并与父亲在沪会合。我们经乡村小道再乘船赴沪。一天路宿农家时，恰逢太湖强人晚上前来拦劫。强人一路奔来，一面大声追问："林家在哪里？"弟弟天真，正想答应，母亲机智地一手掩住他口，不让出声。这样，总算逃过一劫，平安抵沪。

当时，日寇在沪尚未占领租界，我们就在法租界海格路（现称华山路）大胜胡同的一幢楼房内安顿下来。大胜胡同是一条西式里弄，原为比利时人的产业，建成于 1937 年，现今被评为上海市优秀历史建筑。全上海称为胡同的里弄可能也仅此一条。我们从南浔住的明朝建筑迁入全盘西式的新居感到十分新奇。这里有电话、煤气、水汀、冰箱及全套卫浴设备，使母亲大开眼界，十分高兴。

我的幸福童年、多彩青少年时期都是在那里度过的。后来这里就成了我们沪上的老家，至今，弟弟还住在那里。

大胜胡同是我住得最长的地方，也是我承欢父母膝下最久之处。在那里可以勾起我一系列对往事的回忆。

我们幼时，社会上尚未开设幼儿园，因而学龄前教育就由母亲和姐姐们承担。当时学的是方块字。所谓方块字就是在一正方形纸片上，一面印有一个正楷汉字，另一面印有表明字意的精美图画。如果将字忘了，翻过来看图画就能帮助你回忆起来。在母亲等的循循善诱下，我们进步很快，我五岁时就读小学一年级了。

在我童年的回忆里，母亲每天会在深更半夜时照着手电从二楼轻轻地到四楼卧室来探视我们。她为我们盖好散落的被子，抚摸一下我们的小脸，然后又悄悄地回去。当我们在半醒状态感到慈母的爱抚时，一股幸福的暖流便会缓缓地从心底升起。

八岁时我不幸染上了白喉并迅速传给了两位弟弟。这时，恰逢父亲失业，真是"屋漏偏逢连夜雨"，但父母不顾高昂的出诊费用仍请了沪上名中医徐小甫先生多次出诊看病。当时家庭几乎成了医院。父亲忙着煎药，母亲仍指挥若定地操持家务。在我们眼中看不到惊慌，得到的只是爱抚、安慰和精心的治疗。一段时间后，这原本应由西医治疗的疾病竟然经徐医生妙手回春用中药治好了，并且不带任何后遗症。这是我们至今染上的唯一一次致命疾病，所以对父母当时的无私厚爱印象特别深刻。

自我家定居上海后，家乡一些亲友来沪时常寄住家中，有的往往一住几年，但父母为人宽厚，不仅热心接待还不时为他们介绍工作。母亲十分注重清洁卫生，由于家中来客较多，为了避免疾病传播，家中用餐都采用“公筷制”。这一卫生文明的习惯在我后来建立的小家中也一直沿用至今。

父母是比较开明民主的，他们尊重子女的人格和意见，因而作为他们的子女是自由快乐的。除小学外，他们从不强行检查我们的学业，中学、大学、专业、工作、婚姻等大事都尊重我们的意见，由自己选定。甚至在新中国成立前大姐远赴解放区参加革命这样的大事也由大姐自己做主。这样就及早有效地培养了我们尊重他人的意识和独立工作的能力。他们用平时的教育和自身的榜样引导我们懂得如何做人。其结果是随他们长大的七个子女个个都学有所长，都为社会作出了应有的贡献。以我们四个男孩为例，两位留美、一位留苏，都是国家的教授，最小的弟弟也是国家正局级干部。在他们的影响下，我们各自的小家也均洋溢着不强迫命令、相互尊重与亲切和睦的气氛。凡事可多商量，但最后自己的事要自己决定。

我的中学是上海著名的天主教学校圣芳济中学，该校的特点为在新中国成立前除公民和国语两门课外，全部采用外文原版，并由外国神职人员等用英语讲授。因而使我有机会读了不少国外原著作品，其中美国著名作家 Washington Irving 在其名著 *The Sketch Book* 中有一段描述妻子的文字给我留下了深刻的印象。他将丈夫比做一棵刚直的大树而妻子就像蜿蜒盘绕在树上的青藤。平时两者依偎着生长，一旦狂风劲吹，大树摇摇欲倒时，蜿蜒的青藤就会尽其所能扶持大树不让其倾倒。我觉得这正是对我父母当时的恰当写照。那时正值上海解放前后，物价飞涨，社会动荡，父亲经济也陷入了困境。此时，母亲就义无反顾地取出全部珠宝首饰供父亲去变卖或抵押以维持家用。父母的关系确实就像树与藤一样，相互扶持，费尽精力将一个庞大的九口之家支撑起来。好在不久姐姐们也先后参加了工作，她们都尽力资助家庭使之度过困境。新中国成立前上海曾有一份著名的报刊称为《申报》，设有奖学金用以资助优秀学生，但需通过严格考试获得。看到家中的困境，我也想出一分力，就去报名应试。考试是在大同大学进行的，结果一考通过，全家非常高兴。这样，一面检验了我自己的学业成绩，一面又解决了高昂的学费。

母亲待人宽厚大度。对待保姆和奶妈也不例外，每当她们中年轻的结婚，母亲总备上一份厚礼，对稍有私心为自己积攒一些食油等琐事的，母亲发觉了也从不提起。她常说人无完人，用人就要信任和宽厚，不要追究琐事。因而我家与保姆的关系一直很好。“文化大革命”中，父亲单位的造反派去旧时保姆处调查父亲材料时，竟无一人说我家坏话。家中有一位无亲可靠的奶妈就一直在我家工作到老。最后由我们负责将她送入养老院养老，一直到 101 岁去世。平时，在沪的弟弟们常去看望或将她接回家中过年，就像对待家人一样。

1957 年，我随交通大学迁到西安工作后，与母亲的接触就少多了，只能书信问候。好在我常回上海出差，所以每年还能见到。她爱吃符离集的烧鸡，我每次回沪，车经符离集时总下车带两个回家。有次回沪，列车晚点，一直到下午二时半才到家。母亲早在等候了，见我尚未午餐，就亲自下厨为我做了香肠蛋炒饭和紫菜虾米汤。她将午餐放在餐桌后就坐在对面看我用餐。我偶尔抬头，就看到母亲正笑眯眯地看着我。她眼中流露出来的慈祥、欣慰、充满爱怜的目光深深地打动了我。这目光是与生俱来的伟大母爱的自然展示，使我终生难忘。我也不由自主地微微一笑。我们母子之间瞬间的情感交流所带来的幸福和快乐也只有我们自己才能体会到。那时我国正值20世纪60年代的困难时期，普通香肠实属来之不易的珍品。不知是由于腹中空虚还是母爱的感动，这四十多年前的普通一餐，却成为我至今享用过的各类宴会和美味佳肴中印象最深的美食。

随着岁月的逝去，子女们都逐渐走上了工作岗位，家里经济情况也日益好转。每个子女都自觉地按月寄家用给父母，并且约定不将小孩在父母家寄养以保证他们安度晚年。

母亲信佛，每天有一定时间念《金刚经》以期保佑全家平安幸福。有一次我在晚春时节回沪，母亲想去灵隐寺进香。那时母亲已62岁，父亲尚在工作。我和母亲略做准备即乘火车前往杭州。我们在西湖边的湖滨饭店要了一间向湖的客房。安顿后两人就在湖滨漫步。母亲年轻时来过杭州，所以尚有模糊印象。我们边走边谈，春风微拂，湖光山影，使人萌发出从未有过的快乐休闲心态。次日一早，我们便雇车去了灵隐寺及其他景点并在“楼外楼”用餐。回程时购了不少小礼品用以分送亲朋好友。母亲十分高兴，她觉得有孩子陪同专门出游是人生一大快事，而我也感到能使母亲高兴是我最欣慰的事情。

父母之间的相互关爱、相互尊重的品德永远是我们学习的榜样。父亲爱吃湖蟹但嫌麻烦，母亲每当湖蟹上市时，总耐心地为他准备好去壳的蟹粉和蟹油。母亲爱尝醉蟹和糟蛋，父亲下班回来时常带些回来。他们相互扶持，同心协力，在战争不断的年代里为抚养子女长大成才所付出的努力和代价是难以想象的。但他们做到了，他们用自己的爱心、信心、恒心和毅力做到了。这就是他们的伟大之处，是值得我们尊敬、学习和永远怀念的。

父母对我们无私的恩和爱是绵长、厚重与无法比拟的，是永远道不尽的，也是无法报答的。这种爱涓涓滴滴地渗入我们的血液中，丝丝入扣地长在我们心头，使我们经常怀念，终生难忘。

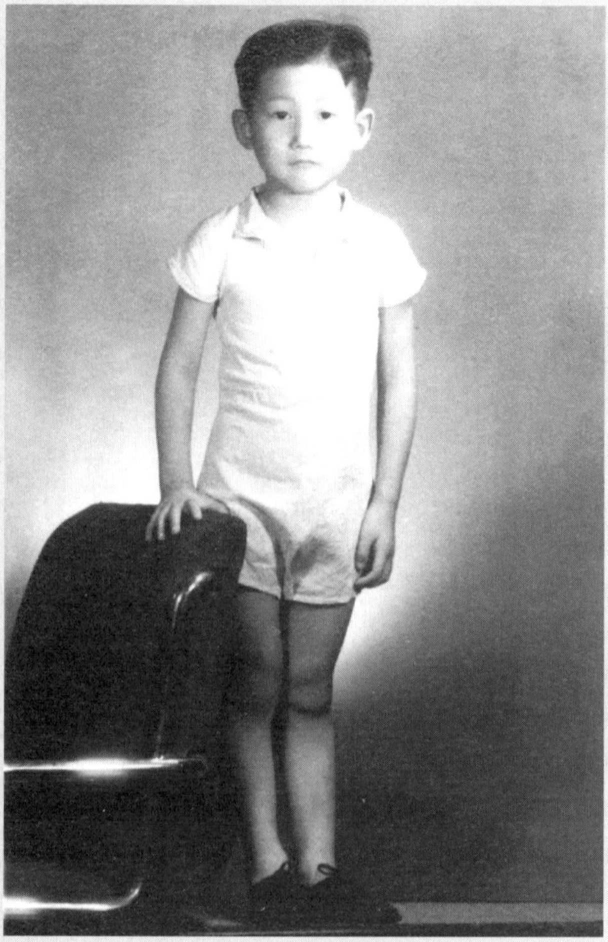

童年(1938 年,上海)

理想 勤奋 创新 健康

是人们成才的必要条件

林宗虎

2004年12月

## 简介：

1935 年 10 月 11 日生于江苏吴江。地热和水文地质学家。1956 年毕业于北京地质学院水文与工程地质系。1962 年获苏联莫斯科地质勘探学院副博士学位。1979 至 1981 年在美国弗吉尼亚理工大学和美国地质调查局分别担任客座教授和高级访问研究员。1995 年当选为中国科学院院士。2001 年当选为国际欧亚科学院院士。曾任国际地热协会(IGA)主席团成员，国际热流委员会(IHFC)委员。

## 主要成就：

长期从事地热理论和应用研究，在大地热流、深部地热、岩石圈热结构及热演化、地热资源、油田和矿山地热方面取得创造性的成就并建立起中国地热研究体系。

# 汪集旸：忆我的父亲母亲

我出生在一个知识分子家庭。父亲 20 世纪 30 年代毕业于苏州东吴大学经济系，但由于种种原因当了一辈子会计。母亲毕业于苏州女子师范学校，毕业后在我家乡江苏省吴江县(现为县级市)严墓(今铜罗)镇中心小学教书，并担任过一任校长，1937 年抗战爆发后我父亲机关(两浙盐务管理局)撤退到云南昆明后就再也没有教过书。由于我母亲是学师范出身，因此对子女的教育十分重视。记得在昆明上小学前每天下午她都要教我认方块字(大概有 100 多个吧)，然后带我到附近的翠湖公园散一圈步，还给我买一个烧饼以资鼓励。大概在我五岁左右，她就教我读《古文观止》里的一些名篇，记得第一篇念的就是陶渊明先生的《桃花源记》，我虽不太清楚其内容和含义，但对其中描写的那种世外桃源的景色仍记忆犹新。其他名篇还有《五柳先生传》、《捕蛇者说》等，其中《捕蛇者说》里的“苛政猛于虎”一句在我幼小的心灵中留下了很深的印象。

抗战时期的昆明有点像小上海，电影院很多，两家最大的影院“南屏”和“大光明”就在我家附近。因此放学回家的路上我总要去看看电影院门前的海报和广告，只要有新片就想去看。我父亲毕业的东吴大学是一所教会学校，他英文很好，思想很开放。他对子女的教育也很重视，只要有好的电影他一定带我去看，遇到英文原版大片他还给我作讲解。记得那时我最喜欢看的是美国原版“泰山”系列片，从《人猿泰山》、《泰山情侣》到《泰山得子》、《泰山到纽约》等，不但一饱了眼福，还从中开阔了眼界，学到了不少东西。

父母的教育对我影响最大的是：一个人从小就要勤奋学习，并诚信做人。抗战时期的昆明战火纷飞，经常有日本飞机来轰炸，受到空袭。为躲警报我家曾随父亲机关（云南盐务管理局）内迁至大理、洱源，生活很不安定，但只要一安定下来母亲的第一要务就是给我联系学校，有时候还在家亲自执教。我的数学天分不算太好，小学高年级四则运算中的“鸡兔同笼”题我老是做不出来，这时父母亲总是耐心讲解，直到我彻底弄懂、理解为止。至于诚信做人也有切身体会，小学时有一次母亲带我到表哥家去玩，我看见他家的一把水果刀很好玩，于是就偷偷带回家，母亲发现后狠狠地教训了我一顿，并一定要我亲自将水果刀送回表哥家且赔礼道歉。除严格要求外，父母对子女的爱抚之心真是无处不在，时时事事都能体现。兄弟三人中我是老大，记得20世纪50年代初我上大学时，我大弟上中学，小弟上小学，可以想象一个工薪家庭三个孩子同时上学负担之重。但我母亲总是能将家里弄得干干净净、井井有条，让人十分舒适。她对子女的穿着不太讲究，只要干净、整齐就可以，但对子女的饮食、营养十分注意，认为身体健康是第一位的，还常说“药补不如食补”。她自己是上海浦东人，做得一手好浦东菜，还经常包浦东大馄饨给我们吃，从中我也学会了包馄饨。1981年，我结束访美生涯回国前夕，在美国地质调查所（USGS）的告别PARTY上还露了一手，包了各种馅（甜、咸）和不同做法（油炸、水煮）的浦东大馄饨，吃得美国同事们赞不绝口，津津有味。我总觉得人一辈子小时候父母教育是第一位的。古代“孟母三迁”的故事和近代“傅雷家书”的启迪都说明我国在这方面有很好的传统，也许这也是我国自古以来人才辈出和中华民族文化得以传承的因素之一吧！

在苏联全苏农业展览馆广场上(1960年)

科學是沒有平坦道路可走，
只有孜孜以求、不懈努力，
才能登上高峰并作到
科学上的“真、善、美”。

## 简介：

1936年5月9日生于浙江平湖。光电工程专家。1958年毕业于哈尔滨工业大学铸造工艺和设备专业。1995年当选为中国工程院院士。

## 主要成就：

中国自适应光学的开拓者和奠基人。在自适应光学和光束控制两方面均作出重大贡献。1979年在中国开拓自适应光学研究方向，建立整套基础技术并主持研制多代具有国际先进水平的自适应光学系统，成功应用于高分辨率天文观测、激光核聚变光束控制、光波大气传输校正、活体人眼视网膜细胞超高分辨率成像等领域，使中国在此领域的研究跃居世界先进行列。1994年和1997年两次获国家科技进步奖二等奖。

# 姜文汉：
# “成就和荣誉中有你的一半”
## ——记我的爱妻凌宁

“我还有很多事没有做完，等我病好了，我们一起做吧。”这是我的爱人凌宁在2007年5月突患脑梗塞昏迷两周清醒过来后，对陪护她的研究生说的话。结婚46年来，在生活上，我们相濡以沫，经历了风风雨雨的考验，坚强地挺了过来；工作上，她始终给我坚强的支撑，不仅在遇到困难时给我以支持和鼓励，而且在创立我国自适应光学学科中，以坚强的毅力刻苦攻关，掌握了自适应光学系统的核心器件波前校正器的整套工艺，保证了许多自适应光学系统的顺利研制。可以说，我在自适应光学研究方面的成就，一半应当归功于她，真是“成就和荣誉中，有我的一半，也有她的一半”。

我们是大学同班同学，1958年从哈尔滨工业大学铸造工艺和设备专业毕业后，一起被分配到中国科学院长春机械研究所工作，后来又一起随研究所的合并，进入长春光机所。在工作中渐渐产生感情，她认为我工作积极努力，能力很强，为人老实正派。

那是个讲究出身成分的时代，她是烈士子弟，而我却出身不好，从我们开始谈恋爱，就有人反对，1961 年，她顶着很大的政治压力和我结婚。婚后不久，就遇到“四清”运动和“文化大革命”。运动中她就以阶级立场不稳，成为重点挨整的对象。“四清”中，她怀着孩子，反反复复写检查，就是不能通过。“文化大革命”期间，在“四人帮”东北代理人的指使下，一场腥风血雨的灾难降临到长春光机所，“造反派”用残酷的逼供手段，使几百人莫名其妙地被打成特务。她也在劫难逃，遭受连续一个多月 24 小时不间断的轮番审讯，被粗电缆(就像渣滓洞中用的“裹着橡胶的钢丝鞭子”)抽打，关在小笼子里，整整折磨了将近一年。期间，她也想到过自杀，但想到如果自杀了，更大的灾难会落到我的身上，怀着对党的信念和对我的挚爱和牵挂，她最终坚强地挺过来了。

1968 年，带着“事出有因，查无实据”的搪塞性结论，她终于可以回家了。可不久又来了新的折腾——全家“上山下乡”，1969 年年底，冒着东北三九时节的隆冬严寒，我们带着两个老人和两个孩子，来到吉林省长岭县的农村。住在老乡当年新打的又经过半个冬天已经冻透的土坯房里。她还是以很大的热情投入“向贫下中农学习”的活动，带着浑身伤痛，积极参加各种农事活动，为生产队出谋划策，尽力想改变农村贫困的面貌。每天清晨挑着粪桶，挨家挨户收集肥料。尽管那时政治运动仍然不断，由于远离了所里，我们在农村这个“世外桃源”，总算也过了两年相对平静的生活。

1971 年，由于三线建设的需要，我们全家来到四川大邑县深山沟里，建设新的研究所(即光电技术研究所的前身)，经过了几年脱离科技工作的生活之后，重新有了从事专业工作的机会，我们都以满腔热情投入了新所的建设和科研活动。在粉碎“四人帮”后，科技工作开始受到重视。为了迎接即将到来的“科学的春天”，1977 年，中国科学院组织制定科技发展规划，我也有幸参加了规划的讨论和制定。当时国外光学界刚刚出现一个新的学科——自适应光学。我在规划会上提出了这个新的研究领域，并列入了规划。

光学系统无法克服动态干扰的影响，是几百年来没有解决的老问题。许多光学系统特别是大型望远镜，其性能受限于大气湍流的动态干扰，这是困扰光学界和天文界的老问题。自适应光学就是用实时测量——控制——校正光学误差的方法，克服动态干扰对光学系统的影响，使光学系统在动态干扰的环境下，始终保持良好性能。由于光学波长短，光学干扰变化速度快，自适应光学无论在精度和速度方面都有严格的要求，难度很大。事实上自适应光学的概念早在 20 世纪 50 年代就已经由一位天文学家提出了，但由于缺乏技术基础，二十多年没有实质性的进展，直到 70 年代中期才开始付诸实现。

虽然自适应光学已经列入 1977 年制定的规划，但之后的两三年中，没有人开展这方面的工作。1979 年我在结束一项光学设备的研制后，就想是否可以开始进行这方面的研究。但是自适应光学是综合光、机、电、计算技术和材料的多学科的新技术，与我原来从事的工作有很大差异。不仅国内没有人搞过，国际上也只刚刚有几篇文献报道。做这样基础性的工作，难度大，很可能长期出不了成果而坐“冷板凳”，因而有一些犹豫。

这时我得到凌宁的坚定支持，她给我分析说：“你知识面广，接受能力强，又肯下工夫，一定能够很快适应工作。这项工作尽管短时期内出不了成果，但是国家肯定是需要的，虽然有风险，为国家开辟一个新学科，这种风险也是值得冒的。”在她的支持下，我下定决心，组织几位同志，在所里支持下白手起家，开始了自适应光学的研究。

自适应光学系统包括波前传感、波前控制和波前校正三个主要部分。其中波前校正器有变形反射镜和高速倾斜镜两类，这种新型反射镜，一反光学镜面追求稳定不变保持高精度的传统，要在外加电压控制下能动可控地改变面形和方向，而且精度要达到几十纳米，反应时间要小于毫秒。这是非常富有挑战性的任务，国际上把这种镜子称为“魔镜”，当时也只有一两家能生产，而且从产品到技术对我国严格封锁。我们的队伍组织起来半年后，还没有人敢于挑此重担。而要搞自适应光学，没有这种关键器件只能是纸上谈兵。

这时我动员凌宁来挑此重担。这与她原来的经历相差很大，她在学校里学的是铸造工艺和设备，工作后主要搞机械设计，对她来说研究波前校正器是全新的工作，一切都要从头开始。她理解我为缺少这一关键技术而着急的心情，毅然答应了我的要求，开始了艰苦研制波前校正器的工作。压电陶瓷是波前校正器的主要驱动材料，她从头开始学习压电陶瓷的知识，建立压电陶瓷性能测量设备，从众多的压电陶瓷型号中筛选出适用的型号；胶结又是必需的工艺，她深入钻研，做了大量试验，得到了合适的胶结剂配方；她学习光学测量的知识，建立起波前校正器性能的全套测量设备。她与同志们一起，反复摸索，建立起制作波前校正器的全套工艺和设备。经过几年的努力，终于研制出我国第一块变形反射镜和高速倾斜镜，并且在自适应光学系统中闭环成功，取得波前校正的效果。

在研制过程中，遇到了许多难点，包括材料、结构、制造工艺和检测技术等许多方面，特别是在使用过程中更暴露出许多难以预想的新问题，她全身心地投入去解决这些问题，执著地思索，吃饭、散步甚至睡觉时都在想问题，寻找解决问题的方法，有的“点子”是在早晨还没有完全醒来，处在似睡非睡的蒙胧状态下突然冒出来的。她顽强地做试验，失败了就改进，以后再做。经过苦苦探索，反复试验，终于解决了问题。遇到难题久攻不下而后取得突破时的喜悦心情是难以言表的。她说这是人生的最大乐趣。

波前校正器技术的突破为研制自适应光学系统打下了基础。二十多年来，我们针对各种应用，研制了许多套自适应光学系统。1985 年，为“神光 I”激光核聚变系统研制了波前校正系统，校正这一庞大激光系统的光学误差，使焦斑能量集中度提高了三倍。这是全世界激光核聚变装置中第一次采用的自适应光学系统，美国在六年以后才为他们的激光核聚变装置研制自适应光学系统，并承认中国是最先研制成功的。

1989 年我们研制的天文自适应光学系统在云南天文台的 1.2 米望远镜上成功实现对星体目标校正大气湍流造成的动态误差，实现了高分辨率成像，使我国成为世界上第三个实现这一目标的国家。之后又加以改进，装到东亚最大的北京天文台 2.16 米望远镜上，实现红外波段的天体目标校正。

1986 年，我国高技术研究计划（863 计划）启动，自适应光学受到重点支持。我们研制了多种用途的自适应光学系统，几乎每年都有新成果，获得新奖励。先后共获得 20 次国家和省部级科技进步奖，包括国家科技进步奖特等奖 1 项，一等奖 8 次，二等奖 2 次，三等奖 3 次，省部级科技进步奖二等奖 3 次，三等奖 3 次。2007 年，我们这个研究集体还获得中国科学院的最高奖励——杰出科技成果奖。我们开展的自适应光学应用领域之广泛，掌握技术之全面，在国际同行中绝无仅有，被国外专家称为全世界最大的自适应光学研究集体。这里当然也包括凌宁领导的波前校正器研究集体。目前国外能够独立研制波前校正器的单位仍然不多，国外许多研究自适应光学的同行依靠少数几家能够生产波前校正器的单位提供这种关键器件进行研究，但对我国仍然禁运。

凌宁在成功面前没有停止创新的步伐，为适应自适应光学新应用提出的新要求，她不断改进技术。随着自适应光学系统的发展，波前校正器技术也在不断上新台阶。1996 年，在实现多项技术突破后，与国外同步研制出一种特种用途的波前校正器。1998 年，她发明了一种小型变形反射镜，并且于次年用这种变形反射镜主持研制了人眼高分辨率自适应光学系统，正是有了这种小型的变形反射镜，才可以将国外放置在整个 3 米×1.5 米光学平台的系统，缩小到可以放在普通的计算机桌子上，在国际上率先实现这种医学新技术的仪器化。正是她坚持自主创新，不断有新的发明创造，2004 年被全国妇联、国家专利局和中国发明学会联合表彰，授予“全国第二届巾帼发明家”称号。并在 1996 年获全国妇联授予的“建功立业先进女职工”称号。

我于 1995 年当选为中国工程院院士，2000 年被授予“全国先进工作者”称号，但在荣誉面前不能忘记凌宁对我的支持。她不仅从生活上给我关爱，思想上给我鼓励和支持，而且用她的实际贡献——突破波前校正器技术为我的工作打下了牢固的基础。正如赵伊君院士在 2007 年科学院杰出成果奖评奖会上说的：“自适应光学的原理大家都知道，但正因为他们掌握了关键器件——波前校正器，所以他们能够获得这么多成果。”

现在，我的爱妻凌宁仍然卧病在床，正在以顽强的毅力进行康复治疗，衷心祝愿她能够早日康复，可以和我继续携手走完我们同甘共苦的人生历程。

与夫人凌宁在桃花丛中(2000年)

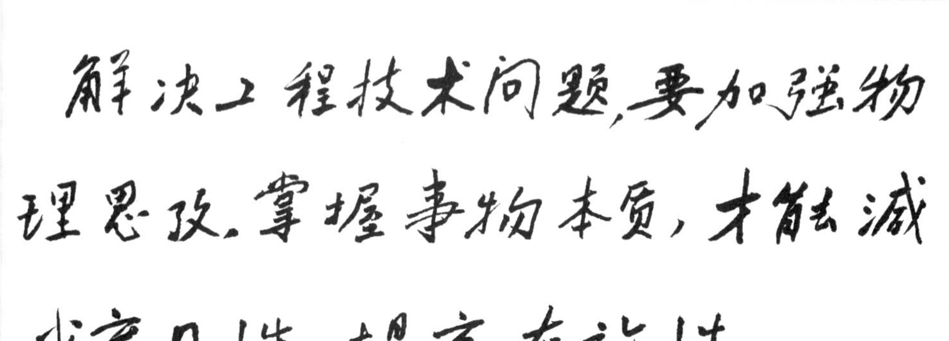

## 简介：

1937年7月5日生于陕西汉中。材料科学与工程专家。1961年毕业于西安交通大学机械工程系金属材料及热处理专业。1997年当选为中国工程院院士。曾任中国石油天然气集团公司管材研究所所长。

## 主要成就：

长期从事石油用钢及石油管工程科技工作，是中国这一领域的开拓者之一。曾主持研制十余种新材料，使一批石油机械的质量跃居国际先进水平。提出并建立了“石油管工程”学科领域，开展了大量系统的、有创造性的研究，23项(次)获省部级以上科技进步奖，包括国家级9项。

# 李鹤林：感恩两位女性

## ——我的慈母和爱妻

无论什么时候，也无论是谁，个人的成功都离不开其他人的帮助，包括家人的理解、支持。如果说我对于石油机械材料工程和“石油管工程”作出了一点贡献的话，我觉得这与我母亲对我的言传身教以及我妻子梅秀芬几十年的默默支持和奉献是分不开的。

我家祖籍湖北襄樊，后来曾祖父沿着汉江迁徙到了陕西省南郑县协税镇王家坪。在这个大巴山北麓丘陵之中的小村庄里，我度过了童年和少年时光。

读小学的时候，我的家境还属殷实，加之启蒙老师教学有方，故而学业基础比较扎实。四五年级就读的汉中钟楼小学和六年级就读的协税小学都是当地有名的学校，这期间我参加的几乎所有考试，都是班级第一名。但是上到初中，家里的经济条件恶化，初一只读了一个学期就辍学了。那年我十三四岁，上不了学，只得回到家里帮着干些农活，锄地、插秧、上山砍柴，什么都干。就这样过了一年半时间。

1952年8月，堂姐李庆林告诉我一个消息，说是汉中专署教育局要举办一个小学教师短训班，面向社会招生，管吃管住，培训一年，然后分配到小学当老师。管吃管住管工作，对我、对我们家庭，这都是一个莫大诱惑。在堂姐的帮助下，我马上报了名。短训班分初级班和高级班，按照要求，小学毕业以上学历只能报考初级班，初中毕业以上学历才能报考高级班，可我执意申请参加高级班考试，而且还因为成绩优异被破格录取了。短训班学员大多数是三十岁左右，年龄最大的有五十岁了。我当时刚满15岁，是短训班全部学员中年龄最小的一个。

在短训班学习了三个月以后，情况出现了变化。由于当时小学教师队伍的成分比较复杂，专署教育局计划组织工作组进入群众反映比较强烈的一些学校进行调查和整顿。我虽然家庭出身不好，但年纪小，思想比较单纯，组织上就把我和其他几位年轻学员抽去充当工作组成员，先后去了褒城、洋县的几个小学。可是等到工作组任务完成以后，为期一年的短训班已经结业，学员们都走上了工作岗位。专署教育局考虑我年纪小，在工作组表现也不错，表示愿意保送我直接上高中。当然如果我不愿意，他们也可以分配我去当小学老师。当时我的心里非常矛盾。直接进高中深造，我求之不得，可贫寒的家境又迫切需要我参加工作来接济。我左右拿不定主意，母亲却几乎没做什么考虑，就让我继续去读高中。我知道，这肯定会让母亲额外地付出许多艰辛。

虽然我学习基础不错，但毕竟初中只读了一个学期，现在要一跃初中五个学期的课程而跨入高一，困难可想而知。母亲的关怀、理解和自身的求知欲望，在我身上汇集成了巨大的学习动力。进入高中后，我只用了一个学期，就完成了跨越，从高中一年级第二学期开始，我的学习成绩进入了班级前列，而后面两年中，考试成绩都排名年级一二名。

1956年7月，高中毕业的我再一次面临就业和继续深造的痛苦抉择。我是陕西省汉中二中1956年高中毕业考试的第一名，学校和老师对我自然都寄予厚望，我自己也更希望能进入一所名牌大学，但这显然会进一步加重本就难以为继的家庭负担。按当时的政策，国家对高中毕业生是安排就业的，如果我去工作，就能给家里三个尚未成年的弟弟以经济扶持，大大减轻母亲的负担。但这时，母亲再一次表现出了坚毅和决绝，毫不犹豫地选择了让我上大学。这是决定和影响我一生发展方向的重大关口，而母亲用伟大的爱和牺牲精神成全了我，用坚强的性格鼓励和支持了我。

我父亲去世得早，养家糊口和教子成人的重担全都压在母亲一个人身上。我长期在外读书，极少照顾家里。母亲这样一个农村妇女，靠着种田供养我三个年幼的弟弟上小学、中学，其艰辛、劳累是常人难以承受和想象的。八年前，母亲病重住院，我去探望，医生和护士告诉我："你母亲面对巨大的病痛，非常坚强，是一位了不起的母亲！"母亲身上所表现出的坚强精神和人格魅力，是留给我的最宝贵财富，让我受用终生。我十分怀念我的母亲，并以有这样一位平凡而伟大的母亲感到骄傲！

我如愿考上了刚由上海迁到西安的交通大学，一读就是五年。这期间，我只在第一学期结束时回过一次家。其中原因，主要是没有钱，我得节省那点路费。平时在学校里，我能少吃一顿饭就少吃一顿，把省下来的钱邮寄回家贴补家用。我还报名做了学生记者，经常给校刊写稿以赚取稿费。学校给的助学金我也是只留下最基本的生活费，其余的都攒起来邮汇给家里，期望能尽到长兄如父的责任，尽力供弟弟们上学。但遗憾的是，他们之中没有一个人能读上大学，虽然他们的学习成绩都相当优异，有一个弟弟还是学校的学生会主席，但家庭出身最终使他们失去了上大学的资格，所以我经常为弟弟们的命运而嗟叹，同时也为自己感到庆幸。

我的妻子梅秀芬年轻时长得比较漂亮，追求者不乏其人。我们是通过陕西中医学院的两位教授介绍认识的。那个年代，在个人婚恋中出身问题是很多人首先要考虑的因素，可是她明知道我出身不好却没有计较，甚至也未顾及家里的反对和单位领导的好意劝阻，义无反顾地和我结合，并且无怨无悔地与我携手走过了相濡以沫的半个世纪。我是一个不擅表达的人，但在我心里，一直留存着一份感动，也一直涌动着一份感激。

1964 年 10 月 1 日是我们结婚的日子。可是 10 月 4 日，我就去北京编写《石油机械用钢手册》了，直到第二年 6 月我的大儿子降生，我也没顾得上回去看一眼。我知道，生活从来都是有得必有失。如今，我固然在事业上取得了一点成绩，但在生活上却留下了一分遗憾，就是在这几十年间，我让妻子吃了很多苦，也受了很多累。为了支持我的工作，她一个人在西安，兼顾着家庭和她自己的工作。后来，又因为我不愿离开自己的石油机械材料工程，她才从西安调到宝鸡。

我们有两个孩子，大儿子叫梅笑寒，小儿子叫李晓东。大儿子是在姥姥家长大的，一直到读大学。小儿子从小也是姥姥帮忙照看，五岁时才领回宝鸡上学。在大儿子心目中，我是个陌生的爸爸，他记得的只是我出差路过西安，曾用自行车驮着他去看过一场电影，仅此而已。一直到他上小学，还不叫我“爸爸”。虽然我理解，孩子有孩子的感受，但我还是感到很无奈。有一次，我出差西安，偶然间翻到他的日记，十二三岁的男孩子，在日记里竟将自己比做寄住贾府的林黛玉。孩子这时正是渴望父母关爱的年纪，而我身为人父，却竟然不能给孩子一份完整的爱，让他以为自己是“寄人篱下”。孩子幼稚而伤感的话，让我噙满泪水。晚上，我想对儿子说点什么，儿子却沉默了，一老一少相对无言。我和儿子的沟通和建立感情，妻子梅秀芬花了很多工夫。在她的努力下，如今，已成家立业的儿子对我有了重新的认识，他用他自己的方式敬重和理解着我这个父亲。

我总是长年累月地泡在工厂和油田，家里的事情什么都不管。1984 年，妻子患了胆结石，疼得在床上打滚儿，我又不在家。那时候她心里肯定有好多委屈，可是等我回到家，她又什么都不说，把痛苦都掖在心里了。胆结石要做手术，可就是因为我老不在家，手术也就一次次拖着没做。1988 年的夏天，我们好不容易安排停当住进了医院准备动手术，不期而至的一纸要我去日本考察的通知，令她只好又从医院搬了回来。再拖了半年，我才又找到一段时间，陪伴着妻子上医院做了手术。如果说这世上有无怨无悔的感情，我觉得妻子对我的爱担当得起这几个字。就是这种无怨无悔的爱情支撑着我，让我在困难面前不妥协、不低头，直至战而胜之取得成绩。

全家福（2003 年，西安）

知识应该一点一滴去积累，没有捷径。有如愚公移山，只要持之以恒，终有豁然贯通之时。

李麒林

2004.4.15

## 简介：

1938年4月29日生于河南南阳，祖籍河南开封。应用核物理与强激光技术专家。1964年毕业于苏联莫斯科工程物理学院。1997年当选为中国工程院院士。曾任中国工程物理研究院室主任、副所长、院科技委副主任、副院长，国家“863计划”激光技术首席科学家，中国物理学会副理事长。

## 主要成就：

在核武器研究方面，主持核试验诊断理论和中子物理学的系统性创新性研究，为中国新一代核武器的成功作出了重要贡献。在强激光技术方面，是中国新型强激光研究的开拓者之一，主持关键技术和技术集成实验研究及工程化研究，获突破性进展。1987年获国家科技进步奖一等奖。1997年和2003年两次获国家科技进步奖二等奖。

# 杜祥琬：我的家庭

## 父母篇

1938年4月，在日寇侵华、百姓逃难的时代背景下，我诞生在河南南阳镇平县石佛寺。父亲当时在开封高中教书，学校为了躲避战乱继续教学，暂时从开封内迁至南阳，并在南阳的镇平、内乡等地辗转了几年。就这样，我的幼年与南阳这块宝地结下了缘分。因南阳产玉，称“琬玉”，由此得名。

我父母都是知识分子，是踏着五四运动的足迹为新中国的诞生和成长奋斗了毕生的那一代。

父亲杜孟模（1904—1974），在杞县和开封上中学期间，受到五四运动和《新青年》杂志的影响，和几位进步同学一道组织了“社会科学研究会”，学习马克思主义。在这群青年中，有一位叫马沛毅，1924年夏，他在南京聆听了恽代英的演讲，明确了共产主义的政治方向。同年经马沛毅介绍，杜孟模加入了中国社会主义青年团。1925年秋他考入北京大学数学系，1926年加入中国共产党，1927年下半年任北大党支部书记，后又任中共北京东城区委负责人。在

“三一八”惨案那天，他和同学们一起去天安门参加游行，反对帝国主义和段祺瑞政府卖国，他腿上的一处伤疤就是那时留下的。在校期间他努力攻读数学并参加译校德国古尔萨著《解析几何讲义》一书。1931年毕业后，即回开封，在开封高中任教，并同几位进步教师一起在学校组织了党的外围团体“社会科学读书社”。动员了一批青年学生去延安，参加革命。他的活动引起了反动派的注意和痛恨。1943年元旦，他和一批师生一起在内乡夏馆的开高临时驻地被逮捕入狱。那个凌晨带给我们全家的白色恐怖的气氛我至今记忆犹新。母亲带着四个孩子（我的哥哥、姐姐和弟弟），一时没有了主心骨。后经多方营救，父亲获释。抗战胜利后，1945年全家回到开封，父亲在数学教学的同时，继续从事党和民盟的地下革命活动。我家在开封双龙巷的寓所成了掩护革命活动的据点。1948年开封解放时，我已上小学四年级，解放开封那一仗打得很艰苦，记得父亲在家里来回踱步，急切地关心战事的进展。刚一解放，家里就得到了一批来自解放区的书，像春风吹进了家门。我如饥似渴地阅读着，印象最深的是那本厚厚的《刘胡兰》，读得我废寝忘食、热泪盈眶，妈妈几次喊我去吃饭，我就像没听见一样。“生的伟大，死的光荣”八个大字和她从容就义的高大形象，深深地印入了我的脑海，我仿佛从这时起，开始懂得了“崇高”二字。

新中国成立后，父亲担任了首任开封高中校长，并先后在河南的几所高校任数学教授。曾任河南省数学学会理事长。我上中学时，记得有一天夜里被父亲的说话声吵醒，原来他是在说梦话，他做梦都在讲课，在讲“函数的最大值和最小值与一阶导数、二阶导数的关系”。父亲教学、批改作业、试卷之认真，给我留下深刻印象。他给过我几本初等数学参考书，对我的学习和学习态度都很有帮助。

作为知识界的代表，他先后担任了开封市副市长、河南省政协副主席、副省长等。也算得上是“高干”了，但直到“文革”把他关进“牛棚”前，年过花甲的他仍骑自行车上下班，生活上他和母亲都以简朴为荣，他对孩子们说，生活就是一个字：简！这句话影响了我几十年。对领导和普通工作人员，他都一律平等相待，我几次跟他出入郑州大学生活区的大门，他总要和传达室的工友寒暄问好。这一切都细润无声地影响着我的价值观：人虽有分工不同，但都是平等的百姓，要尊重每一个普通劳动者，无论当了什么“长”，都不要摆什么“架子”。

我的母亲段子彬（1906—1969）自幼挣脱后母的虐待，外出求学。1931年毕业于北京女子师范大学文史系，父母婚后，养育了五个孩子（我的哥哥、姐姐和两个弟弟），母亲为子女的成长付出了许多辛劳。母亲不仅端庄大方，而且喜欢音乐，歌也唱得好。抗战逃难途中，在临时留宿的农舍里，母亲给我们讲《吕梁英雄传》的故事，栩栩如生的孟二愣、武二娃的形象我一直记忆犹新，母亲教给孩子们的第一首歌，至今萦回在我的心中：

呵！吕梁，

伸出你的铁拳，

把敌人消灭在祖国的土地上！

岳飞的《满江红》也是那时学会的。就这样，祖国和民族的安危植根于幼年的心灵，并一直伴随着我们成长。

新中国成立后，母亲先后在开封高中和郑州大学讲历史课，我在开封高中上学时，曾是她的学生，她在家一丝不苟地备课，用工整的小楷在方格纸上写教案，我都看在眼里。她在课堂上引人入胜、条理清晰的讲课，给我以享受。她对学生和蔼可亲，深受同学敬爱，我则独有一种把母亲和老师融为一体的感受。1962 年，正值国家经济极端困难时期，在郑大教书的她和许多教师一起被送到农村去"劳动锻炼"，在那个饥荒的年头，每天每人只有四两红薯秧的"口粮"，已 56 岁的她不顾浮肿，奋力和年轻人一起劳动，不甘落后，她是一贯的勤劳、能吃苦啊！那时我在莫斯科上学，她在给我的信中说："国家有难，大家承担"，使我既感动又担心。

母亲是一位家务、公务双肩挑，又深明大义的中国妇女。新中国刚成立时，正上初中的哥哥报名参加军干校，要随军南下，母亲虽舍不得，却积极支持他随军打过长江、解放大西南。几个更小的孩子都正在上学，早晨常常起不来，母亲总是早早醒来，按时喊我们起床上学。后来，家迁郑州大学，一个教授、副省长之家却连一个大衣柜都没有，父母的外衣都用衣架挂在墙壁的钉子上，上面盖一块防尘的布。

父母的共同爱好是文学，这使我有条件在中小学阶段读完了中国古典文学几大名著，毕竟是男孩子，觉得最有趣的还是《水浒》里那一百单八将的故事。家里书架上，郑振铎的全套《中国文学史》、《冰心短篇小说集》、《儒林外史》等，也都翻过。后来又欣赏了巴金、丁玲、赵树理、闻一多、艾青、臧克家、魏巍等人风格各异的名作。峻青的短篇小说使我颇受感动，还在班会上朗诵过。20 世纪 50 年代进入中国的苏联文学名著，如高尔基、马雅科夫斯基的小说、诗歌给我印象很深。而《卓娅和舒拉的故事》、《钢铁是怎样炼成的》，像前面提到的《刘胡兰》一样，对我的人生观、价值观的形成产生了重大的影响。在家里看到的《共产党宣言》、《实践论》、《矛盾论》、《论共产党员的修养》以及《大众哲学》等都使我受益匪浅。

"文革"十年浩劫，对国家和家庭都是一场历史性的灾难。一生追求进步、教书育人的父母双双蒙难。父亲被关押、批斗、毒打、抄家。残酷的迫害使他于 1974 年含冤辞世。此前，善良而辛劳的母亲被莫名地打成"现行反革命"，在西平县农村"干校"遭无情批斗，1969 年年初被活活整死，其惨状不堪用笔墨描述。死讯被封锁，只是好心的农民为她留了一个坟头作记。父亲去世后，我怀着悲愤的心情，专程去西平从农田里取回母亲的遗骨，同家人一起将她和父亲合葬于郑州。这是在母亲去后五年多，做小辈的几经周折才得以了却的一点心愿。“四人帮”被打倒后，郑州大学第一个平反昭雪的就是我的母亲，凡知道段子彬的人，无不说她死得冤，死得惨。昭雪追悼大会隆重而朴素，哀乐响彻了整个郑大校园！父亲属于高干，直到邓小平复出拨乱反正，时任中组部部长的胡耀邦同志亲笔批示为他彻底平反，河南省委于1979年8月召开了隆重的平反昭雪追悼大会，对杜孟模的一生做出了公正的评价，并将他安葬于河南省烈士陵园。2004年，父亲诞辰百年之际，《河南日报》发表了记者撰写的整版报告文学《追寻那个高大的身影》，通过他的许多学生和亲人的回忆，记述了他大写的人生。

“以史为鉴，可以知兴替”，重提往事，不是为了触摸历史的伤疤，而是为了我们的后人永远记取历史的经验教训，使我们多难的国家和每一个家庭永远不再蒙受这样的灾难！能如此，历史将是一笔宝贵的财富！

## 妻儿篇

有些事，真叫人相信“缘分”，科学的表达叫“机遇”。我和毛剑琴从相遇、相爱到结婚的十年间，总有“缘分”相助。

缘分之一：她小我两岁，我们却同于1957年入北大数力系。原来，我1956年高中毕业，入选留苏预备生，因中苏关系有变，1957年未出国，选入北大，等于迟了一年，而她上小学就比一般人早了一年。一早一晚就凑到了一起，又同在力学专业，虽不在一个班，却也认识了，这是后来一切的前提。在女同学中，她是出众者；我则从一年级起就是学生会的头，食堂、卫生、运动会都在我的关心之列。我只在北大读了两年，期间，两人并未谈过一句个人的事，但相互都留下了好印象。

缘分之二：1959年，钱三强先生从国内选了一批学生去苏联学习原子能，我就这样离开了北大。1963年暑期，所有留苏学生都奉命回国进行集体学习，我们的驻地就在西苑宾馆，一天看电影，我们邀请四年未曾联系过的北大同学来看，来了十几位，她也在其中。谈起来，才知道她家就住在百万庄建工部大院，近在咫尺，很方便去做客。就这样，有了几次单独交往聊天的机会，并从此建立了交朋友的关系。我返回莫斯科后，不仅常通信，还相互寄一些有用的书。

缘分之三：我毕业回国后，1965年年初被分配到九院理论部工作，就在花园路，距她读研的北航又是近在咫尺，方便经常来往，增进了解。元大都土城墙的“蓟门烟树”，成了我们周末散步的好去处。其实参加工作后紧张忙碌，而且不久我就去河南灵宝农村参加了半年“四清”运动，回所后不久又去青海221厂（现在叫做“原子城”的地方）参加了几个月的核试验分析工作。近邻的条件，才使我们拥有一些接触的机会。终于，我们决定在1967年的中秋节登记结婚。

追溯得更远些，她原来生在上海，父亲是建筑师，新中国成立后不久，为支援首都建设，她父亲响应号召携全家北上，才定居北京。我也因上学从开封来到北京，不然，怎么会有上述的那些机缘呢?

那时结婚很简单。家里的人送了几套印有“在大风大浪里锻炼”的枕巾、枕头，就在北航的一间集体宿舍里安了家。

好景不长，没多久，河南“造反派”打倒我父亲的大字报就贴到了北京街头，是她先在海淀镇的街头看到的。那天我正感冒发烧在家躺着，她怕吓着我，又不能不说，就细声细语告诉了我，尽管她的语调是那样平静和缓，我仍然有晴天霹雳之感，立刻不顾一切地去海淀看个究竟，只见父亲的照片和名字上，都被打上了大黑×，被戴上了“叛徒、走资派”的大帽子，我意识到父母要遭大灾了。真是祸不单行，为首都建设作出了重要贡献的老岳父，也被打成“阶级异己分子”，一人被发配到衡阳去劳动。此后 10 年，我们俩在风雨中同行，同甘的时候不多，共苦的考验很长。孩子刚满半岁时，她就被派到河南上蔡“五七干校”去劳动，一去就是两年多。1976 年年初，周恩来总理的去世使我们深为悲痛，没想到我们悼念周总理的诗又被打成反动诗词，被责令检查。不难想象，在如此精神重压下，打倒“四人帮”的消息多么令人欢呼雀跃，那可真是洒满幸福泪的第二次解放啊!

她是一个很要强、很能干的女性。1964 年她报考林士谔先生的研究生，结果她打败了七个竞争的男生，成为唯一的被录取者。从 1968 至 1978 年她在我所在的九所从事科研工作，其间也去罗布泊核试验场参加了重要的核试验。1978 年国家恢复研究生制度，她决定考回北航去把研究生读完。为此，在一个月的时间里，她把捷米多维奇的高等数学习题集里的三千多道数学题从头到尾做了一遍，以优异成绩考回北航研究生班，不久，又顺利通过了国家统一英语考试，被接受到伦敦帝国理工大学做访问学者，历时两年。当时，她满可以在那里继续学习拿博士学位，但为照顾儿子上学，她于 1980 年回国，在当时国内还相当困难的条件下，她先做了硕士又攻博士。终于在 45 岁的那一年，成为我国自动控制领域的第一名女博士，也是北航培养的第一名女博士。学位论文答辩那天，我去现场，坐在听众席的最后一排。听着她自如的答辩，深感她的可爱、可敬，令人佩服。

此后的二十多年，她在自动控制领域从事科研工作，并教书育人，培养了一批研究生，包括在海、陆、空军和航天、航空领域工作的骨干。她教育学生既重业务，更重品德。其间，作为访问教授，她在洛杉矶的讲台上，给美国学生讲授过“离散数学”，在新奥尔良的 IEEE 大会上，接受过优秀分会主席的奖状。在北航被聘为一级教授。67 岁时，作为第一完成人成功答辩了国防科工委的科技进步奖，她们的成果当场被航天部门的负责人评价为“很有用”。她的执著和成功令人感动。

她特别勤劳，里外一把手，不辞辛苦地挑起家务重担，会做多种可口的饭菜，这可是全家人首先是我的福气。我们都爱音乐，有时也一起唱歌，听音乐会。她爱鲜花，也会养花，做什么事都不肯马虎，她对自己做人的要求甚高，真是很不容易。在她 56 岁生日的时候，我为她写过一首五言诗，一共 56 句。开头两句是："今生有剑琴，世上唯一人。"最后是感谢她对我的巨大支持："共渡灾难时，困苦见真心。支持我事业，安慰不顺心。内外重负荷，凡事皆认真。但愿人长久，共勉知我心。"

现在要来说说我们的宝贝儿子了。

有惊无险的新生儿：1969 年春节前，北京下了一场雪。那天近半夜时分，她破水了，我赶忙叫车，雪地里送她到三院，却一夜未生下。那年正是"文革"肆虐的年头，一批大夫"靠边站"、挨批或劳动，值班的大夫、护士早上也都得放下工作，丢下孕妇不管，去"早祝"。至早上九点多，眼看人没劲儿了，大夫才动手硬是把孩子挤了出来，好在母子平安，只是小婴儿头上挤出了一个大血瘤，有核桃大，已是万幸了。我决定让他姓妈妈的姓，又逢新中国成立 20 周年的年头，所以给他起了个通俗易写、易记的名字"毛大庆"，小名"庆庆"，也含有全家大喜的意思。的确，在当时全家受到精神重压的时候，庆庆的出世给全家带来了无比的欢乐。出院后，母子被接到姥姥家住，那时，家里原住的一套三间房子被"造反派"占去两间，全家人挤在一间房子里，又没暖气。出生十一天，庆庆就生病发烧了，送到儿童医院被确诊为新生儿肺炎，又住不上院，真令人担心焦急啊！转到北大医院，在急诊室等了一段时间，总算住上院了。真要感谢北大医院的大夫们，让小生命在医院里满了月，不仅治好了病，而且连头顶上的血瘤也吸收了。为了消炎，用了不少卡那霉素，那时好心的大夫考虑到国产的卡那霉素有使儿童致聋的风险，就为这位病房里最小的病号用了稀有的进口卡那霉素。所以愈后未留下什么后遗症，又一次万幸了。每当说起这件事，全家都对北大第一医院和当时的那位优秀儿科大夫充满了感激之情。

庆庆生性开朗，几乎没有哭闹的时候，一睡醒，就睁开两只有神的眼睛，对人笑。坐上小推车，放在室外路边晒太阳，无论谁走过，他都对人笑，十分讨人喜欢。

那时候不光买不到鸡和鸡蛋之类，就连大白菜也定量。家里挤，又生了个蜂窝煤炉做饭，空气不好，他从小身体不算好，上小学第一个学期请了一百多天病假，第二个学期请了 50 天病假，后来去南京上大学，能当上系体育部长也真不容易。

我们比较早就明确了跟孩子相处的指导思想：把孩子当朋友。从他稍懂事起，就对他提出行为规范的要求，并讲清道理，所以他从不无理取闹。我们尽可能为他创造比较好的生活和学习条件，从小学、中学我们就分工辅导他的学习，并与老师保持经常的沟通。带他爬长城、看小人书、听音乐、唱歌、养蚕、下棋等，培养他的人文兴趣。他从小学画水墨画，开始喜欢上了美术，第一个美术老师对他很有帮助，长大些，就开始练钢笔画。上小学时，有一次一位外宾到家里做客，看到墙上他的一幅水墨画说，价值 200 美元。他对美术十分迷恋，孩童时常把自己的画挂满墙，以至高中毕业高考时，他报的六个志愿竟是清一色的建筑系。我的建筑师岳父有 6 个女儿，他一直希望女儿中能有一个学建筑的，结果未能如愿，却在这个大外孙身上隔代遗传了。

在儿子人生轨迹的每一个重要转折点上，我们都鼎力相助或指导，为他如愿考取南工(现东南大学)建筑系，下了一番工夫；参加工作后，又想方设法让他离开了一个不景气的单位，获得自我奋斗发展的空间；出国工作进修，建议他去新加坡，得以施展才能；被公司派回上海做项目，建议他在同济大学在职攻读博士学位；再次被派往北京负责公司重要工作时，建议他再做一个博士后，进一步提高自己的素质和知识积累。让我们欣慰的是，他自己十分努力上进，一有机遇就能抓住，并取得成功，属于那种“给点阳光就灿烂”的人，事业不断有所发展。他结婚数年后，又为我们家添了聪明可爱的第三代，使我们尽享天伦之乐。在他年满12周岁之际，我曾为他写过一首较长的自由体诗，表达心中的希望，在他年满20周岁时，又送过他一首五言诗。他都抄写在自己的日记本上，经常带在身边，这使我高兴和满足。现在他在工作之余，也从事一些公益性的工作，并写一些颇有意味的文章与诗歌，在他的博客上与网友们分享他们那一代人难得的经历与记忆。

与夫人毛剑琴、儿子毛大庆在三亚海边(1999 年)

做事首先做人，
领悟历史责任。
献身科技事业，
服务国家人民。

杜祥琬
二〇〇四年三月

## 简介：

1939 年 2 月 12 日生于河北卢龙。岩土工程与防护工程专家。1965 年毕业于西安工程兵工程学院地下工程系。2001 年当选为中国工程院院士。曾任河南省岩石力学与工程学会常务理事，中国岩石力学与工程学会岩体物理数学模拟专业委员会委员。

## 主要成就：

长期从事防护工程岩体加固技术理论研究和实践工作，具有较高的学术造诣和丰富的科研实践经验，创建了我军地质力学模拟试验室，在喷锚支护和预应力锚索加固技术理论研究等领域作出了突出贡献，填补了国防工程设计空白，提高了中国预锚加固技术理论水平和设计水平，为解决国防、人防及大型水电能源工程技术问题发挥了重要作用。科研成果先后获国家科技进步奖一等奖、二等奖和三等奖。

# 顾金才：对母亲的回忆

母亲是 1989 年去世的，至今离开我们已经二十多年了，但母亲的音容笑貌以及她那纯朴善良的品格依然清晰地留在我们的记忆中。回忆母亲，最让我难忘的是下面几件事情。

## 终生爱读书爱学习

母亲是一位普通的农家妇女。她没有上过学，但却认识不少字，可以看懂普通的中、小学语文课本和一些简单的报章杂志。据说她认字是从小跟我三舅学的。我三舅是个读书人。因为他们年纪相近，所以我三舅读书时她就在一旁学，时间久了她就认识了不少字。

母亲爱学习的习惯一直贯穿她的一生。记得我在上中小学的时候，母亲经常拿起我的语文课本有空就看几眼，有时有不认识的字随口就问一问。母亲六七十岁的时候，来到洛阳给我们看孩子，她一面教孩子识字，一面自己看书（多半是小人书），戴着一副镶有黑边的老花镜，一看就是半天，她也不觉得累，很专心地看。

母亲不是一位知识分子，但她这种爱读书爱学习的习惯使我非常敬重，并对我产生了极大的影响，使我从小也喜欢读书，直至今天。

## 一生勤劳俭朴，忍辱负重

我们家住在河北省农村，人多地少，家境贫寒。母亲是家里唯一的主妇，一家人的穿衣吃饭、喂猪打扫等所有家务事都由她一人承担。

母亲是我们家睡得最晚起得最早的人。我们弟兄五个，还有一个妹妹，光给我们几个孩子缝制一年四季的衣裤就够忙活了，因为那时家中没有缝纫机，所有的衣被全凭手工一针一线地缝。母亲白天要干许多家务活，只能利用晚上给我们缝衣服。记得当时母亲经常是一晚上一晚上地坐在煤油灯下缝衣服，我们劝她休息，她总是让我们先睡，可等我们醒来时，仍看见她坐在那里一针一线地缝，常常是快到天亮时才和衣躺下休息一会。遇到逢年过节母亲更是忙，为了给孩子们做套新衣服，经常是整夜整夜地不合眼。而她自己却穿得很朴素，不管是过年还是过节，经常穿的总是那身虽然破旧但却十分整洁的蓝袄黑裤子。

母亲夜里虽然睡得很晚，却要起得较早，因为她要早点儿起来给大家做早饭。春夏季节还好说，天气暖和；到了秋冬季节，特别是到了寒冬腊月大雪封天时，北方的气温是非常低的，可以达到摄氏零下一二十度。这时母亲一人要把干柴从雪堆下扒出来，抱回堂屋灶前，点火做饭。母亲就是这样日复一日，年复一年，从不叫苦，从不跟人攀比，默默地辛苦劳作着。

当时我有一位祖母。她老人家耳朵背，脾气又不好。常常听不清别人对她的答话，便以为别人对她不尊重，轻者挨骂，重者挨打。母亲经常是她发脾气的对象。在这种时候，母亲从不说一句顶嘴的话，而是照旧很温顺地伺候祖母的衣食起居。

母亲勤劳俭朴、忍辱负重的品格影响了我的一生！

## 爱孩子，爱家庭，为人善良

记得有一年秋天傍晚，太阳已经落山。母亲在院子里喂猪，我站在一旁，手拿着一根小棍，帮着母亲把不好好吃食而走远的猪赶回来。我就站在母亲对面不远处，看着她把猪食从猪食桶中一瓢一瓢地舀出来，倒在猪食槽内。母亲看着欢快吃食的小猪，又抬起头来看看我，脸上带着会心的微笑。母亲心里想的可能是“孩子，你长大了，会帮妈干活了”。我看着母亲的微笑，看着西边已被晚霞染红的天空，看着头上一群群的晚归飞鸟，浑身上下感到一种无比的温馨和幸福！

母亲从小就教我们要懂礼貌。我有个叔叔，每顿饭必须先请叔叔上桌，我们才能就位。

有时候因为我们惹叔叔生气了，叔叔不愿理我们，到吃饭时母亲还是让我们去请叔叔，让他来吃饭。

母亲从小就教育我们要多帮助别人。每年秋天家家从地里收割来的庄稼都要放在场上晒，晒干了再脱粒。记得有一年大家在场上晒的庄稼还未干，突然风起云涌，天要下雨了。家家都在忙着收场里的庄稼。这时我有位二婶，她家缺少劳力，眼看着晒在场里的庄稼就要淋雨。我家的庄稼还没有收完，母亲就叫我们几个人先去帮二婶收庄稼。母亲的为人善良在我们住家附近是家喻户晓的。

母亲已经离我们而去了，但她依然活在我们心中，母亲的许多优秀品格依然影响着我们。

在河北昌黎一中(1959年)

珍惜时间就是珍惜生命，人的一生要想成就一番事业，必须从珍惜时间入手，不仅要珍惜大块时间，也要珍惜小块时间，要学会和善于运用那些别人不太注意的零碎、闲散时间学习、工作和思考。

顾金才

二〇〇四年四月十二日

## 简介：

1941 年 10 月 20 日生于香港，祖籍江西南昌。有色金属冶金专家。1962 年毕业于南昌大学化工系。1990 年以高级访问学者身份赴加拿大皇后大学学习和研究。1999 年当选为中国工程院院士。曾任北京矿冶研究总院副院长。

## 主要成就：

长期从事重有色金属的提取和分离研究工作。发明矿浆电解新工艺，实现了金属一步提取。主持“高冰镍湿法精炼新工艺”研究，并在新疆建成了中国第一个加压浸出镍精炼厂。研究成功了萃取分离重金属镍、钴新工艺，并首次在中国实现了工业化。曾获国家和省部级科技成果奖 17 项。1998 年获国家发明奖二等奖。1995 年和 2002 年分别获国家科技进步奖一等奖和二等奖。

# 邱定蕃：
# 感恩亲情师情

每个人，从开始懂事到长大成人，都有一些记忆异常深刻的事件永远留在脑海中。其中有一些，对其成长和性格的形成可能产生深刻的影响，有的可能还使其改变了人生道路。特别是在十七八岁以前，留下的印象更是一生难以磨灭。

1941 年 10 月，我出生在香港。就在父母按当地风俗高高兴兴地庆祝我满月的几天后，日本鬼子轰炸了香港。父亲看着我两个年幼的哥哥和我这个襁褓中的婴儿，焦虑万分。毫无人性的日本飞机向手无寸铁的香港居民投下了一颗又一颗的炸弹，死伤人数越来越多。父亲毅然舍去了他多年辛辛苦苦积攒起来的一点财产，拖家带口，加入了逃难的人群。父亲一手拉着八岁的大哥，一手拉着四岁的二哥，母亲怀抱着刚满月的我，不知道历经了多少磨难，总算死里逃生，回到了父亲的故乡——江西省广昌县贯桥村。

父亲是个小商人，他在离贯桥村 20 里地的赤水镇与朋友合伙开了个布店。父亲为人诚实、大度，还有些豪放，在小镇上口碑极好。他经常资助贯桥村和周围的一些贫困乡亲，看到他们冬天没有寒衣，他会请他们到店里来免费扯上一些布，让他们做一件棉衣；父亲在中医方面有较高的造诣，他的医术在小镇和周围地区颇有名气。不仅熟人找他看病，许多不认识的人也慕名前来。他开药方，病人再去药店抓药。父亲看病从不收钱，对特别穷苦的人，还免费送一些药。当“文化大革命”极左风暴席卷这个小镇时，他和镇上的许多商人一样，受到了冲击。有人要他交出“藏”起来的金银财宝，实际上他拥有的一点财产早已被人抄光。其时，我在远隔几千里之外的云南“五七干校”劳动，两个哥哥也已下放农村。因此，父母的生活陷入了困境。就在这最困难的日子里，有人趁着黑夜，从门缝中给父母送来了最宝贵的生活费；有人在门口放下了生活必需品转身离去……至今我们也不知道他们是谁。我和哥哥们猜想，一定是那些过去曾经得到过父母亲照顾、记着他们的恩德的人，帮助两个老人渡过了难关。

童年时代，我常听到父母回忆那段逃难的经历。父亲告诉我们，国家不强大，人民就遭殃。他常说，国家兴亡，匹夫有责。他还告诫我们，要热爱自己的家乡和乡亲。他曾说：你看，在我们最困难的时候，还是家乡和乡亲们收留了我们。父亲的许多看法和做法，对我有很深的影响。1990 年，当我结束了在加拿大的学习和研究之后，面对着一些诱惑，没有能动摇我按时回国工作的决心。父亲的教导，我牢记在心。

母亲是我一生中最崇敬的人，也是我一生欠“债”最多的人。在她逝世后的三十多年中，我仍会经常梦见她。母亲出身在一个非常贫苦的家庭，苦难造就了她许多高尚的品德。她的勤劳、忍让和善良，赢得了邻居和乡亲们的尊重。她一生从未与别人发生过争执。她常说，多做善事，终将好报。她只认得很少的几个字，却全力支持我和哥哥们读书。即使在家庭极端困难的情况下，她也不让我们分心。她把乡亲们看成是自己的兄弟姐妹，贯桥村的许多村民，遇到什么难事，也愿意跟她商量。每逢阴历初五、初十，是赤水镇的圩日，周围的村民们都来小镇赶圩，这一天便是我们家最热闹的日子。在我的记忆中，中午饭一般是二三桌，有时人多还要分两批吃饭。贯桥村来赶圩的乡亲们，不管是认识的还是不认识的，大都在我家吃饭。圩日的中饭往往比平日要好，平日里不常见到的肉菜，在这一天一般也会上桌。有人如果当天没有办完事，还会留下来住一宿。自然，这一切都是免费的。乡亲们为了回报母亲，每逢过年或过节时，我们便有吃不完的粉干、糍粑和粽子。这样的日子，一直延续到 20 世纪 50 年代末。之后，由于实行了粮食定量供应，来吃饭的人数虽然明显减少，但仍然没有停止。母亲宁愿自己喝粥，也要让乡亲们来家里吃饭。

1974 年，母亲在北京与我共同生活了三年之后逝世，我将她的骨灰捧回老家贯桥村安葬，村里有上百人自发前来为母亲送葬。村委会为她在村口举行了当地最隆重的追悼会，宣读了村文书所写的催人泪下的祭文，文中历数了母亲为村民们所做的许多善事。母亲地下有知，也会感激乡亲们的深情厚谊。至今，我和两个哥哥仍继承母亲的传统，每年都会给贯桥村的贫困乡亲一些资助。这既是对母亲的怀念，也是表达对乡亲们的感激。

母亲一生信佛、拜佛，有时也将节省下来的一点钱捐给寺庙。受她的影响，从童年到青年，我对上天和神明也一直抱有强烈的崇敬感和神秘感，有时也跟随母亲到寺庙对菩萨顶礼膜拜。但是，经历了母亲的病逝，我打碎了神的枷锁，对神的崇敬荡然无存。由于常年劳动，母亲身体一直不错，但她过瘦，抵抗力弱，1974年，想不到在一次肺炎发烧四天后，她竟与我们永别了。在她病重住院期间的一天深夜，我曾跪在床边对天发誓："如果真如世人所说，人的寿命由阴间阎罗决定，请神明延长母亲的寿命，我愿用自己的寿命抵扣。母亲一生善良，对佛祖又如此虔诚，她不该在66岁时就离开我们。请上天保佑母亲渡过难关。"但是，母亲在几天后仍遽然离去……从此，我不再信佛，去寺庙也从不向菩萨低头，变成了一个彻头彻尾、彻里彻外的无神论者。

母亲的品行，使她获得了邻里乡亲的普遍敬佩，对我的成长也发生了深刻的影响。我在科研工作中的勤奋和执著，在团队中的合作和友善，就得益于母亲的言传身教。

我的大哥在中学时成绩非常好，常常是全班第一名。他酷爱物理，曾告诉我，高考时准备报考北大物理系。在我们兄弟几个中，他的成绩最好。1953年，在他高中毕业前夕，却被查出患有肺结核病，这在当时是考生们最害怕的事情。自然，他失去了这一年参加高考的资格。大哥只得黯然回家养病，母亲予以悉心照料。为了减轻家庭负担，大哥后来在县林业局找到了一份工作，准备养好病后继续报考大学，去实现自己的梦想。1957年，我在高考体检时也被查出患有肺病，虽暂时让我进了考场，但那实际上仅是对几位心情极度低落学生的一点安慰。之后的一年里，我每日坚持锻炼，离家不远的一座几百米高的山峰便成了我的活动场所。清晨，我从山下向山顶跑去；傍晚，我在山边小河游泳。当再次体检时，我已完全合格。但是，就在我离家去赣州参加高考前夕，父亲十分无奈地对我说：孩子，我一生都支持你们读书，但现在我太老了，没有了工作，全家靠你大哥每月33元的工资生活，你二哥虽即将从大学毕业，但由于他同情右派，组织上也不给分配工作，今后的日子怎么过？父亲的话让我潸然泪下，我多么盼望能上大学啊，但我也不能对家庭的困境熟视无睹。我凄然地对父亲说，好吧，我不去考了，我去工作……不知道什么时候大哥来到了我的身边，他斩钉截铁地既对我又对父亲说，弟弟成绩好，他必须去考，家里的事有我，不管多困难，我们也能挺过去。大哥的口气似乎没有商量的余地，父亲含泪点了点头。第二天，我含泪离家去赶考。大哥的一句话，完全改变了我的生活道路，也使他上大学的梦想彻底破灭。这就是一个兄长的高尚情怀。当我刚进大学时，收到了大哥的一封信，信中他除了一些祝贺和鼓励的话之外，还特别写了一句："不要急于求成，也不遇难退却。"大学期间，我将这句话写在所有的书本扉页上，用来激励自己。这句话，也成为我几十年从事科研工作的座右铭。

我经常想起那些教过我的老师，而初中时代的语文老师周启明先生和数学老师黄浴先生，是我终生难以忘怀的。周老师教语文与众不同，他特别强调朗读，每节课他都要找几个同学站起来朗读一段课文，请全班同学指出朗读中的错误，什么地方加了字，什么地方少了字，逗号和句号的区别语气上是否表现出来了等。他要求我们写作文要精炼，不要废话。他给作文的最高分是“简而明”。当有同学看到自己的作文批有“简而明”时，毫无疑问，下一节课这篇作文就会被当做范文来宣读。我有幸得过几次这样的最高奖赏。周先生让我明白：将复杂的问题简单化是最高境界。在我担任领导工作之后，我对自己的要求之一是，讲话不要啰唆，文章不要又臭又长，简明扼要，抓住重点。黄先生教数学深受同学们欢迎，但他又是全校有名的暴脾气，同学们都怕他。也许是我比同班同学小三四岁的缘故，又也许是我数学成绩一向较好，黄先生从未对我发过脾气。同学们大都认为，黄老师偏爱我。为了培养学生们快速计算的能力，他规定考试时首先交卷的同学可多加 5 分，一些成绩较好的同学自然都参与这一竞争。一次，我得意地抢先将数学试卷交给了黄先生，他满面笑容，还拍了拍我的头以示夸奖。但是，不到一分钟，他的脸色就由晴转阴，非常气愤地说，你看看，这道题错了，没有做对就抢先交卷，你是个笨蛋！你是个饭桶！下课后，他拽着我到办公室去，拍着桌子大发雷霆，数落了一大堆我有的或没有的缺点：骄傲、自以为聪明、偷懒、愚蠢、不好好听讲……足足训了半个小时，让我在同学面前大失面子，回到寝室大哭一场。那一年，我才 11 岁，初中二年级。但我一生都感激和忘不了黄先生的那顿训斥，他让我明白：谨慎、细心、严密、沉着是成功的一些最基本要素。几十年后，当我在进行高温、高压的化学试验时，黄先生的教导不是在起作用吗？

黄先生脾气暴躁，反右时被划成右派，以后又调去了外地，我曾多次寻找未果，有同学说他已经作古。周先生也早已调走，据说当时调去邻县中学。半个世纪后的 2003 年年初，一位年轻同事被上级派往赣州市任市长助理，我托他顺便帮我打听周先生下落，但也无结果。往事久远，恩师难觅。但他们的教导，我会永记心中。

我的少年和青年时代得到了浓浓的亲情和师情。他们的品德对我的性格形成具有十分深刻的影响。他们的恩情，使我终生难忘。我也要像他们那样去对待我的孩子们，我的兄弟姐妹们，我的学生们以及我认识和不认识的所有朋友们。

全家福(1999 年，前排左一为夫人刘伯琴)

对待科学研究不需要豪言壮语而需要坚韧不拔。我的兄长赠予我的两句话成为我学习的座右铭。

不要急于求成，也不遇难退却。

邹竞蕃

二零零四年四月

## 简介：

1944年11月18日生于重庆，祖籍山东诸城。生物化学与分子生物学家。1969和1981年两次研究生毕业于中科院上海生物化学研究所并获硕士学位。2005年当选为中国科学院院士。2006年当选为第三世界科学院院士。

## 主要成就：

长期从事酶学和酶与核酸的相互作用的研究。在蛋白质生物合成中关键的氨基酰-tRNA合成酶与tRNA相互作用的研究中作出重要贡献：从酶和tRNA的角度，用生物化学和分子生物学等手段研究了原核和人氨基酰-tRNA合成酶在氨基酰化tRNA和编校误氨基酰化tRNA中涉及的氨基酸和核苷酸残基，最先提出大肠杆菌亮氨酰-tRNA合成酶的CP1结构域与编校误氨基酰-tRNA有关，系统研究了超嗜热菌亮氨酰-tRNA合成酶单独的CP1结构域编校功能，提出古老的细菌带有合成酶的进化遗迹，证明了氨基酰-tRNA合成酶/tRNA共进化的理论。2001年获国家自然科学奖二等奖。2006年获何梁何利基金科学与技术进步奖。

# 王恩多：我的母亲赵湘因

我的母亲1908年出生在山东青州一个满族镶黄旗的家庭。我的汉族外婆三十多岁时续弦给丧妻的青州驻防军协领弈二根觉罗·广全，我的外公。我的母亲4岁丧父，辛亥革命以后满族姓氏“弈二根觉罗”译为汉族姓氏“赵”。我母亲取名赵湘因，小名红红。

汉人寡妇带着女儿住在满族大家庭里极为不易，必须遵守一系列的满族官宦人家的规矩，一切要听婆婆的，还要与满族的妯娌们打交道。母亲懂事以后的童年应该不是幸福的。幸好，母亲有同在青州住的、嫁到吴家大姨家的和嫁到唐家四姨家的众多表兄表姐表妹表弟，他们常来常往，不分汉满，亲密无间。

母亲到了读书的年纪，外婆认为应该读书，就向长辈要求送母亲去读书，家里人认为女孩子还是要识字的，答应供她读小学。由于读书不容易，母亲学习格外用心，年年考试名列前茅，各方面优秀。小学毕业后，似乎顺理成章母亲应该上中学了，外婆也希望母亲能继续读书，但是由于家境日渐衰落，长辈却放出话来："女孩子识文断字就可以了，再读下去就是赔钱货。"在此关键时刻，母亲的姑妈赵婉随留学日本的姑父胡玉振回青州探亲，赵婉见多识广，听说读书好的母亲要面临失学，立刻决断："女孩子也要读书，学费我来出！"这样，母亲才得以上中学，母亲对她姑妈的恩情永世不忘，总是与我们小辈提起。

家境不好，学费难筹，花姑妈的钱也不是长久之计。初中毕业后母亲考取了竞争激烈但不收学费而且还管伙食的济南女子师范学校。母亲天资聪颖，加上努力用功，品学兼优。母亲在女子师范学校毕业后就被委派为汶上县小学校长。不久，为照顾我的外婆她又转到青州做小学校长，是青州 20 世纪 30 年代骑自行车上班的第一位女性。以后一直以教师为职业，在各类学校教书。

母亲晚年走在路上，经常会遇到一些恭恭敬敬叫她赵老师的并不年轻的人，他们会自我介绍是什么时候母亲教过他们什么课程，母亲说她教过的学生太多了，他们的自我介绍很重要。母亲可谓是桃李满天下啊！

全家福(2006年,加拿大多伦多,左一为丈夫于英川)

學無止境。

王恩多

2006年12月14日

# 人生感悟

## 简介：

1907 年 9 月 16 日生于天津。冶金学和冶金物理化学家。1929 年毕业于北洋大学矿冶工程系并获工学学士学位。1935 年获德国德累斯顿工业大学化学系工学博士。1935 至 1936 年在德国亚琛工业大学钢铁冶金研究所从事博士后一年。1936 年回国。1980 年当选为中国科学院院士(学部委员)。曾任重庆矿冶研究所研究室主任、代理所长，北洋大学工学院院长，天津大学副教务长，北京钢铁学院一级教授、教务长、副院长。

## 主要成就：

长期从事教育和科研工作，为培养冶金人才作出重要贡献。在国产矿石综合利用、共生矿有用金属的分离提取、矿石有害元素的去除和推广固体电解质电池快速定氧技术方面取得丰硕成果。此外在完善炉渣离子理论脱硫和活度理论方面也有独到的建树。

# 魏寿昆：奋斗人生

## 家境贫困，奋发读书

1907 年，我出生在天津一个没落的商人大家庭中，祖辈出身木匠，后来发家，到我祖父年代，清朝腐败，国家屡遭欺辱，尤其是八国联军入侵使我祖上这个大家庭解体，祖父带着他这一支系十几口人分家而出搬入天津西头大伙巷的一个院落中。我父亲兄弟 3 人，二叔没有子女，靠在外做工勉强生活，三叔能力很强但很早就过继给别人家。我兄弟姊妹 9 人，父亲患精神分裂症，不能工作(44 岁就过世)，全靠祖父一人当雇员养活这个大家庭，因此我们生活十分艰苦，只有过年才能偶尔吃一次肉，主食主要是棒子面及少许 4 号面粉。生活虽然清苦但我酷爱读书，先念了三年私塾，学习国文、珠算和写字，而后又插班到小学读了两年半高小，除了念国文和算术外还开始学英语。毕业后本来家中想让我去商号学徒，但我不愿意，经多次争取，在三叔支持下，终于考上公立的铃铛阁中学(现天津三中)。当时天津尚有南开、新学书院等中学，但费用太贵上不起，而铃铛阁中学仅交学杂费，且离家近，中午还可回家吃饭。主要课程都使用英文教科书（如数、理、化、西方历史和地理等）。那时国内著名的中学都用英文书，原因是没有中文教科书。记得先后有4位老师教我们英语。我上过英语读本的阅读课还学过一整本的英语修辞学，其内容主要是：过去式和过去完成式的用法；冠词a和the的用法；被动语态的用法；现在分词和主语的关系。除了努力学好各门课程外，我很重视英语课，专门准备了一个本子记单词，每天背诵。我坚持绝不在英语书上加注任何中文或英文符号，每翻开英语书阅读时没有任何提示帮助，只有事先把单词记牢，把语法弄懂才能顺利读出课文理解其意思，这样做虽然增加了难度，但对真正掌握好英文很有帮助。因为频繁翻阅课本，以致书的外表变得很旧，书页边缘都摸黑了，但打开书每页都是崭新的。我的七弟看到我这样学英语，十分惊讶，也十分钦佩。在中学就这样努力地学英语，到毕业时我英文已有了一定阅读能力。

## 留学梦想的实现

中学毕业后，我以第一名的成绩考入天津北洋大学。之所以考北洋是因为它是中国的第一所官办大学，具有国内一流的设备和师资，设有奖学金（平均成绩85分以上可免除下学年的学杂宿费）和贷书制（学校无偿借教科书给学生用，毕业时归还，如欲保留可半价购买），个人只需花饭钱，因此只有上北洋才能上得起。预科两年后，本科入矿冶系，为什么学矿冶系呢？这是因为我喜欢化学，中学老师做的化学实验深深地吸引了我。例如，电解水实验，氢气、氧气析出后分别进入两个试管，火柴点燃氧气试管，立即燃起明亮、美丽的火焰，而氢气试管的氢气充入一个扁瘪的气球，瞬间气球就鼓起来了，老师一放手，气球立即升入空中。当时北洋大学仅有机械土木和矿冶系，而矿冶系是学化学最多的系。当然随着年龄的增长、年级的迁升、学习的深入，自己对所学专业的认识有了质的飞跃，认识到钢铁是国家的重要基础工业，汽车、轮船、火车、飞机、大炮等都需要大量的钢铁，就连建筑房屋也需大量的钢筋。为了更好地建设国家，我更加热爱钢铁冶金学科了。北洋大学全部使用英文教科书，上课用英语讲授，考试用英文试卷，习题实验报告也要用英文书写，经过这样的训练，我打下了良好的英语基础。北洋大学还非常注重聘请著名学者来校任教，老师有外国人，也有留学回国的中国人，像著名桥梁专家茅以升、著名机械专家石志仁、著名化工专家侯德榜都是北洋大学的老师，他们教学水平高，要求严格，人格品德优秀，对我们学生有非常大的影响。老师还经常介绍国外一些大学的“教学一览”鼓励我们将来出国继续深造。受老师的影响，我在大三时就给美国MIT（麻省理工学院）和纽约哥伦比亚大学矿冶学院写信索要“教学一览”，为了省邮费，邮寄的是明信片。

没想到三个月之后，两个学校分别寄给了我他们的“教学一览”，我高兴极了，并下定决心一定要设法出国深造。因家里穷困不可能自费出国留学，只能考取公费留学。当时公费出国有三个途径，一是清华的美庚款，二是英庚款，三是各省市的公派留学，一般不是每年都有招考，而是前一期学生留学回来之后再进行新的招考。招考的专业一般有化工、机电、土木等，采矿冶金类很少，我只能往化工方向靠。化学分为四大部分，即无机化学、物理化学、分析化学、有机化学，其中前三个我都学过，唯独有机化学未学过。在大学三年级时，我偶逛天津大胡同华阳书店时，发现一本国外出版的《有机化学大纲》新书，当时灵机一动：何不买下来自学为出国考试做准备呢？当时虽然经济上拮据，还是买下了这本书，并在随后的大学生涯中用业余时间自学了它。在大学预科中我曾学过两年德语，成绩不错，为了不致遗忘，在大学本科的四年里我坚持复习，使德语保持在一个较高水平。1929 年夏，我以大学总平均 94.5 分的成绩毕业，因为当时没有任何留学报考的消息，经老师介绍去了辽宁海城大石桥滑石矿工作。同年 10 月，我偶尔翻阅报纸，看到河北省已招考了一名留美学采矿专业的穆瑞清的消息，他是我北洋大学同届机械系的毕业生，这个消息对我震动极大，感到消息不畅是留学的一大障碍，正在苦恼之际，不久就接到母校北洋大学来信邀我回校任教，遂于 1930 年 2 月农历春节辞去大石桥滑石矿的工作回天津北洋大学矿冶系协助系主任何杰教授和地质教授冯景兰进行教学工作，我是该系首次被聘的助教。1930 年秋，天津《大公报》与《谊世报》登出消息，报道当时天津市长张学铭（张学良之弟）提议天津市自招公费留学生，准备为天津的纺织业和教育界服务，预备招 3 名，1 名赴美国学教育，1 名赴英国学纺织，1 名赴德国学色染化学，我得知后异常兴奋，觉得色染化学与我的专业最接近，于是决定报考留学德国。考试科目中就包括了德文与有机化学，由于我事前有了一定准备，所以顺利地考取了，试想如果当初我不坚持复习德文，如果我不自学有机化学，那我如何能应对这次考试呢？只要有充分的准备和坚持不懈的努力，机遇就垂青有准备的头脑。

## 国难当头，从事专业的抉择

1931 年 4 月，我与考取留英的冯绍先一起，从哈尔滨转轨（改乘进入苏联境内专门尺寸轨宽的火车）经西伯利亚大铁路驶向欧洲。5 月 5 日在莫斯科下车，拜谒了列宁墓，当晚换轨再乘火车于第二天（5 月 6 日）抵达德国柏林。冯绍先继续坐车西去英国。随后暑假中我参加了柏林大学的德语补习班，补习班分 4 级，初等 2 级，中、高等各 1 级，经考试我进入中级班学习，2 个月后结业考试，我因成绩优异被准许免上高级班而直接获得了入德国大学的德语证。9 月初进入柏林工业大学学习有机化学、物理化学及其他相关课程，刚上课才两个星期，就传来九一八事变的消息，我国东北三省被日寇占领，平津一带成为前线，当时我对日本帝国主义的侵略行径感到极大愤怒，同时也担心天津市是否还能把留学经费按时寄来，一直忐忑不安。在柏林工业大学学习了一年，因为没有色染化学方面的课程，所以我转入德累斯顿工业大学，该大学同意我可直读博士，但需先补作工程师论文（当时在德国念工程师学位相当于读硕士）。在德累斯顿工业大学念了三年，工程师论文成绩为优—特优，1935 年，获博士学位，博士论文成绩为优，我成为在德累斯顿工业大学获得博士学位的第三位中国留学生。那时，家里定期给我寄天津的《大公报》，使我能及时了解国内的情况，为了防备由于国内时局变化留学经费可能中断的情况发生，我省吃俭用，从不去大饭馆吃饭，大多在便宜的学生食堂就餐，出行也尽量乘坐快捷便宜的地铁，因此有了一些积蓄。至此，我已完成了天津市公派留学色染化学的任务(留学经费也已停发)。是立刻回国还是另做安排？必须作出决断。从当时的时局来看，日本势力已侵入了华北并积极鼓吹所谓华北五省自治，国民党政府实行不抵抗政策，节节败退，平津失陷也只是时间问题了，想为天津纺织色染工业服务是完全不可能了。国难当头，国家最紧迫最需要的是钢铁，我大学学的就是钢铁冶金，所以想来想去还是利用这个机会在德国再专攻钢铁冶金，对国家和个人都是最有利的。但是否要读两年的钢铁冶金博士学位呢？考虑再三，一是在德国已待了 4 年，很是想念祖国和老母亲，再者国家遭到侵略，为国分忧报国之志时刻牵动着我的心，再待两年时间太长了，最终决定用一年的时间攻读钢铁冶金博士后(不读学位)。1935 年秋，我自费前往德国阿亨工业大学钢铁冶金研究所进修冶金物理化学及其他有关课程，经过一年的努力，我不仅学到了德国钢铁冶金最先进的科学技术理论，还搜集了大量的德国钢铁工业及学校的资料，长达 5 年的留学生涯终于结束了。1936 年 7 月 1 日(在德国召开奥运会开幕的那天)我离开了柏林，先去慕尼黑参观了德国科学博物馆，后经瑞士的伯尔尼、日内瓦去了意大利的米兰、威尼斯、罗马、梵蒂冈，还参观了维苏威火山和被掩埋的庞贝城，当时维苏威火山正在小喷发，地面既热又软，至今仍留有深刻的印象。最后在那不勒斯上船经地中海、苏伊士运河、印度洋、南中国海回到了阔别多年的祖国，在上海登陆再经陆路于 1936 年 9 月初回到天津，重新在北洋大学矿冶系任教，培养钢铁冶金人才。现在看来，最终决定从事钢铁冶金事业和在德国仅再延续一年学习的决断都是正确的，不然的话，1937 年 7 月 7 日发生了七七事变，日寇全面占领华北，我若晚回国一年就根本回不到天津，见不到老母，人生轨迹会发生什么变化就不得而知了。

## 28 门课是如何讲授的

我这一生先后在 9 所大学任教。抗日战争前在北洋大学；抗日战争期间先后在西北联合大学、西北工学院、西昌西康技艺专科学校、贵阳农工学院、重庆大学；抗日战争胜利后回到华北在唐山交通大学及北洋大学；新中国成立后在天津大学和北京钢铁学院(现名为北京科技大学)。为什么会讲那么多门课呢？主要有如下几个原因：(1) 教师奇缺，尤其是抗战时期，在西北联大、西北工学院、西康技专时，采矿冶金系仅有 3 名教授：地质、采矿教授各 1 人，我是冶金教授(另还有两位助教)，学生人数众多，需要开设的课程都要给学生讲授，为了满足抗日对人才的急需，教师不得不同时讲授多门课程，甚至有时一人包揽全部冶金课程；(2) 经常发生受聘的老师未按时到校或某门课聘不到合适的老师再或某些课没人愿意讲，须有人马上顶岗上课，尤其我是系主任更应担当重任(也包括个别支援外系的情况)；(3) 某些课程内容较深，备课准备麻烦，没人愿意接课。如在北京钢铁学院，苏联专家撤走之后专家的课没人去接，当时我任教务长，没有授课任务，但在教师和学生请求之下，我立刻接着上。从讲授的内容上大致分为几类：(1) 冶金系统课程。这部分的主干课我过去学过，基础好，平时也注意查阅这方面资料，所以讲授不困难，一些支干课过去学的内容较少需适当补充相关内容；(2) 化学系统课程。我化学基础好，讲授不觉吃力；(3) 其他。我讲课一般都写讲课大纲，突出课本的重点、原理、主要内容及课外参考资料，并用最简洁的英语写出，很受学生欢迎。这个方法是我当学生时从北洋大学矿冶系主任何杰教授那里学到的，后来还帮何教授写过一些。我写的一个采矿学课讲授大纲借给一些老师曾被他们直接采用进行课堂教学。讲这么多门课都需事先备课，尤其是一些需要补充内容的课程，要查阅大量资料，辛苦是必然的，曾经有 5 门课同时上、周学时 14 学时的情况，但国家急需人才的压力和教师崇高的职责激励着我，心情还是愉快的。并且我认为讲授多门课程也能使自己的知识更加全面、广博，对业务能力和水平的提高也很有帮助。

**附：讲授课程一览表**

冶金学系统：(1) 普通金属冶金；(2) 钢铁冶金；(3) 有色金属冶金；(4) 电化学冶金；(5) 冶金计算；(6) 冶炼厂设计；(7) 金相学及热处理；(8) 钢铁热处理；(9) 选矿学；(10) 耐火材料。试金学及实验，高温测量学，冶金炉(流体力学部分)，专业炼钢学活度理论，炼钢过程物理化学，冶金热力学(脱硫理论)。

化学系统：普通化学，物理化学，定性分析化学及实验，定量分析化学及实验，工业分析，水质分析，色染化学。

其他：矿物学，岩石学实习，吹管分析，德语。

## 院系调整，参与创建北京钢铁学院

新中国成立初期，国家百废待兴，在国际上受到帝国主义国家的包围。1950 年 6 月，爆发了朝鲜战争，所谓联合国军侵入北朝鲜，美国派第七舰队封锁台湾海峡，蒋介石集团叫嚣反攻大陆。10 月，中国人民解放军跨过鸭绿江正面抗击敌人，国家面临极其严重的挑战，我们必须以最快速度恢复和发展国民经济，特别是要大力发展重工业，随后苏联陆续援助了我国 156 项重点项目，因此急需各类高级专门人才，为此国家对原有的高等院校进行了大规模的调整。1952 年我被调到北京参与创建北京钢铁学院并被任命为教务长。当时北京北郊还先后成立了北京地质学院、北京矿业学院、北京石油学院、北京航空学院、北京林业学院、北京农业机械化学院和北京政法学院，号称“八大学院”。北京钢铁学院由五个学校的相关专业和老师、学生、职工组成(也有部分人员从其他单位调入)。各单位都有自身的工作方式、工作习惯和工作方法，合并之后急需磨合、协调，以便顺利招生、开学、上课，当时学校的首要工作就是教学工作(科研工作还较少)，要使学校各项活动迅速正常地运行起来。那时我管理着多个工作部门，即所谓三个“6”，一个“馆”，它们是：

教务处下设6个科室：教务科、科研科（后来独立出来成为科研处，原科改为教学研究科）、教学设备科、生产实习科、业余教育科、出版科；

6个系：采矿系、冶金系、金属材料系、压力加工系（最初上述二系合起来为工艺系）、冶金机械系、冶金物理化学系（后成立的）。还曾成立过特种冶金系，后被取消；

6个公共教研组：高等数学、物理、化学、外语、体育、机械制图；

1个“馆”即图书馆。

在工作中我以身作则，从不突出自己的原单位，鼓励大学互相帮助、取长补短，在新的单位为了共同的目标团结起来，克服困难，把北京钢铁学院办好。由于是新学校，很多事情都要从头做起，如各种教学规章制度的建立、各专业教学计划的反复制订、各门课教学大纲的编写、实习计划的安排、苏联教科书的翻译及部分教材的编写、各种教学设备的选购、各种图书杂志的订购乃至教师快速学习俄语的组织工作等，工作量之巨大可想而知。每个星期有两个下午分别是业务学习和政治学习，其他四个下午都是开会研究各部门的工作。开会前我都事先找有关人员谈话、征求意见，进行调研工作，基本达成共识，然后正式开会形成决议，从不开无准备的会议。至于上午则是接电话不断，还要接待反映意见的老师和职工，要处理各种矛盾，解决各类问题，本来想请秘书事先筛选一下，可是因为来者都说自己的问题重要，所以最后不得不人人都接待。对来访者我仔细听取他们的意见，然后耐心地做思想工作以求解决问题。记得有一次，机械实习厂负责人反映，有两位工人对学生实习加工零件消耗材料不理解，认为有用的钢材被学生“大块变小块，小块变没有”浪费了，很有意见。我把这两位工人及有关教师找来和他们交谈，讲明学生下车间直接动手接触实践的重要性，还举例说：“两位师傅都有小孩上学吧，小学生要认字就要写生字，每个字还要写多遍才能学会，生字本写完了就没用了，只能卖废纸，这是正当的消耗；大学生在车间加工零件可能不能直接用于成品，但他们学习了技术，懂得了很多知识，这就是培养学生所需的必要成本。”两位工人听了我的这个比喻，明白了道理，高高兴兴回车间去继续教学生了。类似这样要解决的问题很多，因此非常忙。虽然如此，我并未忘记继续学习，白天没有时间就利用晚上看书，一次冶金部一位司长晚上到家来做客，看到我晚上还在看书十分惊讶。其实作为一名教师，必须不断地学习、补充知识，跟上本学科的发展，才能更好地向学生传授更多的新知识。

建校初期，苏联向北京钢铁学院先后派过8位专家，他们带来了苏联的教学方法，给我们展示了一种新思路。苏联教科书编写得也很好，内容既详细又与实际紧密结合。我原来曾对平炉冶炼厂的建立做过调研分析，美国这方面资料很少，德国资料也不多（虽有一些后来发现也是从苏联方面传过来的）。西方一般都采用以炉建炉（即分析原有炉子优缺点之后重新设计建立新炉）和以厂建厂（即分析原有平炉冶炼厂优缺点之后重新设计建设新厂）的方式，而且炉子吨位都很小，虽然我搜集了许多这样的实例资料并且总结分析印了讲义，但总感不够全面。苏联专家来了，带来500吨大型平炉炼钢厂的全部资料（其中包括图纸），并且帮助我们在鞍钢扩厂，新建包钢、武钢的过程中建设了这样大吨位的平炉及厂房，这使我大开眼界，深感原来所做工作有着多么大的差距和不足。据我所知，苏联还陆续帮助我们建设了铁合金厂、特殊钢厂（包括轴承钢和合金钢）、碳素材料厂、轧钢厂等，使我国钢铁工业初步形成了一个完整的体系。此外还帮我们筹建了钢铁设计研究院，他们的援助是真诚巨大的。来访北京钢铁学院的一位苏联专家萨维里也夫讲课时经常调阅钢铁学院图书馆内的各国最新杂志，还专门画大型教学挂图，很受师生欢迎。这两点对我启发很大，并促使我们给出版科增加了一个专门绘制教学挂图的任务。有门《物理化学》课程由苏联专家格里格良讲授，他将理论与炼钢过程密切结合，使听课的师生收获很大。有一次他引用了美国人CHITMIN的一篇文章，因数据太多无法在课堂上写出，听课的师生（包括东北工学院和重庆大学的老师）都很感兴趣，最后专家把引用文献的出处告诉了大家，我借此机会在图书馆查阅了这篇文献，并同时浏览了许多西方的最新科技期刊，发现各种冶金杂志上研究"活度"的文章甚多，尤其是美国的冶金及材料汇刊，这个领域的研究我在德国留学时德国著名学者申克、美国著名学者奇普曼等都提出过了，我一直在关注着这个问题，没想到20年后发展如此之快、讨论如此之活跃，我如饥似渴地阅读了这方面的大量文献（晚上去图书馆，休息日就借出），收获甚大。后来北京钢铁学院一些老师要求我介绍这方面的知识，我就在工作之余对文献资料进行了归纳整理，三易其稿，不但给青年教师也给研究生讲了，第四稿时写成了书并公开出版。总之，苏联专家理论联系实际的讲课、用大型教学挂图的教学方式、认真查阅国内外最新科技资料的学风大大推动了我们教学活动的发展。

## 发挥余热，搞好科研，做好研究生的培养工作

1976年，"四人帮"被打倒，我国进入了改革开放的大好时期，知识分子被纳入工人阶级的一部分，"科学的春天"来到了，这时我已七十多岁了，在这大好形势下，心情愉快，有使不完的干劲。我多次下厂调研向实践学习，几次出国访问拓宽眼界，并积极参加国内外有关学术活动，密切关注钢铁冶金的发展动向。80年代，我带领部分教师在国内引进推广了被誉为70年代钢铁冶金界三大发明之一的固体电解质电池定氧技术，大大提升了我国炼钢业的技术水平。与此同时，我还积极参与了研究生的培养工作。研究生教育在发达国家已有多年历史，旧中国的大学基本按英美等国通才教育方式培养本科学士，1935年北洋大学成立了工程研究所矿冶工程部时才开始招收硕士班（仅3名学生），据我回忆，当时燕京大学也有了研究生班。新中国成立后苏联专家曾建议大学应进行研究生教育。北京钢铁学院60年代初开始了在职研究生的培养工作，我先后带了4名学生，其中2人毕业，2人因"文革"半途停止，北京钢铁学院其他系也有在职研究生的培养，这批学生仅有研究生学历，没有研究生学位（因当时国家未正式设立学位）。国外研究生培养也有一个发展过程，如德国阿亨工业

大学，1935 至 1936 年的“教学一览”中所列举的研究生导师多是无学位的老工程师，但我 1979 年再去阿亨工业大学，它的“教学一览”厚多了，而且登录的研究生导师全部是博士出身。我国在 1980 年正式颁布了硕士、博士培养条例，我曾被聘为国务院学位委员会工学学科首届评议组成员，评审过几年，后这个权力下放给了各个高校。那时北京钢铁学院有博士学位的老师不多，如何培养硕士、博士呢？我采用了下面几种方式：(1) 单独由我指导研究生；(2) 和一位老师合作共同指导；(3) 我和多名老师组成的小组集体指导。经过几年的努力，原来一些无学位的老师逐渐学会了如何选题、如何查文献和下厂搜集资料、如何参加国内外学术会议、如何搞科研和写论文等，从而形成了一批新的研究生导师队伍。我认为，硕士生可以由老师带着走，但博士生必须有独立进行科研的能力，其研究要有创新或革新的内容，要有别人未曾搞过或搞得不细的东西，即博士论文贵在创新。在选题上我是绝大部分结合国家需要来确定的，科研主要是紧密结合实际，对我国富有的共生矿、贫矿进行有益元素的提取分离和对有害元素的剔除，这些年来，在红土矿脱铬、金川镍矿镍硫分离、包头矿提铌、攀枝花钒钛磁铁矿提钒、华南铁矿脱砷贫锰矿脱磷等方面取得了一些成果，获得了一些奖项，为我国钢铁工业的发展尽了绵薄之力。另外，我已出版专著 5 册、学术论文 140 多篇、其他论著 30 余篇。

我很庆幸，在我晚年之际遇到了改革开放的大好时光，这是我一生最美好的时期，虽然我已 104 岁了，但真诚希望与年轻的朋友一起，在身体允许的条件下发挥余热继续努力、不断进取，为使我国早日成为一个社会和谐、全面小康的社会主义现代化强国而贡献全部力量。

在意大利维苏威火山口熔岩上(1936年)

光阴似箭，日月如梭。人的短暂一生所学到的知识，只不过沧海一粟。周恩来总理教导我们，"活到老，学到老"。古人云："苟日新，日日新"。想跟上时代，必须与時俱进，天天学习新知识。

闻友人言："人们对过去记忆犹新，对将来充满憧憬，惟独对现在最马虎，不知道要干什么。这样便白白地浪费许多时光"。要珍惜光阴之可贵。一寸光阴一寸金，寸金难买寸光阴。

魏寿昆

2004年四月

时年97岁

**简介：**

1916年9月7日生于广东从化。无机化学家。1940年毕业于西南联合大学化学系。1980年当选为中国科学院院士(学部委员)。曾任南开大学、山西大学教授，第三届全国人大代表，第五至第七届全国政协委员，天津联合业余大学校长，天津老教授协会名誉会长。

**主要成就：**

著名化学著译家，已出版化学教材专著和翻译俄英出版物六十余卷册，3 500余万字。擅长金属氢化物化学，持有镍氢电池和钕铁硼永磁合金新制造工艺两项知识产权，多种国家发明专利。创建南开大学新能源材料化学研究所和应用化学研究所。

# 申泮文：我的翻译生涯

1978年冬，改革开放伊始，我由太原山西大学调回天津南开大学工作。翌年春夏之交，天津市文化界筹组“天津市翻译家协会”，突然有一位姜姓同志来访问我，说他是天津文化系统筹组翻译家协会的办事人员，因为南开大学外语系主任李霁野教授推荐我出任即将组成的翻译家协会理事长，故前来同我联系，希望我出来参与筹备工作。我听了非常惊讶，当时我同李霁野教授尚不熟识(后来到1980年才同为中国民主促进会会员，相交甚笃)，他是文艺作品的知名翻译家，而我只是在新中国成立后，因教学需要，翻译过不少英、俄文教科书，是个无名小卒，算不得什么翻译家，又不知道李霁野先生怎么会知道我做过翻译工作，他是大家，我不熟识，又自惭形秽，不敢贸然去拜访李霁野先生，只有通过姜某与李先生及有关单位进行联系。后来慢慢就知道了，在成立天津翻译家协会这件事中还有许多曲折，许多单位都在竞争做翻译家协会的挂靠单位。李霁野先生推荐我，有意把挂靠单位争取到南开大学来。而我是个非文学界的翻译工作者，知名度又不够，对争取并不有利。李先生为什么不亲自挂帅出马？也许是他的地位太高了，不值得去与凡夫俗子一争短长。后来经过半年多的拉锯，经过妥协，天津翻译家协会挂靠单位最后落户在天津外语学院。我当然懂得知趣，坚决谢绝出任理事长。协会正式成立时，我没有去参加成立大会，但会上给了我一个名誉理事长安慰头衔，其实后来我从来没有参加过协会的任何活动，这只是我翻译生涯中的一小段插曲。我所感兴趣的是，专业差距那么大，为什么李霁野先生会关注到我的工作？这始终是个谜，我从来没有向李霁野先生讨教过。

1988 年夏初，我到山西大学给化学系研究生主持论文答辩。有一天一位外语系教师突来找我，他说："申老师，你看，这本新出版的翻译家辞典，里面有你的记录，你知道吗？"我听了又一次感到非常惊讶。迄此时为止，我一直没有想过我有没有"翻译家"的头衔。所以非常新奇地拿过书来看。这本书是中国对外翻译出版公司于 1988 年 1 月出版的《中国翻译家辞典》。书中按翻译家姓名汉语拼音首字母排列，收列了古今翻译家 1 127 人，全书共 780 页。在第 488 页刊载了我的条目如下：

> 申泮文(1916—　)
>
> 广东从化人，1940 年毕业于西南联合大学，在天津南开大学化学系任教，曾先后任助教、讲师、副教授，60 年代初为支援新建山西大学化学系，赴该校任副教授、教授兼副系主任。1978 年年末，调南开大学元素有机化学研究所任副所长，1979 年兼任该校化学系教授兼无机化学教研室主任。申泮文是一位有能力的集体翻译工作的组织者，他所组织的翻译工作以快速和文字流畅著称。
>
> 申泮文在长期的教学和科研工作中，结合工作需要，翻译俄、英无机化学方面专著 33 卷册，约 900 多万字，均已正式出版。其中有：[俄] 巴列金《无机化学实验》(高教出版社，1953)、《普通化学实验》(高教出版社，1959)、涅克拉索夫《普通化学教程》上、中、下册(与北京大学合作，高教出版社，1953)、《普通化学作业和问题》(高教出版社，1954)、《普通化学习题集》(高教出版社，1957)、谢密申《普通化学实验》(高教出版社，1954)、《无机化学学习法指导书》(高教出版社，1958)、《无机合成手册》(高教出版社，1957)、格林贝克《络合物化学概要》(高教出版社，1957)、[英]《无机合成》1—20 卷(科学出版社，1959—1985)、内博盖尔《普通化学》1—4 册(人民教育出版社，1978—1980)、巴索罗《配位化学》(英汉对照本，北京大学出版社，1982)、J. D. 李《新编简明无机化学》(人民教育出版社，1983)、《碳化合物的形状》(英汉对照本，南开大学出版社，1992)、珀塞尔《无机化学》1—4 册(高教出版社，1985—1990)。

我对这部《中国翻译家辞典》深感惊讶，因为在社会上，这类"名人传"型的传记出版物，是要预先向条目“入编者”收取很多钱的，要交相当高昂的“版面费”，然后还要“入编者”预交高价购书款，至少预购一本。组编这类勒索性出版物在 20 世纪 80 年代在社会上已经形成风尚(对此我是一贯拒绝参与的)。而这部传记却出污泥而不染，将我入编，既没有事先通知我和要求提供条目入编材料，也没有向我要钱和要求购书。想来这部传记的编写组，是由一批“好人”组成的，从该著作的“序”中我看到，他们的编撰目的是纯洁的、高尚的，阐述翻译工作的重要性，并歌颂了严肃的翻译家们的勤奋和奉献精神，令我深受感动。后来我通过邮购买了一部《中国翻译家辞典》，售价每部只有人民币 8.45 元。我向出版者和编写组表示衷心的感谢和深深的敬意。这部传记是我书架上的重要珍藏品之一。

我对我的条目的编撰人也深感惊讶，至今我仍然不知道他是谁。惊讶的是他如何对我了解得如此精细深刻，不但对我的简历了如指掌，而且对我的翻译作品全部准确掌握，没有任何遗漏。特别是他对我的翻译工作特色(集体翻译组织者、工作快速、文字流畅)了解得如此深刻，真是一位“知我者”，精细程度好像是一位在我身边的工作人员。但条目文字细腻，我身边又没有这样的人！我感谢他，是他把我真实地推荐进翻译家行列，使我感到自豪，使我今天可以沿着他的记述思路，以自述形式比较全面地回顾一下我的翻译生涯。

## 我的汉语言文字根底

我的汉语言文字修养，从幼年就得到很好的训练，其中有偶然也有必然。

我出身工程师家庭，幼年度过了温馨的家庭生活，6 岁上小学开始识字，很巧的是 7 岁那年就有机会读大哥哥拥有的《水浒传》。这“浒”字不认识，就读成“水许传”。我父亲嘲戏我说：“你看书时，最好手里拿一双筷子，看到你不认识的字，你就把它拈出来就是了，看看你究竟能够认多少字。”这虽是戏言，但确实对我有鼓励作用。在约一年的时间内，终于读完了《水浒传》。在那时小学都读文言文的时期，我接触到了通俗白话文，可以认为是语言文字能力提高的一个有利因素。

读完小学三年级，我从市办小学转学到“旅津广东小学”，这是一所办学比较优秀的知名学校，我参加了转学考试。人家要考英文，可我在市办小学还没有学英文，结果我英语考了一个零蛋。算术考试结果平平，但是国文考试给我挣来了荣誉。国文考试是作文题《论鸦片的危害》，我不知道什么时候读过林文忠公(则徐)的请禁鸦片的疏文，在写转学考试国文作文中，把林公文章中的警句“无可征之丁，无可输之赋”改写进我的作文中。后来听说，广东小学转学考试主考官是一位满腹经纶的国文老教师赵老先生。看了我的作文，连连击节叫好，说：“此子可教也！”尽管我英语没分(这造成我后来的英语先天不足)，仍然把我作为转学考试第一名录取。

进了广东小学以后，这位赵老师教我们四年级和五年级的国文课，教的都是古文。他对我特别“关照”，盯我盯得很紧，以批评促进步也批评得特别严。我永远也忘不了他那广东腔的普通话："你吆，你申泮文吆，你是个有天分的吆，可你就是不努力吆，你应该努力好好学习吆！"他的絮烦唠叨，给我造成了逆反心理，我总是想着法子去躲避他，出现了许多有趣的顽皮故事，且按下不表。在四年级他给我们讲古文，五年级给我们讲太史公司马迁的《史记》。我不否论，赵老师的治学风范和教学内容，大大地提高了我们青年学生的祖国传统文化修养。什么是今天要求的"素质教育"？我想这里就有丰富的素质教育。我们非常快乐地听赵老师绘声绘色地讲刘邦出席"鸿门宴"的故事，理解了"项庄舞剑，意在沛公"的典故，对樊哙的草莽英雄气概也肃然起敬。

我们又读了《史记》"项羽本纪"，其中最使我受感染的是项羽观看秦始皇出巡，看到仪仗之盛，毅然说："彼可取而代之也！"这句话是世界历史世代替续的规律，是我永远记得的一句口头禅。"文化大革命"中，在我遭受严重政治迫害最苦难的时刻，我就不忘念诵这句话"彼可取而代之也"。那一帮极左害人虫，伤害了全国无辜人民，注定没有好下场。人民会推出正确的领导力量，打倒、代替害人虫的统治。历史上，在腐朽的清政府覆灭前，慈禧太后搞了"戊戌政变"，杀了改革派，她能阻止历史的改革前进吗？孙中山在旁边说"彼可取而代之也"，中国人民的民族民主革命终于推翻了腐朽的封建统治。我们与项羽对此话有不同的理解在于：项羽是要自己取代秦始皇，而我们的理解则是正确的事物将代替错误的东西，先进的力量将代替腐朽的势力，中国不会永远停留在第三世界的贫困小圈子里面。这就是世界历史世代替续的辩证法。

记得在广小读到六年级时，国文课教员王老师也是饱学之士，他给我们讲《孟子》。讲到"孟子见梁惠王"："孟子见梁惠王，出曰，望之不似人君。"王老师也很会讲，讲得有声有色，引得学生们哈哈大笑。课下学生们就组成一条灯谜："金銮殿上坐着一个猴儿"，打《孟子》一句。大家说，这些孩子多么聪明！我写作文时也学着套用孟子语气，王老师给作文写的批语是："此子文有古风。"我又学会一招，文无优劣，看你会不会投阅卷老师之所好，你懂得这个窍门，就可以拿到高分。

1927年秋，我考取了天津南开中学，这所学校使我进入了一个新的广阔领域。首先是爱好上体育，球类如足球、篮球、排球，田径中长跑和跳高以及溜冰、武术等，无所不好。课后回家，家庭作业不多，在家中仍然可以继续自己的爱好，养蟋蟀、养鸟、读小说。谈到读小说一段，我得多谈一点。

我上中学的时候，父亲早已失业，靠我的大哥供我上学。我大哥申郁文南开大学商科毕业，是张伯苓校长钟爱的学生之一。在外国公司工作，收入比较丰厚。他很开明，每个月给我4元钱的零用钱。那时钱是值钱的，1元钱可以买一袋50斤的面粉。所以每月的4元零花钱足够我花销。我爱看小说，地摊上和书店里的那种"大字足本"的"演义"、"传奇"类的今古小说，几乎无不涉猎。当然这些书内容上也会有毒素，有些会有害于身心健康，我也经历过这类伤害。但是权衡利弊，我仍然认为利大于弊，因为它们主要提高了我的文字水平。

人的脑子就像一台电子计算机，你向它输入许许多多文字素材，在脑子里就建成了一座资源库。资料素材积累多了，也会自发形成人工智能。当你在外面看见新鲜事物、触景生情，需要发挥文思风采的时候，你脑里的文采资源库就会自发地向你输送组合好的精句文章。古人传说的所谓“七步成章”、“过目不忘”，也就是这么来的。多读书，开卷有益，也是这个意思。

我在中学里胡玩、胡看小说，每年学习成绩各科大都维持在70分上下，除了英语因为先天不足，后天失调，年年不及格、年年补考之外（下面再谈），总算学业还过得去。一直到了高中二年级，才真正懂得了要勤奋学习，争取后来居上了。

在高二，国文课有名师叶石甫、孟志荪等大师授课，还有加选课，我们学了《诗经》、《离骚》、《古文观止》、《文心雕龙》等古籍，也学近代文学（由赖天缦老师授课），加上自己原有基础，我那个班上的同学个个才华横溢，我说我的那个1935届班是南开中学首屈一指的人才大班，绝不是吹牛。

就我自己的汉语文水平来说，粗通古汉语，敢写文言文文章，甚至敢写四六排比的骈体文。写白话文绝对通俗流利。那时天津《大公报》还有一类特有的政论文章体裁“语录体”，文言白话并用，白话文中杂着文言词汇，文言串句中带有白话风情，朗读起来娓娓动听，以社论主笔张季鸾的文笔最为脍炙人口。我对这类文章也是十分倾倒，也会模仿着写小品文。既能文、又能白，也能文白相杂，这就为做翻译家打下了“信、达、雅”的达标基础。我的汉语根底是在小学和中学就夯实了的。

## 我的外语基础

上节中讲到，我的外语基础差，先天不足，后天失调，以至于到了中学，年年英语不及格，年年需要补考。这样的水平，怎么能做未来的翻译家呢？这里又要讲一点辩证法：凡事不过三，穷则变，变则通。我经过自我调节，只用了一个暑假的苦学，便大幅提高了英语学习成绩。

我到了高中二年级，学习自觉性和积极性都发生了变化，不满于惰居中游的状况，特别是不满于英语学习的落后状况。在1933至1934年的这一年间（高中二年级），由于各门课程都是由名师讲授，激发了我的学习积极性，学习成绩一下子就冒上来了，首先是数学（大代数、解析几何，名师张信鸿），继之是化学（名师郑新亭）、物理（名师赵松鹤）、国文（名师叶石甫、孟志荪）、西洋历史（名师韩叔信）。这里重点讲讲西洋史课程，教科书用的是英文原本 *Hayes and Moon*：*Modern History*，由于学习这部书英语词汇太多（历史的、政治的、社会的、经济的等），韩叔信老师就把学生组织起来，分成小组，每组负责一定页数中的专门词汇，大家分头查字典，找出对应汉语词汇，然后集中成册油印，分发给每位同学，帮助大家啃这本大部头的英文历史书。这样虽然大家负担都很重，但是读下来，每人都通晓了许多有关历史、社会、政治、经济等方面的关键词汇了。对普通知识的提高大有益处。我对学习历史很感兴趣(因为我读过了太多的历史小说),读这门课很认真,爱屋及乌,也就对英语发生了新的兴趣。

1934 年暑假,我下定决心,要在这个暑假当中改变我的英语学习面貌。由于在西洋史课上学习了许多各方面新词汇,我已经能够独立读英文报纸了。那时在天津有一家英文报纸《华北明星报》(*North Chirla Star*),我就订了一份,每日清晨,报纸来了,我就展开找重要新闻和评论文章,逐篇快速朗读,好文章反复读多遍。每天上午大概如此读报 3 个小时,坚持两个月暑假天天雷打不动,发现这种学习方法虽然笨一些但很有效果,立竿见影。就在这一个暑假,我彻底改变了我英语学习落后的面貌。我称这次收获为"一个暑假的胜利"。

我发现,我的这种学习方法很有科学道理,它是一种个人独立的自我全面训练外语的学习方法,它训练了口语、读音、听力,训练脑子思维,并且可以从汉语翻译思维逐步转变到直接英语思维,由汉语的慢节奏习惯转变到英语的快速节奏习惯,全面熟悉英语文章语法和行文习惯,养成一种不死背单词就能自如掌握英语词汇的习惯等。我把我的这种学习方法总结为"以快速朗读为中心的外语自学成才法"。当然这种学习方法仍然需要继续强化和巩固,我的英语终归通过此种方法全面(听、说、读、写)过关了,并在英汉对译方面进一步形成了我的专长。

有事实为证,我的学习方法是高效的。20 世纪 80 年代中,我在南开大学化学系给学生连续开了 3 年专业英语课,一百多名学生大班上课,向学生传授我的学习方法,在课堂上引导学生朗读养成习惯,收到很好效果。在我教该课的几年,南开大学化学系学生英语四六级考试成绩在全校名列前茅。

我的第二外语是德文,1939 年在西南联合大学修习的,学习成绩良好,但因没有实际使用机会,水平停留在可以直接阅读化学专业书刊的程度。

我的俄语技能是在 1952 年全面学习苏联、进行高等教育改革时期学的。全体化学教师一起突击 18 天,掌握基本词汇和语法,然后就组织集体力量翻译苏联教材,边翻译边提高和巩固俄语学习。在翻译苏联教材过程中,我抓住了一个窍门——不做俄汉直接翻译,而是做俄英翻译,因为俄语、英语同为拉丁语系,俄语中又有许多来自英语的外来语,通过英语来了解俄语可以更准确,也更方便。所以在翻译过程中,需要查字典时,我不查俄汉字典而查俄英字典,至于将英语词汇翻译成汉语时,我的功底基本上不需再查字典了。工作就可以进行得顺利快捷了。

## 翻译风格

按照"信、达、雅"的要求(大翻译家严复的翻译标准),我在翻译工作中坚持以下原则:(1) 译文必须忠实于原文;(2) 译文简洁、通俗流畅,爽口易读;(3) 在"直译"和"意译"当中求得妥协，要求译文汉语化、口语化；(4) 不反对对译文适当艺术加工，灵活风趣；(5) 翻译工作完全服从实际工作需要。

我最反对僵硬直译，译出来的文字结结巴巴，不像中国话。既反对 English Chinese，也反对 Chinese English。养成了一个习惯，看见别人的译文不通顺，我的手就发痒，就要动手改改划划，把人家的文稿改通顺了。这种“好为人师”的毛病，坚持了一辈子，因为我一辈子的“翻译家”工作，并不是我自己直接搞翻译工作，而是组织大家搞翻译，我给大家修改译稿和做统稿工作。《中国翻译家辞典》中我的词条中的评价，说我的译文“以文字流畅著称”，这是符合实际情况的，但译文并不是我自己的，是翻译集体的、大家的，我只是集体译文的美容师。

## 组织集体翻译

《中国翻译家辞典》我的词条所列的翻译书目，除个别的译著(例如涅克拉索夫：《普通化学教程》是我们参加北京大学组织的集体翻译)，其余全部都是在我组织下的集体翻译。1952 至 1959 年期间主要工作为翻译苏联教材，全部用教研室集体署名，在内容简介中注明译者，我被注明为校者和统稿人。

1957 至 1990 年为英语化学专著翻译时期，由于改革开放，已经可以个人署名了，所以在此期间的译著，译者以“集体代表人某某(等)译”署名，我以“申泮文校”署名，大家权益泾渭分明，谁也不占小便宜。在经济效益方面，科技翻译稿酬一向是很低廉的，加上受极左思潮的影响，在“大跃进”时期，稿酬低到每千字 5 元，连稿纸费都不够。我也一向保持守廉，每次稿酬只收取 20%的校稿费。

举一个典型例子，说明集体翻译工作是怎么做的。

1978 年，在邓小平同志加速引进外国先进教材的指示下，高教出版社组织了一次各校相关教师的会议，拿出几部英美化学新教材，征求组织翻译。其中一部美国著名教科书 *Nebergall: General Chemistry* 估计译文字数 100 万，几个兄弟院校教师认为完成翻译需要两年时间。我思忖了一下，手中有金刚钻，不怕揽瓷器活，当即提出我(当时代表山西大学化学系)可以组织翻译，4 个月完成。我大言一出，语惊四座，没有人敢同我竞标，高教出版社当场把任务委托给我了。

我之所以敢以短期接受任务，一是我有多年翻译工作经验，二是我手上有 3 支翻译队伍，一支在山西大学，一支在南开大学，一支散在国内各地。他们都是我多年集体翻译工作带出来的，久经沙场，可以招之即来，来之能战。我是胸有成竹的。

具体做法是：利用复印技术，把全书复印下来，按先后分为 4 个分册，把所有可招来的人员分成 4 个小组。然后把复印书稿均分下去。我手中掌握原文书作为将来修改译稿的依据。不设中间领导层，每位译稿人直接对我负责。以 1978 年 4 月 1 日为起始日，要求每位译者每两周给我交回一份译稿。我以最快的速度把译稿修改好，反馈给译者，由译者完成加工整抄工作（当时大家还不知道用电子打印技术）。

全部译者的矛头都是对准我的，译稿都要集中到我这里来修改，所以我最忙，日以继夜地加班加点。到外面开会，也随身带着译稿和原著，充分利用闲暇做改稿、定稿工作。到最后，整抄完成的翻译稿全部再集中到我手上，做最后加工整理，脱稿。全部工作拖迟了半个月，以四个半月的时间胜利完成任务，全部译稿共105万字。这大概是国内第一次以集体力量最快完成的工作。遗憾的是，尽管我们的翻译工作很快，但出版工作却跟不上趟，4个分册完成出版共用了两年时间。

以同样高速度完成的翻译工作还有J. D. 李的《新编简明无机化学》（人民教育出版社，1983）和珀塞尔的《无机化学》（1—4分册，河北工业大学马维教授主持，高等教育出版社，1985—1990）。

我们的集体翻译工作贡献，在全国来说是独树一帜的，堪以自慰。

## 惨淡回顾

组织集体翻译工作，在我的工作生命期间，大概占用了约1/3的时间，其间有同志间合作的欢乐，工作成功的喜悦，也有工作不被重视，特别在极左倾向影响下，尊重知识、尊重人才政策不得落实，也会有悲哀和惶惑。现在我垂垂老矣，一切都已是“昨日黄花”，回顾往事，历历在目，同志们的合作共事、成果与贡献是主流，是伟大的，值得共同骄傲。但在我一切圆满的工作成就当中，也有一丝丝失落——有一件遭到破坏、永远也无法完成的工作，成为永远的遗憾。但这不是我的罪，将来我不能带着它去见马克思，还是把它留在文字间，留待后人评说吧！

在著译出版工作中，译作者和出版社应该二位一体，紧密团结合作，以人为本，给读者出版更好更多的优秀译著出版物。在我的一生中，由于我在化学家当中是著作翻译出版物最多的一人，同出版社的交往极为频繁，同几个国家级大出版社建立了五十多年亲密的合作关系。

1958年“大跃进”期间，千古奇闻，出现了一桩出版社批判译作者的故事，讲给大家听听。第一件事出在我的身上，我组织翻译的一部《无机合成手册》于1957年出版，但应得稿酬一直拖延未付，出版社说是因为经济困难，周转不开，要求延期兑付。我记得好像我还给出版社回过信，说作者与出版社是一个战壕里的同志，你们的困难就是我们的困难，愿意陪伴你们共渡难关，我们不急于求索。回想起来，这是我们过于天真了！1958年中，稿酬寄来了，付款清单上记录的稿酬标准，恰恰是出版合同上记载的数字减半。出版合同上记载的稿酬为10元/千字，此次实付稿酬却是5元/千字。我是经过多次政治运动考验的，比较机灵，此时恍然大悟，原来稿酬拖延兑付，不是什么经济困难，而是稿酬政策发生重大调整，拖延是等待新政策出台。从法律角度说,这是违反合同的违法侵权行为,我可以提出交涉。但我不想找这个麻烦,一笑置之。只将稿酬支付清单拿给合作者们看看,按实收款分配给大家,并嘱咐大家不必吭气。本以为自认吃个哑巴亏就算了,谁知后边还会有事。过了两个月,出版社突然来了一封信,对我进行"撩拨",说两个月前已把稿酬寄付给你们了,未见回复,是不是有什么意见,请告诉我们。我还以为他们有表示歉疚之意呢,心肠也就软了下来,回他们一封信,问他们有没有搞错,为什么稿酬比出版合同规定少了一半?这封信发出去以后,没有几天,回来了一封正式信函,打印得整整齐齐(事前准备好的)一份红头文件,请同志们猜一猜,该是什么内容?

文件严肃地对著译者展开了批判,说:自从对出版物实行稿酬制度以来,有些著译者拿到稿酬以后,忽视了自己的自我改造,生活腐化,严重脱离了劳动人民的生活水平,不利于知识分子的继续改造。为了帮助知识分子的改造工作,现决定降低稿酬标准,目的主要是重视于知识分子的改造进步,希望广大著译者共同勉励等。请看,这不是找上门来骂人吗?令人觉得既可气又可笑。怎么办?我还是固执己见,一笑置之,不予理会。现在后悔的是,当时把这份文件扔到废纸篓里去了,没有把这份奇文保留下来"存档",甚为可惜。

另一件同样事件出在我的老朋友王继彰教授身上。王继彰是我同教研室的同事、老学长、老朋友。1957 年教研室向科学进军,开展科学研究。在无机化学研究中,有一项物相平衡研究,在苏联研究体系中称为"物理化学分析",需要在我们的教学和科研领域中引入这门学科。我得到了一部苏联专著《物理化学分析》。王继彰教授是这方面的专家,又精通俄语,所以我建议王继彰翻译这部书,同时也给联系了出版社,达成了出版协议。这部书字数较多,商妥分上下册出版。

就在 1958 年这个节骨眼儿上,王继彰翻译的《物理化学分析》上册脱稿并交付出版。出版社支付的稿酬也是比出版合同少了一半,并也同样对著译人进行了无情批判。王继彰是一位敦厚长者、好好先生,但他对出版社的违约行为不予容忍,大为震怒,跟出版社打起笔墨口舌官司。终归胳膊扭不过大腿,王继彰决定主动撕毁出版合同,断绝与出版社的关系,下册《物理化学分析》的翻译稿,虽已经完成,但他决定拒绝交稿了。我在王继彰和出版社之间,处于介绍人的尴尬地位,束手无策,谁的忙也帮不了。

1959 年春,我奉调去山西支援新建山西大学,离开了南开大学,离别之际,我想到了南开未了情:为《物理化学分析》这部书,王继彰伤了感情;出版社一部书出了上册,没了下册,给读者造成了损失。这叫做两败俱伤,对谁也没有好处。于是我立意设法对这个旧案进行调解。1960 年就社会整顿调整之机,给出版社写信,建议出版社对王继彰的稿酬给予补偿,对"批判"给予缓解纠正,主动向王继彰提出恢复合同继续交稿问题,完成《物理化学分析》全卷出版任务,为读者造福。同时也写信给王继彰,劝他对出版社给予谅解。但是出版社一方态度强硬,坚决不肯对稿酬和批判问题做出让步。王继彰则最后答应道,他不对出版社妥协，只愿意把下册书稿交给我，由我去安排出版。对老朋友来说，我是不能这样做的。调解失败，徒劳无益，我也认为是多此一举了。

王继彰教授于十年动乱末期病逝，书稿也佚失，哀哉老朋友！他的知识分子气节高尚，为维护知识分子的尊严和合法权益，作了不屈服的斗争，我自愧不如。我和王继彰面对的是两个不同的出版社，所以那种侵权行为并不是个别出版社的偶然，而是他们的统一行动，也许是他们的领导部门或领导的领导制定的政策，出版社只是个执行单位而已。我所关注的是《物理化学分析》未能全卷出版，给我心中留下了长远的愧疚。

继彰老友，我愿馨香相告，今天的社会已经有所进步，人民已经可以为维护个人或集体的合法权益奋起求诉了，安息吧！

坚持在教学第一线(2003 年)

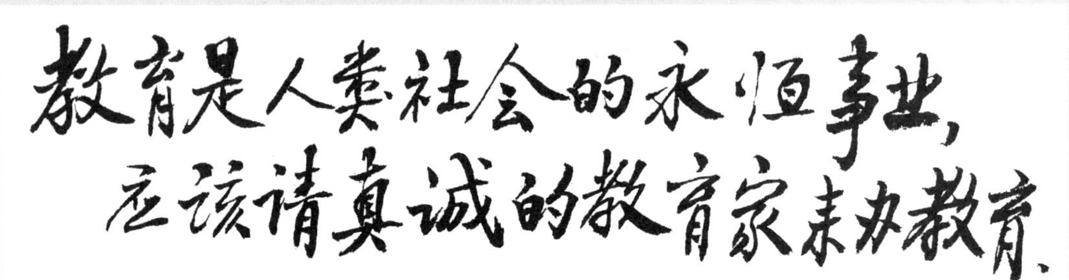
教育是人类社会的永恒事业，
应该请真诚的教育家来办教育；
爱国主义教育环境出英才；
培养高层次人才立足于国内。

申泮文题
二〇〇四年十月廿五日

**简介:**

1918年6月26日生于陕西泾阳。分析化学家。1943年毕业于中央大学化学系。1947年获美国伊利诺伊大学化学博士学位。1948年回国。1980年当选为中国科学院院士(学部委员)。1981至1992年任中科院化学部常委。曾任中国化学会理事兼分析化学委员会副主任,江苏省政协常委。

**主要成就:**

专长电分析化学。验证了球形电极扩散电流公式,解决了极谱分析中长期悬而未决的问题。与张长庚提出了球形汞齐电极的扩散电流公式。对线性变位极谱、方波极谱、交流极谱等近代极谱技术的重要电极过程进行了严格的数学处理,提出了19个新的电化学理论公式。开辟了新的电分析化学领域——示波分析。1978年获全国科学大会奖。1982年和1991年两次获国家自然科学奖三等奖。1988年获国家教委科技进步奖二等奖。2002年获何梁何利基金科学与技术进步奖。《极谱电流理论》和《仪器分析》分别于1988年和1992年获全国优秀图书一等奖。《示波滴定》于1992年获高等学校优秀学术著作特等奖。

# 高　鸿:
# 我这一辈子

我出身在陕西省泾阳县一个普通知识分子家庭。父亲高铭新,字季维,曾参加辛亥革命,年仅33岁就被敌人暗害(事迹见《泾阳文史资料》第4期,1988年),那时我尚不满两岁。母亲刘淑铭当时也只有24岁,含辛茹苦,矢志不嫁,要亲自抚育我成人。初时家里经济情况尚可,我们和八十多岁的祖父住在一起。一天祖父突然病故,只见母亲一人忙着料理祖父的后事,而祖父的另外三个亲儿子却躲起来闹分家。我的一个伯伯竟侵吞了祖父留给我和母亲的金银饰物,拒不归还,母亲无奈,只得带着我到县里告状,拖了几年,没有结果。县长怕得罪人,只是推诿搪塞,不肯主持公道,我从小就尝到人世间以强凌弱的滋味。从此我们母子俩相依为命,过着清贫而孤寂的生活。那时军阀混战,兵匪一家,为了躲兵灾也为了打官司,母亲带着我时而住县,时而住乡,母亲走到哪里我就在哪里上学,仅小学就换过四个!在无法上学的时候,母亲就亲自教我读书识字。母亲很聪明又非常贤惠豁达,生活在那么艰难的环境中，却心胸开朗，很少发愁，从不向小孩乱发脾气，总是一副慈祥和气的神态。记得祖父死后，由于到处奔波，我们连个厨房都没有，好几年就在住房门口用三块砖头支撑炉子烧饭。后来在泾阳县内定居，我才上了姚家巷小学。由于以前上学总是断断续续的，功课有些吃力，母亲便给我补课，并鼓励我不要泄气。她说："只要肯努力，没有办不到的事情。"她教我"人一能之己十之，人十能之己百之"，"每做一件事一定要把它做好"。我晚上学习时，她总陪着我，常常到深夜。每天的功课一定要我当天完成，决不拖到明天，母亲的教导成了我一生的座右铭。为了感激母亲对我的疼爱，报答她为我受的苦，我暗下决心，小学毕业时要考个第一，为母亲增光。为此，我把眼睛都熬红了。我一生从小学到留学，不知经过多少次考试，拿过多少个第一名，但令我最激动的还是小学这一次，因为只有这一次是母亲亲眼看见的。

1931 年春天我考取了三原三中，母亲把家又从泾阳搬到三原。1933 年夏，母亲由于贫病交加终于一病不起，临终前把我托付给堂叔高兰亭，希望他照料我，让我继续上学。堂叔向她保证，要让我上大学，她才闭上了满含泪水的眼睛。安葬母亲以后，我即随堂叔到了南京。1935 年我由初中毕业，考上了江苏省立扬州中学。在扬中，我特别喜欢做化学实验，还参加了化学课外活动小组，这对以后我选择化学做一生的专业有一定影响。

1937 年抗日战争爆发，随堂叔一家又回到陕西。1938 年在西安高级中学借读毕业，考入重庆中央大学航空系。进校后发现自己喜欢理科，不喜欢工科，遂转入理学院化学系。1943 年毕业，留系任分析化学助教。1945 年 2 月进美国伊利诺伊大学化学系分析组学习，1947 年 8 月获博士学位。在伊利诺伊大学时师从 G. L. 克拉克学 X 射线分析、H. A. 莱廷纳学极谱分析，为我毕生主要从事电化学分析奠定了基础。获博士学位后继续留校做研究。由于国内形势急转直下，担心一旦南京解放，有国难回，遂谢绝导师挽留，于 1948 年 2 月回国。我觉得美国虽好，但那是别人的国家，我的事业在中国。当时只怕回不了国，很少想到回国后工作条件的好坏，就这样，我应中央大学之聘回到母校。

我 1938 年进中央大学，1992 年年底离开南京大学，在那里整整待了 50 多年，当了半个世纪的大学教师。1992 年南京大学授予我终身教授称号，1993 年 5 月南京大学集会庆祝我执教 50 周年，我在大会上谈了自己的感想：如果时间倒流 50 年，让我重新选择职业和专业，我将仍然选择大学教师这个职业，选择分析化学这个专业，我喜欢这个职业。大学教师的主要工作是教学和科研，"得天下英才而教之，一乐也"。看见一批批学生走上工作岗位，为祖国服务，这是教师最大的快乐；进行科研更是其乐无穷。人总是要劳动要工作的。书上讲人类到了共产主义社会，劳动才不再是苦差事而是生活本身的需要。对于教师来说，热爱自己的劳动，已经达到了这种境界。由于选择了自己喜欢的职业，我一生都感到很充实，活得有意义。

我的老伴李碧霞，年届古稀，在她生日时，江苏省科学技术协会送给她一个"寿"字条幅，上面写着“辛勤科协年弥望，老如松柏岁长青”，以纪念她多年在科协的工作。我们1943年相识，1948年结婚，育有两男一女，我们还将堂叔的长孙接到南京上学。这样家中就有了四个小孩，她既要工作又担负着繁重的家务，辛苦可想而知。在长达半个多世纪的岁月中，我们同心同德，患难与共，尤其是在那些不平常的岁月里更是如此。我有了这个温暖而幸福的家庭，才能全身心地投入工作，没有她的支持和帮助，我将是很困难的。我的功劳簿上也有她的一半。

现在孩子们均已成家立业。1992年年底我和老伴由南京调到西北大学。1943年我们一同离开西安，50年后又一同回到西安，我们老了，却感到古城变年轻了，更现代化了。唯愿有生之年能为家乡做点事情，这将是我们最大的喜悦和心愿。

在美国伊利诺伊大学获博士学位(1947 年)

公诚勤朴
求实创新
愿与大家共勉

高鸿

二〇〇四年四月

## 简介：

1920年2月28日生于江西萍乡。2008年11月25日逝世于北京。地理学家。1947年毕业于浙江大学史地研究所。1980年当选为中国科学院院士(学部委员)。1990年当选为第三世界科学院院士。1992年当选为国际欧亚科学院院士。曾任国家资源与环境信息系统重点实验室主任，中巴资源卫星应用系统总设计师。

## 主要成就：

长期从事地理与环境工程调查研究。曾涉及资源、能源与城市环境遥感、江河洪涝灾情预警与评估信息系统、生物量估算、海岸带环境监测与全球变化等研究领域。近年致力于开展地球信息科学与“数字地球”战略研究。2001年获国际地图协会最高荣誉奖和国际岩溶学会首届贡献奖。1999年获陈嘉庚地球科学奖。2004年获中国地理科学成就奖。

# 陈述彭：独肾米翁别传

人生七十古来稀，20世纪，中国人的预期寿命已达77.5岁。现在，一个人活到100岁也并不稀罕，88岁的老人也就算不上什么“寿星”了。

20世纪的中国人民，经历了殖民地和贫穷、饥饿、灾荒、烽火战乱的年代；人民军队经历了二万五千里长征、八年抗战、抗美援朝；中国人民还经历了1966至1976年十年“文化大革命”。许多人都曾经历颠沛流离，在跌宕起伏的大风大浪的洪流中，度过不平凡的一生。幸存者只是少数，活得长一些的自然就似乎是难能可贵的了。

成功者的背后，总是有许多人为他作出过努力，付出过代价的。他的生命，应该理解是属于社会的。一切成就应该归功于人民。生命的价值，应该在于能够更多一些时间报效社会。生命是一次性的，是偶然的闪光，人们应该珍惜。即使浪费一分一秒，也是非常可惜的。但是，一天到晚愁眉不展，贪生怕死，也大可不必！

## 后继有人的愿望

祖父陈锦文已经三代单传了。好不容易，儿媳生育了两个男孩，喜出望外。这爿开豆腐作坊搅起来的家业，总算后继有人了。万万没有想到，农历七月十五，祭奠祖宗的鬼节里，瘟疫流行，一阵阴风，从院门口旋转进来，直奔厢房，两个孙子一起夭折了。这是他百思不解的心结——什么时候造孽了，竟然要受到祖宗如此严厉的惩罚。于是，他每天早晚、每月初一、十五，都要击鼓撞钟，焚香祈祷，恳求"天地君亲师"上天保佑，不要断绝陈家烟火。

长媳李满莲果然又怀孕了。祖父马上将院门改造、重建。根据风水先生的建议，院门扭转了45°，由朝北改朝东北，逢凶化吉！但是长媳还是不放心，就匆匆忙忙返回柏树下小镇上的娘家。娘家是一爿生意红火的糖果店，也没有后裔，家里也顾不上风俗上的禁忌，让这个能干的三女儿回家临盆，生下了第三个男孩！

男孩的起名颇费过一番斟酌。姓陈，按辈分排行，中间是一个"述"字，都是传宗接代的标记，天经地义不可撼动的规矩。第三个字决定引用论语："作而不作，信而好古，切比于我老彭。"好一个"彭"字了得！彭祖八百岁为春，八百岁为秋，健康长寿，比什么都更重要！祖父并不希望孩子有什么出息，只要是能够为陈家继承香火，就心满意足了。于是，第三个男孩的姓名就叫"陈述彭"。

长媳对这个宝贝儿子能否活下来，仍然是很不放心。又给他起了个乳名叫"石坚"。石头是能够经得起风雨的。她把石坚的姓名、出生年月日、生庚八字用红纸写上，密封在陶罐里，送到五里路外的一个石灰岩溶洞里藏起来，拜托岩洞里的神仙保佑他。她在家里立上神位供奉着这位神仙。初一、十五领着孩子烧香磕头。还暗自许下心愿，不吃牛肉。直到孩子长大成人，18岁了，她才将陶罐焚化，解禁。孩子结婚了，她才开始吃牛肉。

我母亲李满莲精通女红，粗识文字。她发动亲戚朋友每人为孩子送一块彩色的布片，布片上刺绣一些花鸟虫鱼及吉祥幸福的图案。然后把布片镶嵌成一件锦绣上衣，名为"百衲"。穿在孩子身上，图的是托众家的福分，保佑孩子健康、平安！后又请首饰店打造一把银锁，名曰"长命锁"，意即把孩子的颈项和手脚牢牢锁住，决不允许孩子逃之夭夭！再不能夭折呵！

长孙承担着传宗接代的"生存"使命，一切都格外优惠和关照。每天早上从鸡窝里取来的第一个鸡蛋，要放在饭上蒸熟给孩子吃，家里宰狗杀羊，几天几夜熬制出来的犬羊羔，作为补品，留给孩子吃。即使兄弟分家，争执财产，打架吵闹，不可开交，但对长孙却能额外多分三亩水田，而且是高产稳产的良田，兄弟并无异议。院里最好的一棵梨树，也指定留给长孙。

长孙在家庭中拥有唯我独尊的地位。宴请亲友和应邀赴宴，长孙都体面地出席，叨陪末座。祖母出殡的长长行列中，也只有长孙捧着灵位，端坐在轿子里，接受礼拜，全家亲眷，包括父辈，都披麻戴孝，号哭着尾随着仪仗的行列，簇拥着在大路上缓慢地蠕动。

后继有人的宗法社会思想，并不能看做只是养儿防老的功利主义，父母和家庭为子女的付出，往往超出了他们的负荷能力的。也许，这正是中国成为世界第一人口大国的社会根源之一。

## 望子成龙的梦想

父亲陈幼园曾经在长沙工业专科学校读书，由于军阀内乱辍学。但是他曾在私塾读四书五经，颇富文采，善于吟诗作对，写得一手魏碑体好书法。邻里的春联，喜庆，有求必应。有时还受到知名士绅的邀请，为他们纂写墓志或寿屏，小有名气。二十多年，受聘担任中小学教师或校长。但生不逢时，境遇并不稳定，每学期都要为聘书发愁。有时还得向县教育科长请客送礼，谋求一席之地。父亲自叹怀才不遇，就把一切希望寄托在小孩身上，望子成龙。孩子 5 岁就带在身边识字，在学校住宿。父亲在泰和巷培英小学教书的时候，孩子午睡醒来，睡眼惺忪地去教室找爸爸，不小心一个倒栽葱跌落在天井里，头破血流。父亲就去泰和巷里抓了一把香灰，加上水烟丝，撒在伤口上，居然也太平无事，只是在头顶上留下了一个大凹陷的疤痕。

长沙“马日事变”之前，父亲在塘下小学教书的时候，受革命思潮的影响，团结白竺乡的革命知识青年，参加工人农民运动。“马日事变”发生，地方恶霸势力反扑，把父亲陈幼园和当时家乡唯一的大学生陈冲虚捆绑在戏台两侧的柱子上，等待“公开审判”后处决。白竺乡两千多农民出动声援，高举扁担，把他俩解救出来。在群众浪潮中，孩子被遗弃在学校里无人过问，独自过河去戏台找父亲，爬到狭窄的、长长的木桥上，进退两难，号啕大哭！

“马日事变”之后，地方恶霸武装势力猖獗，进步青年经常受到打击和迫害。父亲也不敢再在家乡应聘教书，远遁湖南攸县去谋生。孩子留在家院里，每天用头巾裹着一碗米饭，沿着羊肠小道，穿越峡谷丛林，跨过小桥去攸县陇下的小学借读。

父亲一直为自己的中途辍学而心有不甘，更加望子成龙，不惜一切。父母共生育了 11 个子女，半数都夭折了，成活下来的五六个人，为让这些子女上学，父亲终年劳累，省吃俭用，但谁也没有实现他梦寐以求的发家致富的田园梦。

## 城市霍乱流行，虎口逃生

1932 年，父亲当小学校长，我跟在学校读六年级，同班的优秀学生不少。后来一同考上浙江大学农学院的张宗旺，出使越南担任病虫防治专家；后来考上中山大学的张来仪，曾在厦门大学任教授。作为校长的儿子，如果学习太差，岂不给校长面上抹黑！于是我常常半夜偷偷地从父亲的身边爬起来，用书本遮挡着灯光，准备考试，竭力地去争夺第一名。

当年萍乡城里只有两所初级中学，先后在 7 月中旬招收新生。考前恰逢祖母去世，灵柩停放在堂屋的中央，吊丧的亲友很多，我一面应接客人，一面躲在角落里复习功课，准备考试。

临考的前一天下午，我捏着父亲的介绍信，当晚来到城里陈氏公馆，找到一位叔叔家借住几宿，吃过晚饭，我自己去街上的公共水井打了几桶凉水冲澡。第二天起床便去县立中学赶考，中午回到他家吃午饭。一脚踏进陈氏公馆的大门，出乎意外，面对我的竟是叔叔一家三口的棺材！叔叔一家三口在上午几小时内被霍乱(虎列拉)夺去了生命。吓得我浑身出冷汗，两腿发软，呆若木鸡！陡然猛醒过来，掉头就跑，饿着肚皮跑回中学去应付下午的考试。

下午走出考场，我不知所措：回家去太远了，明天早上赶不上另一所私立中学的考试；留在城里又无家可归，很不安全！左右为难之际，我先找了一家油炸食品的小摊贩，买了几块油炸的薯丝饼充饥。我当时认为，高温油炸可以算是“消毒”。吃饱之后，游荡了好半天，忽然想起一座破庙，心想，这儿经常有香火缭绕，既幽静又比较清洁，于是就投宿在菩萨宝座前的香案供桌上，枕着书包胡乱地睡着了。一夜下来，居然太平无事。当时，脑子里根本没有什么打防疫针的概念。

第二天清早醒来，匆匆地赶往私立中学去应试。考生都站在院子里等待老师喊名、发考卷，然后才能进入考场。我却没有想到：全部考生都入场了，我还没有听到喊名。原来，我的姓名偏偏又登记错了。陈是大姓，述字也是辈分“公用”的。唯一能够作为识别我的那个“彭”字，被老师错写成了“鼓”字！害得我最后一个入场，已经晚了十多分钟了。我又急又怕，忐忑不安！

下午，萍乡县立中学发了榜，我侥幸被录取了。此时我急不可耐地想回家了。领到下午的试卷和点心，就在试卷上写了几个大字：“老子不考了！”一口气跑回家，扑在母亲的怀里，号啕大哭了一场，把点心留给了母亲。

## 流亡大学，惨遭轰炸

汉冶萍公司修通了从武汉到萍乡的铁路，经过长沙。萍乡县立初中毕业的学生，上长沙读高中比去南昌上学的要多。车费只要1.8元。长沙的高中很多，省立长沙高级中学曾经是毛泽东主席求学的地方，人才辈出，尤其有名。我荣幸地在那所中学读到二年级，就以同等学力报考大学。由于日寇入侵，长沙大火，高中三年级是在迁校宁乡花明楼之后读完的。毕业之后路过长沙，满城已经是一片瓦砾废墟。我考上大学的红榜，张贴在教育厅的断垣残壁之上，风吹雨淋，字迹模糊，看不清楚大学校名。兵荒马乱的时局，我回到家乡，就把上大学的事丢在脑后，应聘回白竺山区当小学教师去了。

忽然，江西省教育厅发来通知，我已被浙江大学正式录取。但是浙江大学已经从江西泰和迁走，流亡到广西宜山去了。在父老乡亲的鼓励和支持下，我背上行李出发，去广西上大学，住在宜山城东的文庙、标营一带。日本侵略军尾随到衡阳、桂林，直逼宜山，对这所流亡中的大学，有一天投下了128枚炸弹，教室和男生宿舍被烧光，女同学把衣物捐赠给男同学御寒。男生着女装，煞是好看！每次轰炸我总是躲在田野的水渠里读《红楼梦》，或者在岩溶山洞里下棋，泰然自得，死亡的威胁，置之度外。

抗战八年的烽火岁月里，我从长沙到宜山，从遵义到重庆，日寇的轰炸几乎无处不在、无时不来，至今记忆犹新。1937 年，日本轰炸长沙旧火车站，血肉横飞，飞溅到墙上、路上。尸横遍地，记得警察把抢救中拾来的耳朵，排列在马路的边上，长达十余米。1941 年轰炸重庆，造成防空洞内窒息的大惨案，从死者身上取下的金银首饰，就用箩筐抬出来！当时国民党几乎丧失了制空权，人为刀俎，我为鱼肉，任人践踏，人民生命财产安全毫无保障。

1945 年，抗战胜利了，大家都急着复员。我也从重庆回南京。民生公司的轮船票根本买不到，就急着搭小木船出三峡。把复员费买了些冬虫夏草和其他土特产，准备回家探亲，孝敬多年不通音信的父母。船过三峡新滩，滩险水急、落差 3 米以上，人们都把行李放在船上，上岸步行。结果，木船失控，一头栽进了大漩涡，再也没有浮出水面，我们的复员费也就全部付之东流了。我孑然一身，回到武汉，改乘用汽车拉动的火车厢，在破坏后的粤汉铁路上，颠簸了一个星期，才从武汉回到萍乡，此时我已经是身无分文的乞丐，毫无“胜利者”的骄傲了。

## 三进手术室，切除右肾

我回到杭州浙江大学后，由助教到讲师，四口之家，生活恬静，每天五角钱买菜，却也能吃到海上的海蜇皮，山间的竹笋。1947 年暑假，我还雄心勃勃地准备与华厦出版公司签订合同，编制一部全新的中国地图集。闷热的夏天，集中了来自上海的三十多位绘图人员，准备突击半年，争取早日出版。想不到我因劳累过度，突然尿血不止，编制地图集的计划只得告吹。我只身回到南京，求助于高中同学朱无难大夫。朱大夫当时在中央医院工作，他把我收治下来，以他的工资作担保，住进了泌尿科病房，并得到许殿乙大夫的关爱。医生决定对我进行肾结核切除手术。否则，我只能再活两三年。当时我才刚刚 29 岁啊！

手术所需的巨额医药费从何而来呢？首先向乡亲陈作龙借了四两黄金。他当时是师长，这点钱对他来说只是九牛一毛。其余就由同学宋铭奎等拼凑，当时他们还是单身职工，没有家口的拖累。加上朱无难医师的工资保证，凑齐了 8 两黄金。这些债务，我一直拖延到 1957 年才算象征性地还清了。大家的援助，我是终生都难以报答的。

手术的第二道难关是我身体的承受能力。当时医生对左右肾脏究竟病灶在哪，该切除哪个肾脏几乎判断错误。其次，本来是可以半身麻醉施行手术的，但我却出现对麻醉药剂过敏的反应。第一次进手术室，半身麻醉失败；第二次进手术室之前，麻醉药物减少到成人的一半，又不成功；第三次干脆改用全身麻醉。许殿乙大夫以一小时又四十分钟的速战速决的纪录，终于切除了我的右肾。

手术后输血 500 CC，血源来自一位卖血的三轮车工人。我深深地感受到，在他的血液里充满着顽强的生命力和劳动者的热情。住院调理了50天，朱无难大夫把我送出医院，用经典的辣味湘菜为我饯行。叮嘱我不必戒口，只要劳逸结合，就可以像正常人一样生活和工作。

我二弟述武当时在南京北极阁中央气象局当预报员，每天下班之后的全部时间，都来病房陪我，风雨无阻，皮鞋踏穿了，也没有时间去修理。自然，他的全部工资都被我花费光。本来他可以上大学读书，也只好放弃了。为了我的康复，他付出了可以付出的一切！

出院时，我的体重由65公斤锐减到42.5公斤，枯瘦如柴，成了弱不禁风的"二等残废"，怎么还可能继续搞地理野外工作呢？我的心情十分沮丧。回到杭州浙江大学后，竺可桢校长挟着一本厚厚的德国名人录亲自跑到职工宿舍来看望我。鼓励我说，德国有位科学家也切除了一个肾脏，活到79岁。我听着流下了眼泪。系主任也来到床前吩咐，叫我不必去上课，就在床上休养，顺便编纂《遵义新志》。他们让我感到很大的宽慰，我还有自食其力的能力啊！

许殿乙大夫告诉我，人的生命力是很强的，两个肾脏的功能，经常只有2/3在工作，其余部分轮流休息。切去右肾之后，左肾还会格外发育起来，名曰："功能补偿"。果然，30年后，我的左肾长大到13×7×2 cm的体量，具有本来两个肾脏功能的75%，左肾出色地支持了我六十多年的工作和生活的磨炼。

仅有的左肾承担着超常的压力。后来又出现过两次严重的险情：第一次是1972年周总理指派我出访墨西哥，参加"人类与科学"大会，过度的劳累，加上政治上、精神上的压力，出现了附睾结核，睾丸肿大得像鹅卵，下飞机时已经举步艰难。再次求教于许殿乙大夫，他曾担任过抗美援朝医疗团团长，回国后复员回到301医院工作，他回信给我说，应该考虑保守治疗——吃中药。在一位中医的主持下，我服用了40剂中药，以冬虫夏草为主剂，休养一年半，后来果然痊愈了。另一次是在1990年，左肾出现软结石。北大医院的潘大夫，他是吴阶平院士的博士生，他精准地诊断这是软体酸性病例，得病概率只有1/2 000。后我采用饮用碱性卤水长达11个月，病灶又奇迹般地消退了。

医学的进步，一次又一次把我从死亡线上搭救出来，我由衷地感谢医学大师们给了我第二次生命，我衷心承诺：我这个经久耐用的左肾，一定要捐献给泌尿科学研究所，作为功能补偿的标本。

## 直面血吸虫的风险

1965年，我承担国家大地图集的设计制印任务，为了保证质量，突破8项关键技术，我和五六位青年同志一道，在上海中华书局印刷车间跟班学习，同吃、同住、同劳动，受益匪浅。我在8个月的工厂学习之后，接到中央组织部的通知，前往甘肃酒泉参加农村社会主义教育运动。前后历时四个月，担任生产大队队长兼党支部书记，带领8名研究生，清查贪污腐败，丈量土地。对长征时期红二军团娘子军的悲壮历史，贫下中农干部抗击官僚虚报浮夸的事迹，留下了深刻的印象，提高了党性的认识。

参加社教后回到北京，等待我的竟是铺天盖地的大字报。917办公大楼张贴的竟是“打倒反革命修正主义分子、反动学术权威”的大横幅，使我晕头转向，不知所措。不久我就被揪出来“拔草”、进牛棚劳动。很荣幸地和张劲夫院长关在一起，虽然大批斗还轮不到我这样的小字辈，但小批斗当然少不了。最危险的一次是揪到大屯公社去批斗，罪名都是黑五类分子。这个村早几天曾经把一名空军中尉活活打死，罪名是他回乡袒护自己的中农父亲。

“文化大革命”后期，“五谷不分，四体不勤”的知识分子全部下放到五七干校劳动改造。我也被分配到湖北潜江的一个劳改犯开辟的农场。历时一年五个月，学习种植水稻和棉花。日出而作，日落而息，增长了不少农业知识，锻炼了身体，还起了一定的安全保护作用。但是，对我个人而言，又面临着一场生死考验。当时，潜江是我国重点血吸虫病区之一，插秧时被感染的可能性很大，特别是在当时极左思潮的影响下，大喊“一不怕苦、二不怕死”的口号，抛弃一切可以做到的安全措施，光着腿下水田蛮干。同志们一批又一批地患上血吸虫病。我当时住在一位贫下中农的家里，我坦率地向贫下中农交了底，我只有一个肾脏，血吸虫病感染的危险性是致命的，为此他们竭尽全力给我照顾和保护：为我特制了长柄铁锹，刨地不用弯腰；又教我挑担起肩的把式，经常把我分配到妇女小组去种旱地，尽量减少下水稻田去干活。如果没有他们的多方关照，我的左肾很难幸免会遭到血吸虫病的侵害。

## 心肌梗塞的幸存者

2007年5月3日，正是劳动节长假的时候，夜半我忽然感到胸口沉闷、呼吸短促。女儿督促我上医院门诊，做过心电图，叶大夫就果断地让我住院。吃过晚饭，我果然又急性发作，昏迷过去，医生给我单位党委和家属发出了病危通知书，诊断是心肌梗塞。幸亏事先住院，抢救及时，我才又侥幸活了下来！

对待我这个弱不禁风的独肾米翁，刘梅林大夫颇费了一番工夫。采取了保肾、利尿、保胃、清肺等一系列安全措施，做了支架手术：把一支3厘米长的钛合金螺旋管从左股肱的大静脉植入心脏冠状动脉的病灶部位，使血管舒张。大夫在全方位的电视屏幕监视下，用40分钟时间顺利地解决了问题。刘大夫事后告诉我，她是以高难度的技巧来完成这桩“杂技”的。就像踩着钢索表演高难度的动作一样精彩。我衷心感激医护人员再一次给了我新生，出院后，写下“妙手回春，童心复苏”的锦旗，向他们致敬。

## 知足常乐

自从1920年出生，经历了半封建、半殖民地的旧中国，伴随着动乱的民国，烽火连天的抗日战争、解放战争和抗美援朝，迎来了新中国的诞生和科学的春天。终于走进了改革开放的新时代，走向和谐社会，安享幸福的晚年。人生道路是曲折的、坎坷的，但我没有误入歧途，并且不受政治利诱，没有放弃读书去做官，也没有随波逐流去台湾，而是安贫乐道，一心科学救国，终生执著地走地学探索之路。

我从不吸烟、不喝酒，不赌博。即使是在十分尴尬的场合，我也会坚守着洁身自爱的底线。同样，我也拒绝吃什么生猛野味，驯养家畜本是人类文明的进步，吃蛇、蝎、河豚等都是不文明的行为。对我来说，最有营养的食物是牛奶，从来没否决票的作料是大蒜！

“天将降大任于斯人也，必先苦其心志，劳其筋骨，饿其体肤，空乏其身，行拂乱其所为”。最初我是听竺可桢先生讲解这些哲理的，此后也经常用它来鞭策自己，帮助自己闯过一次又一次难关，承受着超常的社会压力，顽强地活下来。我虽然是“隐形的二等残废”，但仍然坚持天南海北地在野外工作。亲近大自然，呼吸清新的空气，沐浴阳光雨露，尽量减少在污染严重的城市里的生活。每天清早起来，就敞开窗户，或者在庭院里散步。生命在于运动。

知足者常乐。我经常告诫自己，要有自知之明，要承认别人的长处，切不可攀比。既然自己切除了右肾，是个“隐形的二等残废”，虽然得不到社会的认可，不能申请加入残疾人协会，但自己要实事求是，“二等残废”的身体，能够担当起正常人的一份工作，应该感到满足了。对我来说，身体伤残已是不争的事实，当然应该格外小心地珍惜健康和生命。具体地说：就是战略上藐视困难，战术上重视困难。身体残病，同样也可以健康长寿。

勘察 319 国道井冈山段改线工程(2004 年,左一为作者)

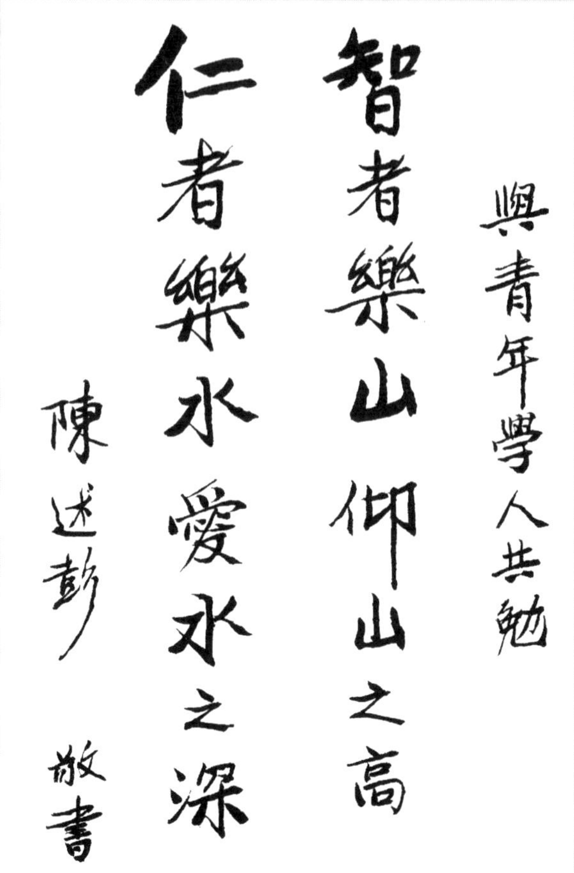

## 简介：

1921年10月10日生于山东黄县。2008年9月1日逝世于吉林长春。农业机械设计制造专家。1943年毕业于西北工学院机械系。1947年毕业于美国空军机械学院高级班并获“空中航空工程师”称号。1948年获美国伊利诺伊州立大学航空机械系硕士学位。1949年回国。1995年当选为中国工程院院士。曾任吉林工大农机系系主任、副校长，中国农机学会副理事长，地面机器系统学会理事长，国务院学位委员会工科评议组成员，亚洲农业工程学会副主席，吉林省政协副主席，第七和第八届全国人大代表。

## 主要成就：

长期从事农业机械及汽车拖拉机科研与教学工作。开辟了“软地面行走机械”新领域，作出了卓有成效的贡献。在理论上，首次提出“畸变模型理论”在松软地面的应用、“半步行理论”、“仿生步行与仿生脱附理论”。在工程实践上，主持解决中国拖拉机下水田问题；发明的半步行轮，取得了显著的经济和社会效益。主持研制的仿生脱附技术与材料已形成十余种中试产品，主持创建仿生技术与仿生材料中试基地，使仿生步行机械和仿生脱附技术进入工程化实用阶段。

# 陈秉聪：一个终生难忘的时刻

## 满怀信心，迎接科学的春天

三十多年前，也就是1978年3月18日，全国科学大会在北京隆重召开，这是“文化大革命”后邓小平同志复出工作，推进改革工作的一个重要措施，标志着科学春天的到来。

六十多年弹指一挥间，我从美国学成归来，抱着抗日救国的赤诚、朴素的心态参加了革命工作。经过许多运动，如思想改造、三反五反、肃反、“拔白旗”、“文化大革命”，虽然遭遇到许多误解和迫害，但我几乎尽我所能参加党所分配给自己的许多工作。如1949年筹建山东工学院，1952年参加筹建长春汽车拖拉机学院。我本来是搞航空机械的，因为当时拖拉机专业在国内是空白，而祖国建设又十分需要，我就毅然改行来搞拖拉机专业，与当时苏联莫斯科动力学院的专家巴尔斯基一起组建了我国高校第一个拖拉机专业。当时专家巴尔斯基讲授拖拉机设计，我讲授拖拉机原理。

由于当时这方面的教授奇缺，我组织全国兄弟院校教师集中来校学习。同时，出于实际需要，又从苏联专家所在的学校移植了一整套适合中国国情的教学体制（包括课程设置、实习试验等课程大纲）。此后不久，我主编了全套拖拉机专业通用教材，丰富了拖拉机专业多方面的空白。

1995年开始，我从事我国水田拖拉机行走机构方面的研究。由于我国幅员辽阔，土壤性质因地区而异。对我来说，以前从未接触过这类知识，于是我走南闯北，跑遍整个中国（当时因交通不便，西藏未去）。一面阅读与土壤有关的材料、书籍，同时在教师中提倡爱科研、用科研。

1969年，《人民日报》社论宣布中国已经解决了地面机械下水田问题之后，我又将研究领域扩大到滩涂、沙漠、油田等松软地面。经过多次试验，我把航空试验中常用的模型试验相似理论应用于水田的试验中去，这样就解决了水田试验中的蚂蟥叮、蚊子咬的问题，减轻了农民的痛苦，并在国际上首先提出了“畸变模型理论”。找到了在畸变条件下地面机械模型与实际试验的差别的转变方法，先后被国内外采用。而这在“文化大革命”中却被造反派批判为典型的“理论脱离实际”，“有广阔的天地不去试验，而拿一玩具在玩弄骗人”。因为他们不懂什么叫模型试验，我只能一笑了之。在此基础上，我又成功设计了半步行轮，在水田作业中比原来水田叶轮的牵引力效率提高20%，获得国际发明金奖（在加拿大蒙特利尔召开了颁奖大会）。

由于长期观察水牛在水田里耕作比马等效率高，我开始了地面机械仿生的研究以及脱土机理的仿生研究，这些项目都取得了国家自然基金的支持和奖励。

1978年，我有幸参加了在北京召开的全国科学大会（当时的吉林工大只有我一人参加），当我聆听到邓小平同志在开幕式上的讲话中提出“科学技术是生产力”的马克思主义观点及“知识分子是工人阶级的一部分”的卓越远见的指导思想时，我不禁心潮澎湃、百感交集，情不自禁热泪盈眶地站起来鼓掌、高声欢呼，压抑了几十年的“资产阶级知识分子”的心情得到了解放。

同年12月，党召开的十一届三中全会上，又冲破了“左”的错误，批判了“两个凡是”，提出了“解放思想、实事求是”，这是新中国成立以来党史上具有深远意义的伟大转折，从此开始在思想上、政治上、组织上全面拨乱反正，我国的科技工作者、教育工作者，面临着新的挑战和机遇。

作为一个教学、科研的老工作者，晚年最让我高兴、最让我欣慰的事情莫过于看到自己的学生能“青出于蓝而胜于蓝”，在我所从事的事业和我所提出的学科上，发奋前进、继续光大，成为该学科的佼佼者和代表人。

“文化大革命”之后，在小平同志拨乱反正，恢复高考制度之后，我的第一批研究生中的任露泉（现任职于吉林大学农业生物科学学院，即原吉林工业大学的农机系）在2008年被评为新的中国科学院院士，这真正体现了我国科学工作者在科研之路上的前仆后继，后浪推前浪的精神。我们的科学研究事业大有希望，我们的国家大有希望！

无论是地面力学系统工程还是仿生科学，我们所从事的科学研究是我国科学研究体系中的一个不可缺少的部分。目前由于受国家产业结构调整等诸多因素的影响，许多人对于比较基础和理论较强的应用学科的研究不够重视，这是可以理解的。但是，在这种情况下，积极从事地面力学系统——仿生科学研究的任露泉能够当选为科学院院士，说明了国家和我国科学研究界对这一学科研究的重视和对任露泉院士所从事的科研工作成绩的高度认可。

作为任露泉院士的老师、同行，我由衷地感到高兴和欣慰。

我们所从事的事业后继有人，我们所从事的事业兴旺发达。

向国家教育部 211 视察小组汇报工作(1992 年)

改造几千年的古老农业的耕作法，创立新的现代农业耕作法，即精确农业耕作法（即PA法），是我国社会主义建设和谐社会必由之路！

陈秉聪

2007年2月12日

## 简介：

1925 年 9 月 21 日生于香港，祖籍广东新会。光谱化学家。1945 至 1949 年就读于岭南大学物理系。1993 年当选为中国科学院院士(学部委员)。曾任中科院长春应用化学研究所研究员、分析研究室主任，德国杜伊斯堡大学客座教授，中国化学会理事长。

## 主要成就：

早年创立了一种可测定包括卤素在内的微量易挥发元素的新型双电弧光源。20 世纪 60 年代建立了国内第一套原子吸收光谱(AAS)装置和国内第一套钽舟无焰 AAS 装置。70 年代以来从事新光源 ICP 的研究，提出了可同时测定氢化物元素和非氢化物元素的新型雾化器——氢化物发生器并获专利。90 年代研究大电流微秒级脉冲空心阴极及辉光放电光谱/质谱仪器并获专利和福建省科技进步奖一等奖。因 ICP 研究曾多次获国家级和省部级奖励。

# 黄本立：我的后半辈子

题为“后半辈子”，是因为鄙人自幼体弱，窃以为如能活到五十，足矣。因此参加工作时的 25 岁，就成了我“自定义”的前、后半辈子的分界线(50÷2＝25)。25 岁以前严慈早逝，家道中落，读书、逃难、停学、转学、跳班、借读，躲敌机、眼看着身边中弹的同胞死去而无能为力；日本无条件投降时我在梅县连买一小串鞭炮的钱也没有，最后还是一位好心人递给我一串，让我出了那憋在心里整整 8 年的闷气、怒气……所有这些，确是乏善可陈。

但是有些人、有些事却一直珍藏在我的心里。第一就是我的“庇护神”、比我大几岁的姑姑黄雪芬。我从小就拿她看的小说如巴金的《家》、《春》、《秋》，茅盾的《子夜》，鲁迅的短篇《阿 Q 正传》等来看；她觉得我年龄太小，不适合看这类书，就给我买了《安徒生童话》、《希腊神话》、《爱的教育》等“小孩看的书”。抗日战争开始后，我家要举家迁往广西，她力主把我留在香港交给亲友“托管”，让我在那儿上学。直至太平洋战争爆发前夕，我祖父才到香港把我接回广西八步。在八步，姑姑又支持当时还不到15周岁的我独自一人由八步经桂林（到达时正好遇到敌机轰炸）、衡阳，到粤北坪石培正培道联合中学上学。她自己只上过职业学校，却支持我上初中、高中乃至大学。就这样，她开发了我的智力，培养了我独立生存的勇气、能力和一身硬骨。我衷心感激她，祝愿她健康、长寿！

还有就是1945年我考上了岭南大学。岭南大学在新中国成立前是南方一所有名的"贵族大学"，像我这样的一个家道中落的归侨遗孤，纵然拿到了助学金、奖学金，加上半工半读，如果没有众多老师、同窗好友的帮助，也是难以为继的。我于1945至1949年在广州岭南大学物理系学习。在校期间我比较喜欢电子学和光学，这也许是因为我喜欢玩无线电和照相机的缘故。我曾和几位同学在冯秉铨教授指导下装了一"台"黑板大小的示教用超外差收音机。高兆兰教授把她从美国带回来的在当时相当珍贵的彩色幻灯片胶卷给我们做实验，和我们一起把胶卷冲洗出来。她还鼓励我们组织了一个课余摄影小组。我当时还开始了"勤工俭学"，做过批改同学作业、准备教学实验等理应是由助教来做的工作。这些经历和兴趣对我以后的科研工作帮助很大。

直到1950年春"北上"之后，也就是鄙人之"后半辈子"了。新中国成立了，告别学生生活，参加革命工作，是新生活的开端。"述"始于斯，不亦宜乎！?

广州刚解放时摆在我面前有两条路。一是出国留学，我的一位好友张植鉴当时已经在美国帮我申请"读研"。从大学二年级起我就一直拿华盛顿大学捐赠的国际学生奖学金，如申报该校的研究生很可能被录取。另一条路是"参加革命"（在新中国参加工作）。当时我的一位同班同学李小琼从北京分配到长春的东北科学研究所工作，来信告诉我和其他几位同学：东北是国民经济恢复时期的重工业基地，很需要理工科人才，并告诉我长春有个东北电影制片厂（长春电影制片厂前身），如果我感兴趣也可以到那儿去工作。几经考虑，我终于选择了"革命"这条路，于1950年2月和几位同班同学一起北上，于3月初到长春东北科学研究所（中科院长春应化所前身）参加工作。当时我是想以后再设法调到"东影"去，干我感兴趣的摄影工作。

当时东北的产业部门急需采用快速、准确的原子光谱分析技术，而在新中国成立前我国只有少数人（如赵广增、葛庭燧、江安才、张定钊等）研究或使用过这种技术。因此，这种技术在当时的东北基本上是空白。于是我决定放弃专业搞摄影的想法，投入原子光谱分析研究中去。在这方面，我在大学学到的物理、光学等方面的知识和我个人的兴趣也得到了结合和发挥。起初我将一台日本人留下来的破旧小型摄谱仪修复、调整好了，利用它来配合研究所的研究工作，建立了电解锌、电碳刷石墨等的光谱分析法；接着又为某钢厂试制了Feussner式电花激发光源；帮助某厂建立了光谱分析实验室并建立了黄铜的分析方法；建立并推广了球墨铸铁球化剂的测定方法；与同志们一起为某特殊钢厂建立了不锈钢的分析方法等等。

1954年，我们还举办了一个为期数月的光谱学习会，这是由当时的光谱组副组长、厦大校友吴钦义提出的大胆的计划，结果相当成功。当时我们从事光谱分析仅有三四年不到的时间，而参加这个学习会的人中不少都是副教授、高等技师、系主任、化验室主任等。举几个我记得的例子吧：北京大学高小霞、武汉大学查全性、兰州大学程甫、山东大学冯传海、上海冶金所曹思启、某部陈学印、许国敷、太原某厂陶汝霖等；还有一位长春光机所的、后来成为我妻子的姑娘张佩环。当时我们只是想把自己在这方面所积累的知识和经验通过互相学习的方式传递出去，以应急需，所以使用了“学习会”这个名称。20世纪50年代中期，我转向了矿石矿物分析，发展并改善了国外常用的一种半定量方法——“数阶法”；首次提出并在国外刊物上发表后被誉为“最完善的”一种新型双电弧光源；后来又转到超纯物质；再就是环境样品……

就这样，我摄影没搞成，却和光谱分析结下了不解之缘。甚至在“文革”时期，当我被怀疑是“九国特务”而被隔离审查期间，在我无法写出“交代”时，我就会情不自禁地想光谱分析。每当“群专”在门上小洞往里看见我时而冥思苦想、时而挥笔疾书时，还以为我是在想问题、写交代呢。实际上我是在琢磨光栅公式、考虑“光量计”（定量分析用的光电发射光谱仪Quantometer）用的双金属温度补偿的设计。作为“隔离室”的实验室空荡荡的，没有三角函数表，我就利用在旮旯里发现的一小片有机玻璃薄片、一枚大头针，以及我写交代用的上下带有等距黑点的日式稿纸和一块塑料垫板，“研制”出（在水泥地上研磨的“研”，用大头针刻制的“制”）一块带有曲线板的0至90度的量角器，并用它算出一个有三位数的三角函数表。利用这个表我就把所需要的数据计算出来了。这些数据的一部分被用到后来出版的《发射光谱分析》一书我编写的“光谱仪器”章节内。磨炼啊！

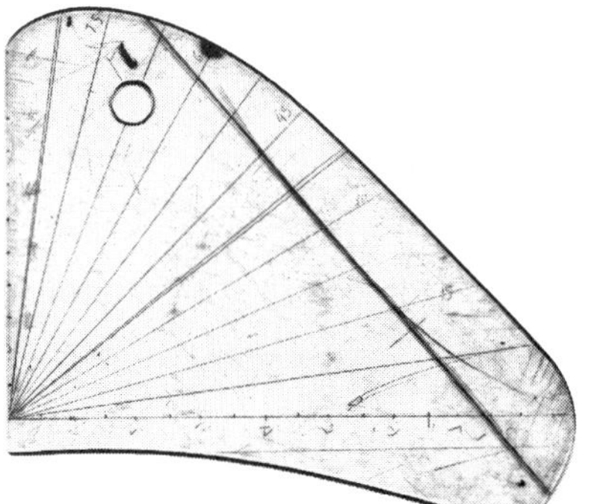

在“牛棚”里用捡来的有机玻璃片“研制”出来的曲线板-量角器。利用它又算了一个三角函数表

1985至1986年间，中国科学院领导应福建省委的要求，把北方几个研究所的一些领导和同事们调到厦门来。我妻子张佩环、女儿黄英和女婿曹进辉被调到了福达感光材料公司。经过当时厦门大学技术科学学院吴存亚教授的推荐，校长田昭武院士（时称学部委员）接受我到厦门大学来。1986年来厦门大学后，一方面我要把在应化所招的研究生带到毕业，长春、厦门两边“跑”（飞），直至1988年；另一方面在厦大我要从零开始，建立实验室。没有仪器，就借用别的实验室的，另外又找熟识的仪器厂商要了一台人家退货的ICP原子荧光仪，修好了就给新招的研究生做实验。1988至1989年接连招了三位从美国回来的博士后研究人员王小如、杨芃原、袁东星（当时厦大化学系已经建立了化学学科博士后流动站，偶传建立新站之说失实）。他们在实验室建设中作出了很大的贡献。随后我们利用我们的研究实力和与外商的关系，争取到价值数十万美元的大中型光谱仪和一些其他仪器的捐赠，从而打开了一个新的局面。

1988年，我家还有一件大事：增添了一位重要成员——外孙女曹菲！

改革开放以来，我开始有机会出国参加国际会议、访问、讲学、探亲等。也就是因为这样，好多次我都是在国外过年、过节、过生日。例如1982年我在纽约过新年,1984年在波士顿过春节、到唐人街看舞狮。有几次很有意思,例如1995年在布达佩斯 Eötvös Loránd 大学 Záray 教授实验室里,师生们在实验桌上摆满了蛋糕、香槟酒,在光谱仪旁边祝贺我的生日;1999年在香港中文大学,当我走进吴奇院士的实验室时,他和他的研究生们唱着"Happy birthday to you"向我祝贺,然后切蛋糕。最有意思的(也许是最没意思的,这要看你从哪个角度看)一次是1997年9月的一个星期日早上在墨尔本,我根本没想起来那天是我的70岁生日,我在会展中心外面草地上看到一位年轻的流浪汉懒洋洋地、安详地半躺在长椅上晒着初春的太阳,享受着造物者给予他的无私的恩赐。我就自问,你能有像他那样与世无争的心情吗? 我当时真很想走过去和他聊聊,但又怕打扰了他的宁静。

从"出道"以来,半个多世纪过去了,我还在我的光谱分析领域中奋战。尽管我到厦大前曾经有外商提出要以2 000美元的月薪、一年只要上3个月的班、但发13个月薪水的条件聘我在华兼职,我也不为所动。我陪着我的所爱进入了21世纪。2003年9月我代表我国化学、物理和光谱三个学会在西班牙申办2007年第35届国际光谱会议(Colloquium Spectroscopicum International XXXV),并以18∶11的多数票胜过欧洲对手,为我国第一次赢得了CSI的举办权。这次申办之所以能成功,除了有繁荣昌盛的祖国作为后盾、各级领导的支持和同行们的鼓励和帮助之外,也可能是缘分,更可能是执著。当时有一位日本教授对我能否把这个光谱分析界的顶峰会议办好表示善意的担心,因为当时我已经78岁了,"按理"是早已经退休了。我满怀信心地回答说,一定会办好:因为在厦门大学我们有一个非常好的集体,我们有三个全国性学会的支持,我们有强大的祖国做后盾;我们一定会实现我们申办时的诺言:"To make this CSI one of the best, if not the best."2007年9月,我们在厦门人民会堂圆满地举行了第35届国际光谱会议。到会的代表约七百人中,有近270位外国与会者,各方好评如潮,一位俄罗斯教授不止一次地对我说:"You made it, it's the best!"另一位加拿大知名光谱学家说,我们给下届会议的组织者出难题了。厦门市给了我们很大的支持,我们也让数百位与会者对温馨、魅力四射的厦门留下了难以忘怀的印象。

在办会过程中,有时很辛苦,有很多难题要解决,但也有乐趣。特别是在会议期间,听到一位来自中东的女教授说:"You have a good head, and a big heart, too."心里觉得甜丝丝的,从她诚恳的态度来看,我想她说的不全是客套话。

……

"自述"不是"自传",更非"正传"。我只想谈谈几件我觉得有点意思的"逸事"。在行将结束此文的时候,我想向在我这辈子中所有抚育过我、爱过我、教导过我、帮助过我、关心过我、呵护过我、鼓励过我、期待过我、批评过我……的亲人、领导、老师、同事、同学、挚友,从心窝里说一声多谢! 你们对我的恩情,我没齿难忘! 在这些人中,有些已经谢世了,例如我的祖父(因我小时候不肯穿丝绸长衫去赴宴他还打过我的屁股)、儿时与之相依为命的祖母和过早离我而去的父母,还有其他许多人……

全家福(2000 年,加拿大多伦多,右二为夫人张佩环)

子曰："骥不称其力，称其德也。"纵能日行千里，苟迷失方向，则南辕北辙，不知所终。德，行为之准则，行动之方向也。

黄本立

甲申之夏于厦门

**简介：**

1926年10月3日生于江苏苏州，祖籍浙江绍兴。隧道与地下建筑工程专家。1949年毕业于上海交通大学土木工程系并获工学学士学位。1991年当选为中国科学院院士（学部委员）。曾任同济大学地下工程系和结构工程系主任、校学术委员会副主任委员，国际岩石力学学会副主席暨中国国家小组主席，中国岩石力学与工程学会理事长，国务院学位委员会学科评议组召集人，长江三峡工程技术委员会专家组成员。

**主要成就：**

长期从事岩土力学、隧道与地下工程学科的教学与科学研究，开拓并建立了新的学科分支——地下结构工程力学。在岩土材料流变力学、地下结构粘弹塑性理论、地下防护工程抗爆动力学、城市环境土工学和软科学理论与方法在岩土力学与工程中的应用等方面有相当造诣。曾先后获国家级和省部级各种奖励16项。

# 孙　钧：
# 八秩虚度感怀

韶华易度，岁月催人。儿提天真、青壮时光，荏苒俱成追忆，而转瞬老迈，却欣逢今朝璀璨绚烂的大好时代！既叹伤春华流逝，又为祖国的昌盛富强而深受鞭策与鼓舞。

我出身于高级知识分子的书香之家。祖上罹太平天国战乱，由故籍绍兴辗转颠沛到南昌，父亲旋又调职赴苏州、南京定居。我在水乡苏州出生，自幼经故土文化熏陶与感染，兼受父辈“百业士为先”的教诲，立志发奋耕读。父亲在法学方面学有专攻，民国时期在旧政府部门从事中、高级法政职务，历近三十年，事业上颇有建树而蜚声国内法学界；抗日战争胜利后，他痛恶蒋氏王朝的腐败，愤而弃政从教，晚年曾历任当年南京国立中央大学、苏州东吴大学和上海法政学院等院校法学系的一级教授，在旧社会是一位知名的法学专家。我当时却抱定“科学救国”的理念，并未嗣续父业而改习土木工程学，早年在江苏省立上海中学（现上海中学）高中工科毕业，短期在圣约翰大学就读，并以高分录取国立交通大学（现上海交通大学)，毕业后留校任教。从此皈依工程教育，至今转瞬已五十有七年！我对土木工程学由钻研而弥感兴趣，自审尚可谓“潜心致志，锲而不舍”，专业上迄未敢稍有懈怠，也可以说是一点苦心的追求吧。

## 苦难的孩提和少年时代(5至17岁)

自我有记忆的年岁起，我中华民族正经历着那段灾难深重的岁月：1931年，日寇侵占了我东北三省的大片沃土，旋又入侵我热河和察哈尔省，兵临张家口一带；嗣后，更再长驱入关，铁骑直指平津。蒋介石执意“攘外必先安内”的错误国策，引起了国内政局的大动荡，而十九路军在淞沪浴血奋战，却得不到后援支持，蒋介石反而要调大军到川贵腹地围剿“共匪”！民众惶恐激愤，颠沛流离，风潮迭起；抗日救亡风起云涌！1937年夏，日寇发动了“七七”(卢沟桥)和“八一三”(上海)事变，沦陷区的广大民众，哀鸿遍野，四处奔避，呼号、呻吟！父亲意识到首都南京失守已不可避免，于当年秋初举家“逃难”到苏北泰县(今泰州市)暂避敌寇锋芒，半年后又上小船再经姜堰、如皋到南通天生港码头，换乘大轮船到上海英租界外滩登岸。从此，过着寄人篱下的客居生涯。此后，太平洋战争爆发，孤岛(指旧租界)沦陷，父亲奉调经香港去内地应职，我们几个孩子(当时两个小妹尚幼小)在慈亲的照看和哺育下，依靠微薄的叔苹公奖学金的资助，分别就读于上海的中、小学，一家七口身居陋室，经济十分拮据，而借靠无门，可谓历尽艰辛，衣食不能温饱，艰难度日如年，过着难以言表的清苦生活。记得夜晚生怕敌(美)机轰炸，只能用黑布遮掩窗扉灯光外泄，姊妹们围一张小桌子苦读；而白天出门，最是恐惧见到鬼子兵，租界时期则是安南(今越南)兵和印度巡捕(“红头阿三”)，他们随时都会动刀子、乱抓人。真是苦难岁月，不知何年何月才能熬到个头?

## 韶华蹉跎的青中年(18至50岁)

苦挨多年，总算候到了中学毕业，尽管我学的是工科(当时的上海中学设置有理、工、商三科)，可父母心意和自己还是想进大学深造，以求“出人头地”。由于当时的圣约翰大学(一所有历史的教会大学)是一年三个学期制，并且可以多选一些学分，有望在三年内毕业，早日就业；同时，我又想把英文学得好一些，就进入了这所大学。因为离家路程太远而只能住校，私立大学的学费昂贵，这样就增大了我的学杂花费；在日本兵侵占了香港的后几年，远在内地的父亲辗转托人带、寄的家用开支完全断绝，使我的学业在半年后中辍，被迫去法院打临时工，做些抄抄写写的“录事”(用毛笔的抄写员)工作，并抓紧重新温课迎考，希望能转学并考上国立大学的公费生。

1945年秋，我以高考第7名的高分(记得当时“化学”还考了个满分)被上海国立交通大学土木工程学系录取。在后来整整四个年头的大学生涯中，都是享受全公费而没有花过家里一文钱。尽管学习负担沉重而又生活清苦，但浩瀚如海洋的基础理论和专业知识却深深吸引了我。我在交大的四年中忘我学习，发奋求知。感谢恩师们的谆谆教诲，也靠自己的一份努力，使我在土木工程学科的理论功底和专业技能上打下了较为牢固、厚实的基础，一辈子受用不尽！

这里不能不着重提到的，是大学时代(1945 至 1949)轰轰烈烈的学生运动。从“爱国护校”、“反饥饿、反迫害”，到“反对内战、迎接解放”等一个接着一个的“学潮”，真是汹涌澎湃，势不可挡，当时的交大校园，后来竟成了国民党统治下的“小解放区”。特别是那些年火红五月的篝火晚会上，学生们高唱“解放区的天是明朗的天，解放区的人民好喜欢……”年轻人的爱国热情和正义感真是发挥到了极致！我作为一名党外(当时地下党没有公开)积极分子——“系科代表”，在斗争中不断提高了自己的阶级觉悟，也曾不顾个人安危，借春游杭州之名，为进步的交大学生会携带反蒋宣传品一大捆，冒险交到了当时还在杭州的浙江大学学生会，以争取国立大学学生们大团结的联合行动，坚持“无限期罢课”；还曾义无反顾地刷标语、呼口号，反对蒋家王朝的罪恶统治和对手无寸铁学子们的“传询”和迫害。虽然，我们为此损失了不少宝贵的求学光阴，但现在想来，这对增长自己的爱国情操和陶冶做人的高尚品质，还是有极大帮助的。

“一唱雄鸡天下白”！隆隆的炮声里，人们在战火中终于迎来了上海的解放。我们应届毕业的大学生们都被安排到华东人民革命大学短期学习培训后再由国家分配工作。我有幸在培训期间聆听了陈毅、舒同等革命老前辈和胡乔木、胡绳等马克思主义哲学大师们为我们做的报告。他们的教诲使年轻的我对马克思列宁主义、毛泽东思想和辩证唯物论有了一点粗浅的认识。

对从旧社会、接受旧教育过来的人，新生的中国，更是有一种“换了人间”的切身感受。在当时政治上一边倒，学习苏联的号召下，大学全面推行苏联高校教育体制，从专业教学计划到各门课程教学大纲的制定都是全盘苏化。全国性院系调整后，我由上海交大转到同济任教，由于我有在夜校业余学习俄语的基础，而由组织上安排到上海俄专(现上海外国语大学)随一位俄国老太太学习口语，后来担任了苏联专家 Н. Д. Снитко 教授的桥梁专业口译。这样，我的专业也由“工程力学”转到了“桥梁工程”。嗣后，接专家衣钵，讲授《钢桥设计》和《桥梁施工与组织计划》，并随专家去武汉长江大桥(现武汉长江一桥)实习，后又赴南京长江大桥(现南京长江一桥)短期工作。此时，我半工半读，在职研习完了副博士学位的全部课程并写作论文。1960 年，为了我国隧道与地下工程建设事业的发展，特别是当时军事国防工程和北京地下铁道建设对人才的需要，李国豪校长要我负责兴办国内第一所“隧道与地下建筑工程”专业，并担任首届地建教研室主任。从此，我“改换门庭”，自 1960 年开始迄今，想不到竟然会与“泥巴石头打交道”(岩土力学与岩土工程)逾五十载。自问尚能辛勤耕耘不辍，时至今日，余勇似仍不减当年。

我自23岁到50岁前后28个年头的青中年岁月里，亲身经历了历次政治运动。记得大的有：知识分子思想改造、资本主义工商业的社会主义改造、三反五反、肃反、反右倾，“拔白旗”和反右斗争、农村社会主义改造、“四清”、人民公社、三面红旗等，特别是那史无前例的“文化大革命”，真是一场“触及灵魂”的大革命！我当年历任基层党支部书记和总支宣传委员，在“文革”初期，因为是“走资本主义道路的当权派”而“靠边站”，还被造反派“开除”了党籍；在“清理阶级队伍”的斗争中，又作为“党内反动学术权威”被揪了出来，接受革命师生的批判斗争，被关进“牛棚”扫厕所、写检讨，后来被下放到五七干校锻炼，劳动改造。但是，我始终不明白这些问题：政治运动没完没了，国家要不要搞建设了？大学究竟还要不要办呀？有着爱国历史传统的知识分子和在战场上出生入死、有觉悟的革命老干部，怎么一个晚上就全都成为“反动”的了？……

就在身处皖南农村劳动的冬夜，我在油灯下潜心学习塔罗勃的一本《岩石力学》专著，它后来成为我在岩石力学学科方面的一本入门书。我深信，搞运动、讲斗争终究只是暂时的，是有尽头的，它只是蹉跎了我青壮年的美好年华，但决不会挫伤我的信念。我要抓紧、要努力，不能灰心和悲观，要相信我们的党总有醒觉的一天，而这一天迟早会到来！我要满怀信心地去迎接今后那美好的明天！

## 盛世岁月，绚烂夕阳无限美(51岁至今)

让我们铭记1976年那难忘的一年！唐山大地震让数十万同胞失去了宝贵的生命，中国人民又痛别了敬爱的毛主席、周总理和朱德总司令。接着，也就在这一年，粉碎了祸国殃民的“四人帮”，全国人民欢欣鼓舞地迎来了第二次大解放！

清晨，几小时内，上海的大街小巷贴满了一幅幅打倒“四人帮”的大字报。我怀着极度惶惑而又万分兴奋和喜悦的心情，只身从同济校园徒步快走经四平路、外滩、东西南京路、静安寺、延安西路，经过中山公园一直走到了当年的老西站，然后再又徒步返回。足足一整天，连中午饭也忘记吃，去拜读那些形形色色大字报对“四人帮”的控诉与声讨！那时家中没有电话，更没有手机给家人报信，记得茫茫夜色中，老母亲倚门而望，焦急地等待着爱子的归来。她老人家还不知晓今天究竟发生了什么惊天动地的大事呢。

1978年的全国科学大会，预示着科学的春天终于到来了！随着改革开放的深入，小平同志南方讲话以及“科技是生产力”、“科技是第一生产力”的伟大号召，激励着我们捡起久违了的书本，重新走进了阔别多年的实验室、图书馆。我埋头疾书，每年写十篇左右的专业文章，还忙着到各地做学术报告。国家各项重大工程建设如雨后春笋，蓬勃发展，而各种学会、年会也都相继纷纷召开，全国广大知识分子和大学师生们又有了献身报国、拓展抱负的大舞台！在李国豪先生的倡议下，1962年，我们在同济创建了结构理论研究室(即现在同济结构所的前身)，主攻防护工程力学，又把主要研究方向定位在与重大工程建设相结合的路子上。

记得自1978年起，我先后参加了水利水电、煤炭矿山、铁道公路、市政交通、国防人防等各个有关领域的隧道与地下工程建设共约四十余处，其中，重点参加了国防军工、宝钢建设、长江三峡工程、城市地铁、越江隧道、南水北调以及国家“六五”到“十五”各个五年计划的国家重点科技攻关和国家自然科学基金的重大、重点与面上课题近三十项。晚近十余年来，又重点参加了汕头海湾大桥、江阴、虎门、润扬、阳逻和苏通等多座特大跨桥梁的巨型锚碇基础工程，以及世界最长越岭铁、公路隧道和国内第一座海底隧道等的设计、施工与科学研究，出版了多部学术论著，写作学术论文360余篇；还担任了国内外一些专业学会的负责人，与国内外许多业界同行专家交往频繁，更是喜见“青出于蓝而胜于蓝”，在人才培育与成长方面后继有人，令人欣喜鼓舞！

自1980年起，我先后去国外与一些国家的知名学府搞合作研究、考察讲学和参加各种国际学术会议，参观访问了国内外大量的岩土与地下工程，从中汲取营养，受到了极大教益。我还十分关注国内外本门学科和技术领域的进步与发展，“他山之石，可以攻玉”，从而了解、借鉴了国外最前沿的学术和技术动态。我常开玩笑说：“我的工作真是太饱和了，脑子里的这根弦也绷得紧过了头！光是开会，上海的会议不算，现在每年外出三十余次，整年都是匆匆忙忙在飞机上度过。人家告诉我要保重，我说最要紧的倒是飞机的安全呢！”

## 余年感喟与奋起

记得三国时期，曹操对刘备吟句：“对酒当歌，人生几何；辟如朝露，去日苦多。”人生已经苦短，况且，过去又遭遇历次政治运动，更让“四人帮”给耽误了许多年大好时光！而今已是韶华早逝，岁月留痕：满头白发，一脸沧桑！尽管谁也不知道自己生命的尽头，但人生百年，总是来日无多。我常慨叹：如果能让我再回到50岁该有多好！但这是万万不可能的。虽然不能再拾起那逝去的年华，而来者却尚可追。我愿趁此虽已年迈体弱但拙体尚健之日，再努力站好最后一班岗，把那永远是无完无了、千头万绪的任务，尽可能地再多做一些，做得更快一些、好一些，这是一项新的追求哩！

与夫人季惠清在一起(2003年)

青年们大好年华，进取心强，蓬勃向上。科学领域待开垦的处女地比比皆是，足够有志各位施展才华，自由驰骋。遨游学海，奋勇拼搏争先，享受人生，乐何如之！成功的彼岸，正在向大家招手。

书此，以与广大青年科技工作者共勉。

孙钧

2004仲夏于同济园。

## 简介：

1929 年 4 月 4 日生于湖南岳阳。核化学家。1953 年毕业于四川化工学院无机系。1960 年获苏联列宁格勒工学院副博士学位。2001 年当选为中国工程院院士。曾任西南核物理与化学研究所所长，中国工程物理研究院科技委副主任，四川省核学会副理事长、名誉理事长。

## 主要成就：

在国内首次使用$^{210}Po$研制成特种中子源。领导制订中国第一次核试验爆炸威力的放化测试方案，并获得成功。发明中子卡阈指示剂法测量核爆释放能量。组建中国第一个激光驱动惯性约束聚变微靶研制实验室，并研制出达到国际水平的玻璃充气微球靶。在核燃料后处理、放射化学、同位素化学、辐射化学、核技术应用和材料科学等方面的科学研究及完成与此相关的国防科研任务中作出了重要贡献。1978 年获全国科学大会奖 2 项。1992 年获国家科技进步奖二等奖。2003 年获何梁何利基金科学与技术进步奖。

# 傅依备：我的成长历程

1929 年 4 月 4 日，我出生于湖南省岳阳县新墙乡岭上傅村的一个农民家庭。父亲傅时贤，母亲黄氏，家有三个姐姐、一个哥哥，由于逃避国民党抓壮丁，我哥哥长期在外帮人驾船（木帆船），仅父亲一人种田养活全家，家境十分贫寒，一家人除父亲能识几个字外，全是文盲。我从四五岁开始就在家帮父亲做农活，放牛、拾猪牛粪、砍柴、插秧、除农作物野草和收割稻子等，除重活外样样都做。1939 年，日本军队入侵湖南省，曾多次攻打长沙市，每次来回都经过我家乡，每到一处都烧杀抢掠，我父亲和哥哥先后多次被日本兵抓去做劳工。一次我也被抓走，后来跟我叔父一起逃出日本鬼子的虎口。平时日本军队就驻扎在离我家约二三公里的山里，我们就在日本人的大炮射程以内生活，因此，村庄里的房屋和田地里的人和牛羊就成了敌人的射击目标，许多农田荒芜，人们性命难保，死人是经常的事。

1940 年当时国民政府下的赈济委员会在湘北沦陷区收留失学儿童。我一直渴望读书，知道此事后吵着要去，母亲不同意，我父亲硬着心肠把我送到报名的龙头冲，这样我进了湖南衡山南岳难童教养所读书。这里不仅生活很苦，缺医少药，死亡率很高，而且经常遭受日本飞机轰炸，老师天天带我们在山上松树林里上课。虽然如此，我在这里还是可以学到从来不知道的知识，我这个无知的农村野孩子受到了启蒙教育，第一次懂得了国家、民族要和敌人对抗的大道理，开始懂得学习文化知识的重要，慢慢知道没有知识就要受穷受苦、落后就要挨打等。我拼命读书认字，学习成绩在班上名列前茅，受到老师的关爱。

可是好景不长，1944年日本侵略军开始了大规模进攻，从长沙一直打到贵州省的独山。这时老师带着我们朝广西、贵州、重庆方向逃难。我们在前面逃，日本兵在后面追，国民党的军队毫无抵抗之力，我们经桂林、柳州、宜山跑到河池后，敌人愈来愈逼近，逃难的队伍被冲散了，于是我们开始各自逃命。我和同学赵完璞相依为命，他背着一床棉被，我背着席子和一个铁皮桶(用来煮饭)，跟着难民队伍的人流盲目地沿着坑坑洼洼的砂石马路向前蠕动。沿途老百姓的房子都空着，人都跑光了。我们饿了就在路旁的田地里采野菜充饥，或者是在老乡的门前屋后找些玉米棒用火烤熟了吃，晚上就在老乡的空房里或屋檐下过夜。在路经都匀时我们住在城里，到深夜，突闻人们呼号哭啼和车辆长鸣的混杂声四起，被惊醒后睁眼一看，但见火光冲天，情知不妙，这是敌人在放火烧城。我们仓皇起来往城外跑，在混乱的人群中我和同伴赵完璞跑散了，我只有跟着逃难的人群继续往前走。几天后，走到靠近贵阳的贵定时，遇上了国民政府派来收留我们的人，真是喜从天降，我们有救了！在贵阳逗留数天后，上面用卡车把我们送到重庆赈济委员会所在地。这时我们从湖南出发时的两千多学生只剩下三百来人了，我成了这次大难中活下来的幸运儿之一。

到重庆后不久赈济委员会就把我们分配到所属的巴县第二儿童教养院。这已是1945年年初。院方原拟把我们送到重庆利华橡胶厂做工。在求学欲望驱动下我以同等学力考进了江津国立九中。当时的国立中学全部公费，包括学费和食宿费用，但是书籍和文具需自己解决。我和沦陷区的父亲(后来知道母亲在1943年就去世了)已失去联系多年，现在身陷异地举目无亲，没有任何经济来源，怎么办？我暗下决心，要以非凡的毅力克服当前的困难：课堂上一面用脑子记，一面做笔记，课后借别人的书来抄，最困难的是英语，当时连英文字母都不识，抄写和听课就更难了。抗战胜利后国立九中搬回安徽省，我转入重庆市二中。由于刻苦学习，成绩优异，我多次被评选为班上的优秀生和模范生。

1948年，我考入当时很著名的公费学校中央工校专科部化工专业。报考时我连报名费和照一张相的钱都没有，去找一个同乡借却遭到拒绝，只有把唯一的一床棉絮卖掉。在重庆的整个冬季，我没有穿过棉衣和袜子，一年四季穿草鞋或麻窝窝，天再冷也只有一条单裤，而这些衣服也都是周围好心的同学送的。1952年，来了一批调干生，他们见我穿得单薄，就凑钱给我买了一件棉衣，这件棉衣后来在我分配到东北时帮了大忙。

新中国成立后，我曾多次报名参加军干校，可是长期的营养不良使我骨瘦如柴，体重只有八十多斤，体检时均未通过。由于从小过着贫寒的艰苦生活，因此，我对自己的生活处境也不十分介意。新中国成立初期虽然我的生活远未走出困境，但精神很充实，我由党的地下外围组织新民主主义群众服务社转团，1952年入党。我一方面努力学习，一方面积极参加各种社会活动，这使我学到了许多在书本上学不到的东西，增长了不少才干，使我后来在做人处事和思考问题的方法上受益匪浅。

1953年，我从四川化工学院（其前身为中央工校的一部分）毕业后，被选派到中国科学院工作，后分到长春综合研究所（现为应用化学研究所），参加钻探泥浆的科研工作，这对我来说是一个完全陌生的领域。一年后我被动员去参加留苏考试，给我一个月的准备时间，当时我是不愿去报考的，原因是我得了神经衰弱症，头痛得厉害，但在领导催促下只有去试一试。报名的人数不少，但最后全所只有我考取了。开始所里要我去学人造纤维专业。1955年出国时又要我改学金属腐蚀专业。这年的秋天我进了列宁格勒大学化学系读研究生。我的导师杜鲁金是一位德高望重的电化学教授。我虽然学了一年俄语，但听力还是不行。他每天上午都要给我开小灶，讲金属腐蚀的基本理论，他一边讲，一边在纸上画画写写，讲完了就把稿纸给我，让我回去好复习，我很感动，现在我还常常思念他。1956年春，根据我国政府和苏联的协议，苏方将一批保密专业对我国开放，同时我国政府决定从当时在苏联的留学生中抽调一批在读研究生和大学生改学保密专业。这样我就被抽调到列宁格勒苏维埃工学院学习核化工专业（即核燃料后处理工艺），从此与核技术结下了不解之缘。当时这是尖端技术，也就是说我要从头学起，包括基础课和专业课。我知道这是一门高新技术——原子科学技术，对我们国家太重要了，虽然对我来说实在太难，但是为了我国的现代化，为了祖国的强盛，再困难我也要迎头而上。20世纪50年代所谓核物理、放射化学、核燃料后处理工艺学等都是闻所未闻的，我对一些专有名词也很生疏，必须面对语言和专业的困难。当时有幸听发现铀自发裂变的彼得扎克教授的核物理讲座，他讲得深入浅出、易懂。经过一年多的努力，我终于完成了副博士研究生的基础和专业课的考试，下一步是要进入研究生的论文课题研究。我的导师是教研室主任施伟多夫教授。他对我能否胜任副博士论文研究工作持怀疑态度，要对我进行一个前期考试，考试通过就给题目，通不过就要“走人”。他给我三个样品瓶，瓶内装有几种不同的混合放射性同位素，要我在一个星期内分析出来，那时对我这个刚接触核技术的初学者，又无现在的多道分析测量设备是有一定困难的。接到任务后，我根据已掌握的知识做了分析，四天后即把结果交给导师，他看了后却很不高兴，说只做对了一个样品，要我重做。这时我才感到问题严重。第二次拿到样品后，我没有急于动手，而是去图书馆进行了几天的文献调研，然后制订出分析方案，对样品逐一进行放化分离，再测半衰期确定核素。当我把分析结果又送给导师时，他看后说了一句“好样的”，也就是说我获得了做论文研究工作的资格。几天后他给了我一个清单，里面开了5至6个研究方向，由我来选择。选什么方向，研究工作如何做就是研究生自己的事了。后来我领会到，这样指导研究生的方法，对于培养研究生独立地进行创造性科学研究的能力是很有益的。由于基础薄弱，专业知识要从头学，加上语言困难，我要比其他学生更加倍地努力。往往从早上8点到晚上10点钟除中午吃顿午饭外，我都在实验室埋头苦做实验，每天都是最后一个离开实验室，寒暑假期间也不例外。我的论文题目是"汞阴极法分离放射性同位素"。国外文献报道用这种方法只能提取有稳定二价的稀土元素，如铕、钐和铽。我从建立方法和实验装置开始，经过无数次实验失败和多次修改方案，功到自然成，终于走出了困境和谜团，摸清了规律，接下来就是取数据写文章。最后我的论文发展了该方法，采用锂汞齐的技术途径，实现了提取和分离无稳定二价的稀土元素，并且成功地用该方法完成了放射性稀土同位素的分离，同时对该方法的机理进行了探索。先后在苏联权威杂志《放射化学》上发表论文7篇。于1960年5月完成并通过了论文答辩，获得副博士学位，但这只能说我在核技术领域刚跨进了门槛。

1960年年初，我回国后被分配在清华大学工程化学系120教研室任副主任。在清华先后指导了核燃料后处理专业的毕业生和研究生，编写了我国第一部《人工放射性物质工艺学》讲义，并在北京大学技术物理系第一次开设了这门课程。

1963年春节前夕，我接到通知，调到二机部第九研究所(后来的九院——中国工程物理研究院)工作。当我知道九所是从事核武器研制的单位后，我是多么激动啊！这是全国各族人民多年来的心愿，它像磁石般吸引着我，这是多么伟大、多么光荣的事业啊！作为一个党和人民一手培养出来的科技工作者，我义无反顾，能为这个关系到国家安危和声望的事业添砖加瓦，也算没有辜负党和人民的期望，也是我毕生的愿望和追求，我没有丝毫犹豫，毅然走上了这个新岗位。

转眼回国已有四十多年了，这是我人生道路上最宝贵、最重要的一段时间，也可以说这是我一生中称得上真正为社会为国家做了点事的四十多年。其间我从北京到西部，从青海高原、新疆戈壁沙漠到四川深山峡谷来回滚打，留下了深深的足迹。我经历了"四清下楼"的批判，"文化大革命"中莫须有罪名的残酷折磨，但我忠于事业的心从来没有变。我先后在放射化学、同位素化学、辐射化学、环保化学和材料科学等领域承担了一个又一个国防科研任务，在同仁的共同努力下做出了应有的成绩，在实验室和研究所的建设与管理中尽了我应尽的力量。

往事如烟，我像一个疲惫不堪的垦荒者在朦胧中走过了坎坷泥泞的道路，经历了风风雨雨，最终见到了阳光。穷困、疾病、灾难和战火没有摧垮我，困难没有压倒我，我很幸运，我遇上了一个好时代，是机遇把我送上了阳关大道。我怀着感激之情回顾往事，重温所经历的每件事，使我略感欣慰的是我没有辜负人民的期望和时代赋予的责任，做了我责无旁贷应该做的事，虽然不能说做得尽善尽美，但是我尽心了，到底在我国人民最关心的核武器发展事业上留下了一丝痕迹。时代不同了，但青年人对社会、对祖国的责任没有变。现在在我们面前展现了一个美好的更为宽松的活动平台，古人云：青出于蓝而胜于蓝。我相信今天的青年人会以出色的成就把我们远远地抛在后面。对此我们这一代人决不会嫉妒，因为这是历史的必然，我们将为他们对祖国做出的每一个成就和业绩击节赞叹、鼓掌喝彩！只有这样，我们伟大的祖国、伟大的民族才有希望，才有光辉的未来，也只有这样，社会才有进步。

和夫人谢冬心、孙辈共享天伦之乐（1996年）

人生应有较高的追求和理想，而一个人的才智和能力如沧海一粟，只有汇聚众人的力量才能成全大事。

傅依备

二〇〇四年三月十八日

## 简介：

1929 年 4 月 30 日生于湖南零陵，祖籍江西吉安。数学家。1952 年毕业于武汉大学数学系。1958 年获苏联莫斯科大学副博士学位。1988 年获澳大利亚麦夸里大学荣誉科学博士学位。1991 年当选为中国科学院院士（学部委员）。曾任南开大学教授，北京师范大学校长，汕头大学数学研究所所长。

## 主要成就：

中国概率论研究的先驱和主要领导者之一。研究生灭过程，首创了极限过渡的构造方法，彻底解决了生灭过程的构造问题。在马尔可夫过程的遍历性、常返性、0－1律、Martin 边界等的研究方面有多项重要成果，并率先开始随机泛函分析的研究。求得了高维布朗运动及对称稳定过程末离球面的时间分布、位置分布和极大游程分布。在国际上最先引进多参数 Ornstein-Uhlenbeck 过程，取得了系统的研究成果。

# 王梓坤：豪情尚在话当年

## 艰难的历程

青春是美好的，幸福的青春更加美好，对幸福青春的回忆也是美好的。

我出身于江西省吉安县的一个贫农家庭，生活极其困苦，种的是地主的田地，吃的是白薯稀粥。我童年丧父，母亲是农村妇女，全家生活主要靠兄嫂种地维持。我年纪虽小，也得劳动。常常天刚亮就光着脚下水田助耕，直到吃过晚饭，才能洗脚穿上鞋子。有一天，我偶然找到一本小说，名叫《薛仁贵征东》。这本书大大地吸引了我，它的开场诗，至今我还记得：

> 日出遥遥一点红，飘飘四海影无踪。
> 三岁孩童千两价，保主跨海去征东。

第一句指山东地方，第二、三句分别是“雪”“人贵”之意，即指“薛仁贵”。从此我非常喜欢读书，不论干什么活，身上总带着一本书。书本给了我无穷的欢乐，向我展示了新的世界，帮助我在黑暗中看到光明。于是我立志读书，争取将来成为有益于人民的学者，并且协助更多的农村孩子上学。后来，我以优异的成绩读完了小学、初中和高中。

人生的道路上有许多暗礁，但也有一些机会。好机遇只偏爱有准备而又善于利用它的人。

1948年，我面临考大学的大问题。可是，我身无分文，旅费从何而来呢？真是天无绝人之路，同班同学吕润林慷慨地答应供给我去长沙的旅费。当然，到长沙后，不能再伸手向人家要钱了。我毫不犹豫地跟着他走，反正总比眼睁睁地看着失学强。不料在去长沙的路上，发生了一件意外的事，它给我的恐惧，真是永世难忘。

一天黄昏，我俩匆忙步行到茶陵县郊区，丘陵地段，四顾无人，偶然有几只乌鸦飞过。我突然感到腹痛，便请他先走。谁知不到一刻钟，他已无影无踪。我心慌意乱，只得拼命往前赶。一路无人，直到天黑，才隐约发现前面孤零零地有一户人家。没奈何只好壮着胆前去借宿。灯光如豆，昏暗中走出一个男人，他虽答应我的要求，却说他家不能住，只能住在旁边的破庙里。我摸进荒庙，里面黑洞洞的，空无一人；只有一条长凳，勉强可以休息。我刚坐下来，闪念间忽然想起《水浒传》里母夜叉开黑店卖人肉包子的故事，不由得毛骨悚然，心惊胆战。慌忙中我移动长凳，堵住大门；顺手捡起一块石头，准备随时还击。我紧守在门后，静听声响，一整夜不敢合眼。这样直到天色蒙蒙亮，才意识到这一家是好人。正想登门拜别，却苦于分文全无，用什么道谢呢？我在口袋里摸来摸去，只找到一条小手帕，留作礼物吧。我匆忙上路，大约走了两个小时，来到河旁。奇迹出现了，只见不远处吕润林正向我招手呢！真是绝处逢生，要是没有这次重逢，我的人生道路也许要改写了。

这年暑假，我报考了五所高等院校，且幸全都录取。在长沙招生的高校中，最好的是武汉大学。我上了武大数学系，而且是仅有的两个奖学金名额获得者之一。这样，学费问题也随之解决了。

我絮絮不休地讲了这些故事，抚今追昔，不禁感叹新中国成立前农家子弟上学之难，有多少人才埋没在社会底层。今天，许多青年上了大学，这机会实在来之不易，应该好好珍惜，切莫等闲放过。

## 胜利的曙光

武汉大学位于武昌珞珈山上，建筑雄伟，风景秀丽。那时学生很少，我们班不过十人左右。整个学校看似宁静安详，实际上气氛却非常活跃紧张。当时正值黑夜即将过去、曙光就在眼前的关键岁月，革命与反革命、进步与顽固的斗争在激烈地进行着。

来校后不久，一些进步的老同学便主动接近我们，和我们散步谈心，交换对形势的看法。随后又带来一些小册子，如《新民主主义论》、《目前的形势与我们的任务》、《李有才板话》、《小二黑结婚》等，这些在当时都是禁书，只能暗中流传，但大家都喜欢看，读后还写体会。到了周末，老同学又邀我们去参加晚会，教唱《团结就是力量》、《山那边哟好地方》、《跌倒算什么，我们骨头硬》等革命歌曲。有时还去听时事报告，那自然是群众组织的。会上先请几位进步教授开讲，然后自由发言，讨论的气氛很是热烈。有时难免会有几个反动分子来捣乱，但他们总是被驳得理屈词穷，落荒而逃。记得临解放时，进步同学举办了一次关于"联防应变"问题的讨论会，共同商讨如何组织起来，防止反动派逃跑时破坏校园、迫害进步人士的问题。会后大家立即行动，分成小组，通宵站岗放哨，保证了全校的安全。当然，这些活动都是在地下党的领导下进行的。

我本来对旧社会反动派就痛恨万分，在这样的革命大家庭中，自然很快提高了觉悟，除了积极参加上述活动外，还写了《堆在下层的落叶》、《奢侈品论》等文章。前者是短篇小说，刊登于长沙《新世纪》(1948 年)杂志；后者是关于经济学的论文，发表在武汉《大刚报》(1949 年)上。写这些文章的目的是揭露反动派的罪行和资产阶级的剥削实质。

新中国成立后，一系列的革命运动开始了。最初是上街宣传拒用银元。反动派统治时物价飞涨，老百姓认为伪钞"金圆券"无非是一张废纸，只有银元还比较可靠。解放军进城后，自然不再需要银元，于是开展了拒用银元运动。从此物价稳定，人民生活有了保障。随后进行了反贪污、反投机倒把、反偷税漏税等运动。不久，大家又组织起来，两次下乡，宣传制定爱国公约和进行土地改革；回校后，和老师一起搞教学改革和思想改造。轰轰烈烈的抗美援朝运动开始了，同学们高唱"雄赳赳，气昂昂，跨过鸭绿江……"的战歌，争先恐后地报名参加中国人民志愿军。少数人光荣地被批准了，在革命行列中走在我们的前头。这许多运动，对今天的青年来说，也许难以想象，但在当时却都是必不可少的。

革命的实践不仅改造了世界，也改造了个人。我虽家境贫寒但学习成绩很好，可谓一帆风顺，这渐渐使我有点孤芳自赏、骄傲自大。通过上述活动，接触的人多了，我亲眼看到不少同学社会工作既多，业务学习又好，对人豪爽，热情大方，文娱体育，高居上游。我的傲气，不由得减了一半。但更大的一次转变，是由于刚解放不久，我听了一次关于经济形势的报告，其中讲了许多关于经济学的知识，分析了武汉市的生产形势，提出了对策，最后归纳为"有困难、有办法、有希望"三句话。既面对现实，又鼓舞信心，使我闻所未闻，大开眼界；方知人上有人，天外有天。从此束身自检，再也不敢傲气凌人了。

与此同时，也改变了我对社会科学的看法。以前总以为数、理、化才是真学问、真本领。什么法律呀、经济呀，全是人为的东西，对这一切我从来都是不屑一顾的。听了一些报告后，感到这种想法不对了，社会问题，需要社会科学去研究、去解决，正如自然界的问题，需要自然科学去讨论一样。于是我借来河上肇编写的《通俗资本论》等书，津津有味地读了起来。

## 殷切的寄语

一方面是高涨的革命热情，另一方面是踏实的业务学习。我怀着强烈的好奇心，想看一看大学里是怎样上数学课的。记得第一堂课是张远达老师讲高等代数。只见他身穿长衫，挽起白里袖口，不带课本，只用一支粉笔便滔滔不绝地非常熟练地边讲边写；一黑板、一黑板地没完没了。顷刻间，只见一连串的$\sum$(行列式展开中的求和符号)滚滚而来，不由得我心中暗暗吃惊。后来由于老师的细心讲授，我终于把这门课学了下来，而且还似乎有了兴趣。可惜毕业后我改学了概率论，没有把代数继续钻下去。张先生讲课严密细致且富有激情，听者会不知不觉地跟着他进入“角色”，共同陶醉在代数学的逻辑美之中。事隔多年，而今张先生年事已高，听说讲课时仍然不减当年的风采。他还不辞辛苦，深入学生宿舍答疑和当面批改作业，这种认真负责的态度给我们留下了深刻的印象。其实何止张先生，教我们课的其他老师也无不认真负责，只是各有特点而已。

一二年级的功课较多，除数学外，还有国文(即“中国文学”)、第二外语、物理与实验等。高年级时只剩下数学专业课了，比较单纯，这很有助于独立工作能力的培养。那时的课本，大多是英文的，如古沙的《数学分析教程》、达夫的《物理》等。除课本和讲义外，我喜欢看参考书，例如霍布生的《函数论》，虽是大部头书，看不懂多少，却开阔了眼界，使我认识到这门课居然还有那么宽阔的天地留待我们去观赏、去钻研。

业务学习的三个主要环节是：预习—听课—练习。这三个环节里，我首先抓预习。上课之前通过预习，我已把老师要讲的内容了解了一大半，剩下的是那些看不太懂的难点。讲课对已看懂的部分，只起到复习的作用，并不费劲，我可以把主要精力集中在难点上。听完课后，难点也消灭得差不多了，这样便大大减少了复习时间，并且由于加深了理解，做习题的速度也加快了，于是可以挤出更多的时间去看参考书和预习。此外，我还利用寒暑假，把下学期要念的主要课程预习到三分之一左右。这样，我在学习中便处于主动地位而进入良性循环。反之，如不预习，听课效率低，做题速度慢，从而功课越堆越多，更没有时间预习，听课效率更低……最后势必卷入恶性循环。这两种循环，前者使人加速前进，后者使人每况愈下。由此不难理解，为什么会有两极分化，为什么同班同学到毕业时水平相差非常悬殊。

预习还有一个好处是可以培养自学能力。上完课后，不妨回想一下：这些难点为什么我原先看不懂？卡在哪里？老师又是怎样走过来的？这样总结几次，便可发现自己思想方法上的毛病，有利于日后的改进。自学是一种最基本的独立工作能力，缺乏它，就不能独立获取新知识，就像一家商店没有货源迟早要倒闭一样。有些人毕业后业务长期停滞不前，自学能力不够是重要原因之一。为了自学，必须熟练地掌握一两门专业外语，否则便无法学习国外的先进科技知识。

大学四年里，我逐步培养了一点自学能力，这使我终生受益。除这点小经验外，教训也不少。由于政治活动很多，教学时间相对减少，开不了许多课。那时数学专业课程主要有三条线：分析、代数、几何。系里只强调分析，而对代数与几何则很不重视，所以我们的专业基础打得很不全面。另一缺点是：高年级时没有开展科学研究，无论是理论性的或应用性的，都未进行，这使我们的工作能力大受限制。现在回想起来，有三句话对每个大学生都是重要的，这就是：要打下比较宽广而扎实的业务基础；要逐步培养独立工作能力；要适当开展一些科学研究活动。这就算是我对现代大学生的殷切寄语吧！

在紧张的业务学习之余，抽空读一点古典诗词，看几本优美小说，或者定时参加一些文娱体育活动，会使人神情飞扬、心灵美化，有助于增长才智，健全体质。

1952 年 7 月，我忽然得到通知：我被分配到北京大学去当研究生。说实话，我一点思想准备也没有；我们那时的思想非常单纯，谁也没有考虑过前途问题，一切都交给组织，哪里需要就到哪里去。两天后，我们总共约 20 人动身去北京报到。祖国的大好河山，沿途的秀丽景色，使我们激动不已，大家不约而同地高唱起“我们的祖国，多么辽阔宽广，挺立在亚洲的东方……”火车风驰电掣，向前飞奔，在豪迈的歌声中进入北京。下车后，我们立即去教育部报到，接待我们的是一位戴眼镜的中年妇女。她说：“欢迎你们！不过分配方案有变动。现在许多学校要人，你们不当研究生了，到学校去工作吧！”同学们没有二话，全都愉快地接受了新任务，或去黑龙江，或去农业学校，我则去南开大学数学系。第二天，我乘上去天津的火车，从此开始了新的征途。在这个岗位上，我一直工作到 1984 年调入北京师范大学。

接受澳大利亚麦夸里大学荣誉科学博士学位时与名誉校长和校长(右一)合影(1988 年)

十年磨一剑，

不敢试锋芒；

再磨十年后，

泰山不敢当.

王梓坤

2004.3.20.

## 简介：

1932年10月13日生于四川成都。医学家。1955年毕业于四川医学院口腔医学系。2001年当选为中国工程院院士。曾任上海第二医科大学口腔医学院院长，第九人民医院院长、教授，国务院学位委员会学科评议组成员和召集人。

## 主要成就：

创用口腔颌面肿瘤术后缺损全额隧道瓣一次转移修复术和经关节镜滑膜下硬化疗法治疗颞下颌关节脱位。首次对颞下颌关节强直伴OSAS患者施行同期手术矫正和施行颅颌面联合切除术治疗晚期颌面部肿瘤。率先在本领域引进显微外科技术，开展大面积复合组织缺损一期整复和舌、腭、颌等器官成形术。

# 邱蔚六：一次灾害医学的实践

## ——忆7.28唐山大地震

2007年年底至2008年冬季，我国南方遭受了一次罕见的雪冻之灾，不由得令我想起了“灾害医学”这一名词。灾害医学(disastrous medicine)是医学领域中一门特殊的科学。火灾、水灾、雪(冻)灾以及地震(震灾)等所有天灾造成人员伤亡的现场救治，以及后期续发疾病的防治等都应属于灾害医学的范畴。

对临床医师来说，参与灾害医学实践的机会是十分难得的。1976年，我曾参加举世震惊的唐山大地震的医务救治工作，获得了一次灾害医学实践的机会，学到了日常工作中学不到的东西，也是我一生最难忘的一段重要经历。

## 艰难的旅程

1976年7月28日早晨3点42分54秒，河北省唐山市发生了7.8级的大地震，我在上班之前从收音机内听到了这震惊世界的消息。作为医务工作者，第一反应就是:“我应当为地震做些什么?”“我应当怎样做?”因为我是一名口腔颌面外科医师,应有用武之地。

当时,“文革”还没有结束,大字报还是表达意志的主要工具之一。

一到医院,就看见到处都贴有表决心去唐山抗震救灾的大字报。看来成立医疗队去唐山是大势所趋和义不容辞的。除大字报外,我和很多同事还亲自到党总支,找工、军宣队领导(当时在事业单位都有工、军宣队留下来并参加领导班子)表态,要争取第一批赶赴现场。当时,由上海市卫生局和学校也下达了上海第二医学院系统每个附属医院要组织 1 至 2 个 30 人的赈灾医疗队(含两个手术组,各 15 人)的任务。我的夫人虽然是一名口腔内科医师,但她是老党员,在这紧急关头也向领导表态愿意和我一同去抗震救灾。经过领导全面考虑,最后定下了一个 30 人医疗队的名单,成员以外科系统为主,兼有内科医师、护士、检验师和药师。由我和内科杨顺年医师任队长,党总支副书记祝平同志和工宣队邱春华师傅为指导员。

名单确定之后,立即开始了装备工作,其中主要是准备药品、干粮(由市里调拨的军用压缩饼干)、饮水以及简易帐篷等。每人大致平均要负重 30 公斤左右,因为要从最差的供应情况考虑;但也要能拿得起、走得动,绝不能因为装备而影响救治行动。

由于事发突然,准备仓促以及总体交通调配等原因,我们只能在医院内原地待命;尽管每个人都心急如焚希望立即出发,然而一切行动都不得不听指挥。

7 月 29 日晨,终于接到了出发令,我们赶到老北站,登上专列,上午 7: 20 出发,这时离地震发生已经过了 28 小时。这一专列运载着上海第一批多支医疗队,有 800 多名医务人员。据事后统计,这次从全国各地支援的赈灾医疗队共约 2 万余人。

说是专列,但是走走停停,即使是畅通时也未必能达到每小时 100 公里的速度。要知道这是 20 世纪 70 年代的运力水平。队员们除了在指导员领导下学习文件(主要是当时的报纸社论)和表决心之外,真是如坐针毡: 时间就是生命啊!

7 月 30 日晨 4 时列车停了下来,到达地是天津郊外的杨村。由于天津也受到地震的破坏,据说从天津到唐山残存的道路十分拥挤,无法继续车行前进,需从杨村空运进入唐山。我们下了火车,乘汽车历时 1 小时到达机场,却发现机场上并无等候的飞机,仅闻机声。因为空运能力的限制,还得等待。时值盛暑,北方日间的温度都在 30℃以上,机场不是绿化地带,又不在室内候机,队员们只好尽量躲避太阳,以干粮充饥;水还不敢喝太多,因为对目的地的情况一无所知,还得多考虑储备。

又是大半天,12 小时的待命,下午 5 时我们终于登上了苏制安 24 飞机,倒是正好容纳一个医疗队——30 个座位,目的地是唐山机场。由于是低空飞行,透过机窗,我第一次看到了地震后的景象: 塌房、残壁、断垣尽收眼底,令人满目辛酸。据后来的统计资料表明,唐山市 97%的地面建筑物均毁于一震。

很快,飞机在唐山机场降落,当时的唐山机场是震灾区的指挥中心,副总指挥、国务院副总理陈永贵就在机场坐镇。机场上飞机起降声不断，据说每 26 秒就有一架飞机起飞。到处是等待的人群，有医疗队，有运送救灾物资的，还有解放军。在当时情况下，除“人定胜天”等激励人心的大标语外，喇叭中还不时传出“邓小平是唐山地震的罪魁祸首”的啸叫声，真叫人哭笑不得。其时邓小平正在接受“右倾翻案”的批判，“政治挂帅”不足为怪。

与指挥部联系后得知，我们医疗队的工作地点设在离唐山几十公里的丰润县。因为唐山市区的主要任务不是医疗而是从废墟中救出活人；而救人的工作，主要由解放军完成。所有被救出的伤员则一律要转送到唐山市区以外的各临时医疗点进行救治。为此我们必须再从机场赶到丰润县，才能展开救治工作。

交通，又是交通，要去丰润没有车，我们只好在机场露宿。由于经过长途跋涉和等待，大家也都很疲倦，不少人很快进入梦乡。约两三小时后，笛声鸣起，全队才又乘上卡车，于 7 月 31 日晨零时 15 分重上征程。

丰润县在唐山市的北面，我们是和一些被转运的伤员一起从市内向市外行进，而大量的后勤物资（包括粮食、衣物、被褥、药品、器械、帐篷等）补给，车辆和大量涌进市内救援被压在废墟之下伤员的人群（其中又主要是解放军，据统计有 10 万之众）却是自北向唐山市区而来，为此，在颠簸不平而又狭窄的公路上，很是拥挤，出现了车如流水马如龙的景象。说“马如龙”还真是北方的特色，因为马，特别是骡子是北方农村主要的运载工具。由于相向而行，使我们的车不得不随时停下来以缓解交通。这短短三四十公里路程对现今的高速公路来说不过二三十分钟即可到达，而那时我们竟又用了约 6 个小时，也就是当日晨 6 时后方到达丰润县的救治点。

细细算来，从上海出发到达丰润县用了近 48 小时；如以地震伤员受伤的时间来算，则已整整超过了 74 小时。真可以称为是“艰难的旅程”。

“行路难”也许是“震灾”救治的重要特点之一。

## 在余震中救治伤员

我们的医疗救治点设在丰润县人民医院旁不远处，但医疗队是独立作战，与丰润县人民医院没有任何关系。伤员都集中在一个大大的用竹子搭起来的大棚中。据查我当时的记录：伤员数百，皆席地而卧。由于“震灾”绝大多数为房屋倒塌所造成的压榨伤或挤压伤，致 90%以上为伤骨科患者，仅约 10%为其他损伤病员。在伤骨科患者中约 70%为骨折且主要发生在四肢；还有约 10%伤员为截瘫。头颈、颌面部创伤多伴颅脑创伤或高位截瘫。这种创伤患者霎时间的高度集中和骨科患者的高构成比，充分反应了“震灾”创伤救治工作的又一大特点。

当我们进入大棚时，但闻一片呻吟声，并夹杂着“大夫救命”的呼叫声，迄今，这些声音仍常回旋于耳，令人心悸。

甫卸行装，立即投入救治工作。首要的任务就是对重症患者，特别是出现休克者先行急救，然后是检查创口和处理创口，对骨折和截瘫患者进行固定。在这个过程中，发现几乎100%的开放性创口都已感染。这是由于：开放伤，本身就是污染创口；伤员多从泥土瓦砾中被抢救出来，创口直接与污物接触，十分容易感染。更由于迟到的、历经70多小时后方始得到创口处理，加之地震前后正处盛夏季节，炎热的气候(当地气温在37—38℃之间)都是造成创口感染的条件。为此，扩创，就成了主要的救治工作。对于发生肢体坏死、坏疽者，为了保证患者的生命还不得不进行了截肢手术。

限于条件，各种手术都只能在局部麻醉下进行，尽管在我们队里配备有麻醉师，然而毕竟是杯水车薪，加之没有手术室，只能在大棚内就地施行，想实施全身麻醉几乎是不可能的。更令人尴尬的是我们背去的药物包括局部麻醉药几乎在半天之内即已告罄。于是手术还不得不在针刺麻醉的辅助配合下进行，在那个年代针刺麻醉还未被完全摒弃，而且在这种紧急情况和特殊条件下，针麻还真起了作用。在后期临时医院筹建起来后，我还在针麻和局麻的配合下为一例颞下颌关节强直病例完成了颞下颌关节成形术。通过这些实践，使我进一步证实了我曾经拥有的自我体验和感受——针麻的确具有镇痛作用，但镇痛不全。看来，在特定条件下，针刺麻醉还是有很大作用的。

所幸，后勤补给工作很快就跟了上来，我们很快得到了药品和医疗器材的供应，从而保证了每天换药和日常医疗工作的正常进行。大约一周之后，对一些在医疗点上无法进一步治疗的患者，如截瘫以及还需要进一步手术治疗的伤员开始了后送工作，将他(她)们转入各个省市(其中也包括上海)的定点医院进一步处理。在医学上这叫做“阶梯治疗”。在转运伤员过程中最重要和须特别加以注意的是截瘫患者的运送。截瘫患者的颈胸腰部在运送中均需要绝对严格固定，否则会进一步加重病情。因而现代脊柱创伤患者或伤情不明的重伤员的后送均有严格的要求和先进的设备，特别是各类固定托、固定器和担架等。但要知道，在当时不可能有那么多专用设备和那么多的专业人员，从废墟里救出来的截瘫患者是不可能享受到这种特殊照顾的。即使在搬运过程中我们一再交代和强调这些知识，但我真不知道在当时那样一个搬运过程中是否有患者加重了病情？真是无助和无奈！

医学界都知道截瘫的完全恢复是很困难的。据后来的统计资料，在这次震灾中侥幸存活的截瘫病员有3 800多名。至2006年，也就是地震后30年，只有1 600多名健在，最大年龄已88岁。在党和政府的关怀下，幸存的他(她)们至今还在截瘫疗养院内愉快地生活着。

从第一次爆发地震后，紧接着会发生级别逐步降低的多次余震，因而我们的一切救治活动和生活也都是在不断的余震中进行和度过的。队员们轮休时都睡在帐篷内的芦席上，由于不必担心受伤，加之劳累，哪怕是余震引起滚翻也能酣睡。由于第一周的高强度工作，睡眠少，吃压缩饼干后也影响了排泄习惯，没有正规的厕所，要方便也只能远离驻地，去高粱野地里解决，过的完全是类战地的紧张生活。因为工作紧张和对生活环境的不适应，一位整形外科医师竟然在工作中发生了晕厥，好在同事们在场，经过一番急救终转危为安。当时的艰苦和劳累由此可见一斑。

好在两周之后，条件逐步获得了改善。当我们喝上第一口小米粥时，真觉得万分幸福！在以后的日子里，据说为了照顾南方来的医疗队我们还幸运地吃上了大米饭。

随着伤员病情的稳定，医疗队的工作重点逐步转向预防肠道传染病。因为地震后无论是天然污物或被摧毁的有关工厂废弃物，加上一些被埋在震塌建筑物下未被清除的、腐烂的人、畜尸体都会成为大地或空气的污染源，特别是水污染源。而这些污染物的清理也都不是短期内就可完成的。为此，我到唐山市区指挥部去开过一次会，接受布置防病的任务。在这第一次去市区内及途中，发现沿途除断垣残壁外，空气中还弥留着异味。扒救任务已经基本结束，只看见解放军战士在喷洒消毒剂。由此可见震灾后期防病任务的重要性。

我们的医疗队员大多具有上山下乡、防病治病的经验。搭建临时厕所，定期喷洒消毒，控制饮水的来源并煮沸饮用等环节虽不能说得心应手，至少也还是轻车熟路。在大家的努力之下，除个别零星发病患者外，在我们医疗队所在地区没有发生过爆发的疫情，这一切都得归功于预防为主的理念。

## 建立临时医院

大约一个月之后，1976 年 8 月底，临时医院已具雏形，说是临时医院也不过是由大棚变成了几个病区，而这些病区也都是由有窗的竹篾建筑而已。根据记录我们点至少有 5 个病区，仅按内外科分类。同时也建成了一间简易手术室，开展一些能够开展的手术，前面所述的一例颞下颌关节强直手术就是在这个手术室内做的。因为到后来，临时医院也接纳所有非震灾受伤的患者，包括内、儿科等各类疾病，这也是当地群众所迫切需要的。尽管条件还十分简陋，倒也解决了一些实际问题。

简易病房建好后 8 月的一个晚上，突然下起了滂沱大雨，持续达 5 个小时之久，这在北方是十分少见的。脆弱的临时病房及我们所住的临时宿舍内都水盈齐胫。于是全体队员出动，由医生摇身一变成了排水勇士。除了加筑遮雨挡雨篷外更重要的是开渠排水；好在都是土地，挖掘起来并不吃力。经过一夜苦战，保证了病员的安全，度过了又一次天灾的袭击。

随着医疗工作的日常化，队员们也都住进了临时宿舍，分班进行工作和休息。队员彼此之间，队员与患者之间的交流逐渐增多起来，大家对“震灾”的认识也深刻了许多。但唐山地震的烈度究竟是几级，多少人罹难，在当时都不是很确切，都是问号，一时间也是众说纷纭。在写这篇回忆录时，我在网上查得的资料证实：最后确定的震级应是 7.8 级，而不是当初报道的 7.5 级。然而当时各国、各地的报道并不一致，例如：美国和瑞典报道的是 8.2 级；香港、台北及四川成都测到的是 8 级；日本报道则有一定幅度是 7.5 至 8.2 级，西安、兰州等西北地区的测定分别为 7.8 及 7.7 级。由于大地震发生在人口集中过百万的唐山市区，致死人数多达 24 万人，另有 16 万多人重伤。7 200 多个家庭全家震亡，上万个家庭解体。这是一个十分惊人的数字，当时可能是有史以来地震死伤人数之最。

地震后期在临时病房内，出现了不少寻亲者，一些幸存者到处查找生死不明的家属。于是各医疗救助点的临时病房内就成了重要的查找场所。为了家庭的团圆，在病员名牌前经常可以看到有寻亲者一个一个地翻看姓名；甚至对每个床上的病员逐一进行辨认。他（她）们渴望着奇迹的出现，此情此景令人心酸。尽管确有个别找到亲属者，但大多数寻亲者都是失望而返。

应该肯定和感谢的是我们的人民子弟兵——中国人民解放军，他们是救援各类灾害的主力队伍。据称，7.28 震灾不但出动了 10 万以上的部队，还调动了各种抢险器械，因为没有大型起重机、挖掘机等是很难掀开那些倒塌的建筑的；而当发现有人被掩埋在瓦砾下时，为了安全，他们还不得不手工操作，以保证伤员在安全、不加重伤情的情况下被救出。在如此艰苦的条件下，据最后的统计资料，在震灾中从瓦砾中被救出的、存活的伤员有 12 000 多人。通过这个数字就不难理解为什么在震灾后期寻亲的结果是那么不尽如人意了。

在临时病房内还收治有一些儿童伤员，从和伤员的交流中发现在震灾中儿童存活的概率似乎比成人高。唯一可以解释这种现象的理由是，儿童的体积较小，能在较小的空间内存活。因为地震后建筑物的倒塌可以存在一些间隙，而这些间隙正好保护了儿童不受重压。然而，不少儿童却在一夜之间、一震之后变成了孤儿。据后来专为唐山地震成立的孤儿院的资料，震后共收纳了 4 200 多名孤儿。当然，在国家和社会的抚养照顾和教育下他们如今也都早已成人、成家和就业了。但对一个家庭来说在当时却是一个巨大的灾难。

后期的临时病房内，我们还见到过少量反应性精神病患者，大多是受到强震的惊吓，特别是家庭解体后带来的强刺激所造成的，以女性患者为多。经过镇静药物、精神安慰，一些患者的病情得到缓解，重症者则多转至精神卫生中心继续治疗去了。

孤儿、反应性精神障碍也都是“震灾”救治中的另外一些特点。

1976 年，那时我还不是共产党员，也不是唯物论者，但我从不信上帝，只信科学。然而唐山地震却给了我以“宿命论”的影响。因为我无法解释为什么有的人在地震前一天离开唐山得以幸免于难；为什么有的人在地震前一晚进入唐山并死于地震。同样是剧震后跳楼逃生者，有人在跳楼后被倒塌物压死，而不跳楼者却能奇迹般存活。科学的解释这不叫“宿命”而叫“机遇”，但这个“机遇”是怎么来的，说不清楚。看来，在世界上不能圆满解释所有无法解释的问题和现象时，迷信也好，唯心也好，“宿命”的思想是无法完全被消除的。

1976 年，也被大家认为是不祥之年。除唐山地震外，国家领导人相继辞世：先是 1 月份的周恩来总理，继之为朱德委员长，再后是 9 月 9 日毛泽东主席逝世。公告毛主席逝世时我正在临时手术室内做手术，是听喇叭广播知道这一信息的。

1976 年，唯一大快人心的好事是 10 月份“四人帮”的倒台；看来物极必反，世事总还是有规律的。

不得不提一下的是，在我们的医疗队中除在职人员外还有8位当时的“工农兵”学员。他们正在医院各科生产实习，都是实习医师。由于他们都有社会经验，无论是医疗工作或是其他后勤工作都十分卖力，而且工作得很好。为了固定骨折，他们自制夹板；有的人亲戚在唐山工作也顾不得去打探其安危，有的自己掏钱赞助一些困难的伤员。所有的宣传工作也都由他们包干。这次震灾的经历既锻炼了老师，也进一步锻炼了这些学员。其中一位在医疗队工作中表现出极强的能力和才华，在我1983年就任九院院长时，推荐他成为医院的副院长。现在他是上海市知识产权局局长。其他7位，迄今有的在美国，有的在其他省市医院内，几乎都是业务骨干。至今我还记得他们的名字。

除上述的“工农兵”学员外，其他年轻医师、护士等也得到了实践和锻炼。有一位七五届毕业的，当时还是低年住院医师的内科医师。在我兼任九院党委书记时，他已被推荐为党委副书记，现在则是我院的党委书记。一位护士长，以后也成为院护理部的一把手——护理部主任。看来，这场救灾活动还起到了发现人才、锻炼和培养人才的效果。

与现在不同，20世纪70年代，个人一般是不会有照相机的，即使有，恐怕未经过领导批准也是不能随便拍摄的。因而遗憾的是我们未能用相机记录下当时在唐山的十分有意义的各种救灾活动。好在灾后一个多月时，中央来了慰问团，才由慰问团的记者给我们拍了三张照片。这三张照片，至今已成为我最珍贵的资料，就连医院的档案室也要这三张照片的复印件。

全体救灾医疗队员合影(第二排右五为笔者)

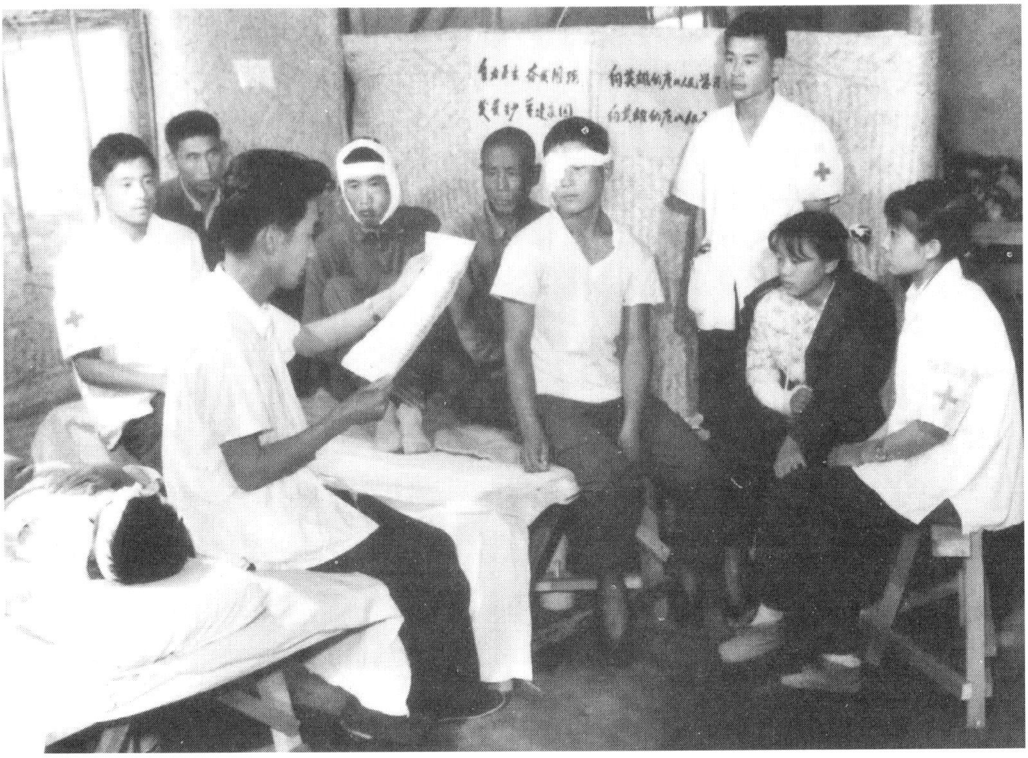

在竹篾建的临时病房内，工宣队邱春华师傅正在宣读中央慰问电。站立者为简光泽同志

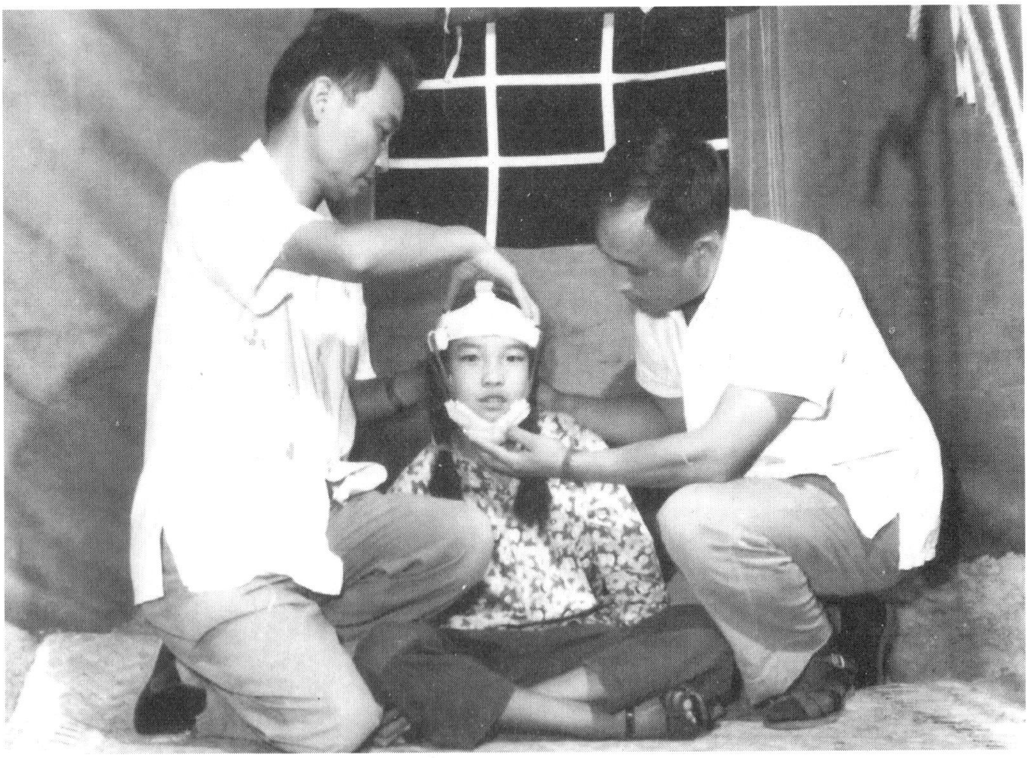

作者与林国础医师在临时帐篷内为一位颌骨骨折患者进行固定

从 1976 年 7 月 31 日到达唐山至 9 月 30 日回到上海，我们在唐山丰润县工作和生活了整整两个月，来接班的第二批医疗队在当地工作的时间比我们还要长。这两个月的工作和生活在我的人生旅途中留下了一段难以磨灭的印象和难以忘却的纪念。

## 尾声

在离开唐山回沪之前，我曾第二次到唐山市内去开会，和第一次去唐山市区时不一样，环境已经有了很大改变。空气中的异味基本消失了，震塌的建筑物也已开始在有序地清理。事实上，在各方的努力和支援下，唐山震后 36 小时即已恢复供电；10 天后煤矿又开始出煤；4 周后钢厂也出了震后的第一炉钢。

离开唐山后我一直没有机会再去唐山。2006 年，唐山地震 30 周年召开了一次纪念会。我科的林国础医师代表当年的医疗队去参加纪念会并参观了新唐山。如果有机会，我也很想再去看看新建的、崭新的唐山市。

当年唐山医疗队的同事中，指导员祝平同志(后来任医院副院长与我共事多年)和俞守祥医师、林国础医师均因病或伤而先后辞世；健在者中不少人也已先后退休。然而这一段灾害医学实践和队员之间建立起来的友谊，这一宝贵的财富永远铭记在我们每一个人的心中。

(二〇〇八年三月　完稿于上海交通大学医学院附属第九人民医院)

## 后记

万万没有想到，本稿完成后约两个半月——2008 年 5 月 12 日 14 时 28 分，四川汶川映秀镇爆发了里氏 8 级的大地震。使我揪心的是这次地震竟发生在离我的出生地成都 100 多公里处；这次地震波是由南西向北东方向扩展，致使位于汶川东面的成都市灾情大为减轻，我尚在成都的亲戚也才能幸免于难。发生地震后两个小时内，温家宝总理即已赶到现场，亲自指挥救灾，十分感人。由于波及范围广泛，山区内山体崩裂，滑坡严重，导致交通救护异常困难。国家及时组织了 10 万以上解放军，动用了各类抢险兵种，甚至动用了伞兵实施空降灾区，加上医疗队，各类抢险专业人员以及志愿者立即赶赴现场，万众一心，众志成城，构成一幅幅惊心动魄的抗灾抢险场面，这也无疑是一场类似军事演练和人民战争的大演习、大救援。据初步估算，汶川地震死亡将近 7 万人，失踪 1 万 8 千余人，受伤 30 多万人，并紧急转移民众约 1 500 万人；重灾区面积已超过 10 万平方公里，大量房屋倒塌，农田水库被毁，损失惨重，直接经济损失预计 1 500 至 1 800 亿元。可以说汶川地震是 21 世纪以来世界上的大地震之一。

相比 7.28 唐山地震，汶川地震具有以下特点：

1. 强度大，波及面更广。唐山地震主要破坏、影响京津唐地区，而此次除四川西北部外还波及陕西、甘肃、重庆、云南、贵州等9个省市;地震的破坏性更大。其次,余震发生的强度大(达6.4级),次数也远较唐山更多。

2. 震中及波及地区大多为山区,致交通阻塞困难程度远超唐山,其次生灾害,特别是因山体垮塌、滑坡、泥石流等所带来堰塞湖的形成(据悉四川9个县市就形成了34处)及其隐藏着的水患也是唐山地震所没有的。

3. 汶川地震救灾活动中应用了大量的先进科学技术,诸如卫星摄像、卫星、通讯、电视直播、手机通讯;废墟中救人的各种生命探测仪;能冲顶上吨的液压、气压工具等,这些都是20世纪70年代在唐山地震时所不完全具备的。

4. 医疗条件更好,特别是心理专业人员的参与,卫生部甚至派出了国内最大规模心理危机干预专家组去灾区,可以说这种医疗人性关怀在我国是史无前例的。

5. 大大激发了国人的爱国热情和坚韧不拔的千方百计克服困难的精神。数百亿元捐助的善款和国际上的支援等都是唐山地震时期限于种种外部条件不可能有的。这次汶川地震还坦然地接纳了来自国外的医疗队,包括俄罗斯、日本、韩国、新加坡、美国、古巴以及我国香港和台湾地区参与救灾。比起唐山地震时真是不可相提并论。当时是公开拒绝国际经济援助,更别说医疗队了。

6. 在对媒体及全世界信息公开方面在我国也是史无前例的。对此,也受到世界各国的好评。灾情的公开、透明不但有利于救灾工作的开展,还可以平息各种不必要的猜测和谣传。更重要的是体现了中国政府的改革开放形象和人性化、人道主义精神。

7. 2008年5月19至21日,全国下半旗深切哀悼汶川地震遇难同胞。19日下午14时48分,笛声齐鸣,胡锦涛主席率全体政治局常委肃立中南海,全国停止工作,人人肃立默哀三分钟,以寄托哀思,彰显了一个国家、一个政府和全体人民对生命的尊重和以人为本的情怀。这不仅在唐山地震中没有,在中国的历史上也应该说是第一次。这一举止得到了国际社会的充分赞扬和广泛支持。

我院这次先后派出了10余名医务工作者参与汶川救灾。遗憾的是我因手术后刚一个多月加上年龄因素,已不可能再去第一线救灾,但我仍心系灾区,关心救灾工作。在赈灾善款方面尽微薄之力,并撰此后记。

(二〇〇八年五月三十一日　增补)

名噪一时的华西田径队队员(1949—1950 年,左为作者)

为人之道

严于律己，宽以待人，做人无怨不悔

从医之道

救死扶伤，为民悬壶，仁术德为先

执教之道

授之以渔，甘为人梯，青定胜于蓝

著研之道

满怀创意，永不言弃，攀高登上境

[illegible]

二〇〇九仲夏

## 简介：

1934年7月23日生于湖南长沙。大气科学家。1956年毕业于北京大学物理系。1993年当选为中国科学院院士(学部委员)。曾任兰州大学大气科学系主任，北京气象学院教授、院长。

## 主要成就：

早年从事数值天气预报基础理论和方法的研究，提出将数值天气预报问题由原来的初-边值问题推广为广义初-边值问题，使问题更为可解和易于求解。将变分法和泛函分析引入数值天气预报问题中，提出使用过去资料的理论和方法。论证了准地转模式大气温压场的演变与下垫面热状况的等价性，提出由历史资料反求大气要素和参数并使之与长期预报模式相匹配的方法。近年，研究大气动力学长期演变的渐进性质，得到在特定情况下大气动力算子向外源的非线性适应特性，得到定常外源作用下大气运动的自由度缩减的结果。

# 丑纪范：纪念十一届三中全会召开20周年有感

1978年12月18日，党的十一届三中全会召开，拨乱反正，社会主义中国从此艳阳高照，晴空万里。我和我们这一代知识分子亲身感受到历史的沧桑和解放的畅快。

先从我出国的事情说起。1966年，要不是“文化大革命”的风暴突然袭来，我也许就会有一次出国的机会。

有这样一个场景：气科所的领导会上，所领导×××：“……现在有一个派人去英国的任务，我建议派丑纪范去……”

A君：“我反对。要派政治上可靠的人去，他不是党员。”

×××：“丑纪范要求入党已多年，我们正准备吸收他入党，到出国时，岂不已经是党员了吗?”

读了上述文字，诸位可能会大惑不解，此等绝密事情，本人又如何得知的?!

容我交代如下：“文革”开始，一张长篇大字报吸引了许多人观看，我也是其中之一。大字报的标题是：看，走资派×××要发展什么样的人入党！大字报的开场白就是这一绝密情节。然后通篇就是揭发走资派×××要发展入党的这个人原来是一个“五反分子”。五反者，“反党、反社会主义、反无产阶级专政、反毛泽东思想、反毛主席”也。从此，我遭受到无数的批斗，不堪回首。1969年下放江西干校。1972年冬“发配沧州”——去了兰州大学……

党的十一届三中全会以后，我迎来了生命的春天。1981年，我被公派赴美进修(访问学者)。当然，我是先入党后出国的。1979年，兰州大学党组织通知我，我档案里“文革”中的一切不实之词已全部推翻。1980年，我实现了多年的愿望，成为中共党员。但是，与我同机赴美的学者中有的并不是党员，说明公派出国先看是不是党员这一条已经不复存在了。这是党的十一届三中全会后我国政治生活的一个深刻变革。

走出国门，放眼看世界，诸多新鲜感受扑面而来，兹述一件小事，以小见大：

初到美国，使我赞叹不已的一个小玩意儿是“微波炉”。请洋人尝尝饺子，不用担心是冷的，放微波炉里不到一分钟就热气腾腾的了。我觉得它和冰箱配合使用，可以大大节省花在做饭上的时间，便花九牛二虎之力买了一个，准备带回国。可是房东告诉我，拿回中国不能用，盖电压不同也。我说知道，我已经买好了变压器。他还是说不成，你能变电压，没法变周波。我只好去退货，心想这下麻烦了。没想到对方根本不问退货的原因，简单痛快地退款给我。虽然如此，我还是为无法在国内用上微波炉而遗憾。万万没有想到的是，我回国不久，兰州就生产微波炉了，我买了一个，其性能竟比我在美国用的那个还好。现在，国产的微波炉已远销海外。远销海外的又岂止微波炉呢！不少人多有这样的经历，在国外的商场里买个东西，往往一看竟写着Made in Chine!

1992年，在日内瓦，一个“真洋鬼子”对我说：“我在日内瓦十年了，十年间日内瓦看不出什么变化。这十年我去过北京三次，一次一个样，十年大变样……”其实这样的变化，与我同龄和年长的知识分子，又有几人没有感受到呢？

看看国家在党的十一届三中全会后的巨大变化，对比一下这次会议前后个人的境遇，真令人感慨万千，欷歔不已！1990年，我奉调回京时，曾低吟刘禹锡的名句：“百亩庭中半是苔，桃花净尽菜花开。种桃道士知何处？前度刘郎今又来。”如今回顾度过的大半生，深感路途坎坷，但仍庆幸生逢其时，如果我早生一百年或晚生一百年，能目睹如此大的变化，体验如此丰富、如此多姿多彩的生活吗？

在纪念党的十一届三中全会召开20周年的时候，我愿借用以下古诗来抒发激动不已的情怀：“庾信文章老更成，凌云健笔意纵横。”“落红不是无情物，化作春泥更护花。”

参加北京科学讨论会(1960 年)

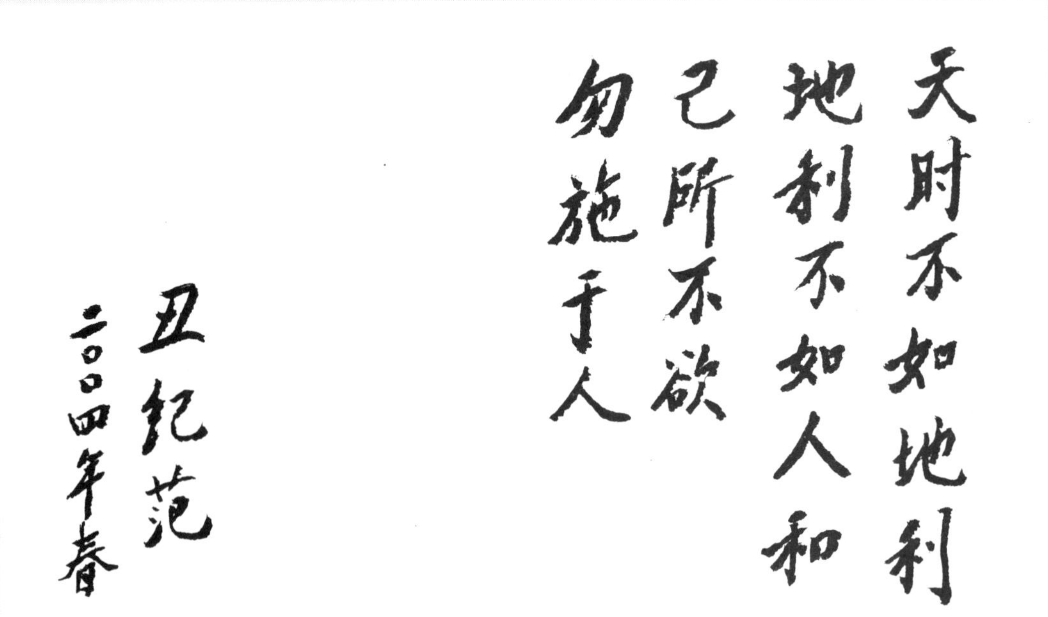

## 简介：

1936 年 1 月 2 日生于福建福州，祖籍福建长乐。土地资源与区域资源开发专家。1957 年毕业于北京农业大学土壤农业化学系。1995 年当选为中国工程院院士。曾任中科院自然资源综合考察委员会常务副主任，中科院新疆资源开发综合考察队队长，中国自然资源学会理事长。

## 主要成就：

在中国首次系统阐述了土地资源的基本理论，提出“中国 1∶100 万土地资源图”的土地资源分类系统与统计体系，主持并完成该图的编制工程。主持并推动土地资源承载力的研究。领导多学科的“新疆资源开发与生产布局”的综合考察研究项目，完整地提出开发方案，丰富了区域开发研究的理论。为中国的土地资源与区域开发研究作出了重要贡献。1985 年、1991 年和 1992 年分别获国家科技进步奖一等奖、三等奖和二等奖。

# 石玉林：
# 难忘的科学考察生活

记得 1957 年 5 月 9 日，那时我刚 21 岁，正在北京郊区农村毕业实习。突然接到校方通知，让我立即返校，提前毕业，分配到新中国第一支中国科学院新疆综合考察队工作。我来不及到单位报到，赶回农大收拾了简单的行装，12 日由我师兄石元春、林培带领，随老一辈科学家李连捷先生踏上了赴新疆的征途。我怀着激动、好奇的心情，进入新疆这块美丽、富饶、神奇的土地，开始了我综合考察的生涯，从此，也决定了我一生的科研道路。

几十年来，为了对我国土地资源进行全面的考察及研究，除台湾外，各省市区都留下了我的足迹，集中考察的地区有：考察新疆十余年；考察内蒙古十年；其余的十多年奔波于东北、西北、云贵高原、西藏以及南方山区、华北等地，在这些地区我留下了青春，留下了美好回忆和牵挂，以后的十多年多次重返故地，跟踪这些地区的发展，为它们的发展献计、献策，成为我的职责。

综合考察生活伴随我的一生，记得在新疆、内蒙古、黑龙江等地考察时，我们每年于春天大地复苏时就奔赴考察地点，回到北京时大地已冰封。当时年轻，觉得英雄有了用武之地，尽管考察生活艰苦，工作条件简陋，经常栉风沐雨、风餐露宿，但为了探索大自然的奥秘，觉得浑身有使不完的热情与干劲，走到哪里，哪里就有我的欢声笑语和歌声。考察队员的生活有惊、有险，有苦也有乐，使我难以忘怀。

新中国刚成立，我国幅员广阔的土地，特别是边远地区的自然条件与自然资源的科学资料还是一片空白，而新中国的经济建设必须掌握可靠的、科学的基础资料，这一艰巨的担子就落在我们考察队员身上了。我们翻山越岭；横穿一望无垠的戈壁、沙漠及草原；深入神奇的罗布泊、艾丁湖、塔里木河、老哈河……

## 难忘的新疆的考察生活

### 三进艾丁湖

我还清楚地记得，1958 年我们三进艾丁湖考察的情景。艾丁湖是吐鲁番盆地最低处，湖面低于海平面 154 米，是我国最低的，仅次于世界上第一低地海平面下 392 米的约旦死海。当时没有通往艾丁湖的路，我们只有试探着前进。5 月份的一天清晨，我们乘坐两部解放牌汽车开赴艾丁湖，不料，刚走了 8 公里，由于坎儿井的排水，使地下沼泽化严重，两部汽车相继陷入了沼泽地，我们十来个考察队员齐心协力，费了九牛二虎之力，才把两辆汽车从沼泽地里拉出来，足足花了 8 个小时。

第二天，我们从少数民族那里雇了十多匹小毛驴，再次向艾丁湖进发，走了几个小时，沿途没见一草一木，地面全是一片乌亮乌亮的盐壳。五月的骄阳烈日当头，这里除了人影、毛驴影外，没有遮阴的地方，在 40℃左右高温的晒烤下，每人仅有的一壶水很快就喝光了，干热缺水使人难以忍受，全身疲惫不堪，一位考察队员由于严重脱水，耳朵什么也听不见了，嘴也麻木了，连毛驴也骑不动了，当时我年轻还有体力，跑回之前遇到的一位牧羊老人，要了半壶水来解燃眉之急，还好我们有经验的领队林培先生果断地急令队伍返回。

愈是艰险愈向前的力量支撑着我们，我们总结了失败的教训，改变了行走的路线，从西面三进艾丁湖，出发前一天的晚上，我们喝足了水，第二天出发前又灌得饱饱的，再度向艾丁湖挺进，我们终于到达了一片富含盐类资源的艾丁湖，不知有多高兴！“不到黄河心不甘”，这就是我们考察队员的本色。

事隔了二十多年后，我第二次到新疆吐鲁番盆地考察，那里早已修了公路直达艾丁湖，并开采了艾丁湖地区的丰富盐类资源，成为新疆重要的盐化工基地。

### 探险罗布泊

我还记得，1959 年国庆前夕，我们对罗布泊地区的气候、水文、土壤、生物等学科进行综合考察。当年赵济、陈治平、张甸民、王军和我五位科考队员，年龄都只有二十多岁，我们和两位司机、一位炊事员，乘了一大一小两辆越野车，从吐鲁番盆地东南角最南面的一个绿洲迪卡尔出发，向充满神奇的罗布泊进发，穿过极干旱的觉罗塔查山与库鲁克塔格山，到达了罗布泊的北岸孔雀河口。那时，孔雀河的秋水还注入罗布泊。翌晨5点我们吃了干粮，喝了罗布泊微苦的水(带去的四箱淡水在路上已喝完)，划着橡皮船进入罗布泊，当时湖里有齐小腿深的水，水面风平浪静，方圆千里，渺无人烟，天上无飞鸟，地下无走兽，湖里无鱼虾，那真是一片“死亡”的世界。我们到达那里，才给这块沉寂的大地带来了一些生机。我们划到湖东北角的一个小岛，这里只有一大片棕色奇异的盐土(经化验是含有大量光卤石的钾盐，预示着该地区蕴藏着丰富的钾盐。后来经地质学家勘探，现已成为我国重要的钾盐生产基地)。1934年斯文·赫定等探险家曾到过这小岛。我们意外地发现浅水下有走兽的足迹，后来判断是狗的脚印，照了相片，采了土样后，往回划，太阳还老高，就沿着一叉口划去，那不是孔雀河的支流，而是一条“死胡同”。谁料太阳很快就落到地平线以下了，整个天空一下变成漆黑一团，这里的气候反复无常，突然又刮起了呼啸的北风，逆风划行，更增添了划船的难度；再者，我们又饥又渴，筋疲力尽，又迷失了方向，更要命的是忘了带信号弹，只得朝天空放了几枪，由于宿营地在北边，枪声被强劲北风吹散无法传递过去，我们与岸上同志失去了联络，真是心急如焚。突然，我们看见红色、绿色的两颗信号弹划破了长空，顿时欣喜若狂，啊！这是我们的司机和炊事员同志给我们发出的信号；接着，又见到在岸边同志们为我们点燃了篝火，这是我们的指路明灯啊！我们齐心协力奋力朝篝火的方向划去，直到船靠了岸。然而，在这漆黑的夜晚里，我们怎么都找不到宿营地。就在这紧要关头，不经意间我突然一回头，发现帐篷就在我们身后，真是“众里寻他千百度，蓦然回首，那人却在灯火阑珊处”。终于找到宿营地了！我们如释重负。此时已是清晨4点了，我们划了整整23个小时！现在想起来，还真有点后怕！20世纪80年代，著名科学家彭家木就在这地区失踪。90年代又报道探险家余纯顺在塔克拉玛干地区遇难，当初如果我们不是依靠集体的力量和同志们的援助，如果没有那一堆篝火引路，后果将不堪设想。

### 露宿天山顶

1958年，我们到天山尤尔多斯盆地和那拉提谷地考察，这里又有另一番情趣。一天下午，我们骑着马先行，给养队伍跟在后面，小毛驴驮着锅、碗、瓢、勺和帐篷。我们沿途看到天山坡上长满了齐马腹高的山花，黄、红、白、紫、蓝绚丽多彩，一片花海，我们可从来没有看到过这样未经雕饰的、美丽的大自然风光啊！我相信这是世界上最美丽的山区。我们骑着马儿，不由自豪地唱起了“我们新疆好地方，天山南北好风光……”的民族歌曲来了。花儿在风中摇曳，散发出阵阵幽香，不知不觉我们已到达海拔3 200多米处的分水岭垭口。夜幕已降临，天上下着毛毛雨，可还不见给养队伍跟来，断了粮，只有忍着饥饿，又没有帐篷，只好两人一组，把随身带的油布铺在大地上当床，身上的大皮袄当被，再盖上一块油布挡雨，蜷缩着身子，在高山顶上过了一夜。凌晨，我被一阵歌声、口琴声吵醒，原来是几位女队员在唱革命歌曲，队伍里还有四位苏联老科学家和我们一起共享欢乐。大家起来后，用凹地的积雪洗了把险，又继续出发了。这天傍晚，遇到了牧羊人，我们买了两只羊充饥。晚上，我们在天山隔山相望，看到了后勤队伍扎营地的灯光。第三天中午才与给养队伍会合，还算好，三天吃了两顿饭。考察队的生活虽然艰苦，但大家没有怨言，苦中求乐。苏联老科学家竖起大拇指直夸我们："中国青年，真好！"。

20 世纪 80 年代，党中央提出开发新疆作为我国 21 世纪经济建设重要基地的战略部署。1985 年我出任"中国科学院新疆资源开发综合考察队"队长，带领三百多人的队伍，重返阔别二十多年的新疆，望着眼前的一切，我心潮起伏，当年的考察情景历历在目……

## 内蒙古及宁夏地区的考察生活

1962 年春天，我们从新疆转战到内蒙古及宁夏地区，我参加了由著名地质学家侯德丰、著名土壤学家马溶之为正、副队长的"中国科学院蒙宁综合考察队"。当时国家正面临经济困难时期，我们的任务是"荒地资源评价与开垦条件"的考察，为国家开垦荒地，生产粮食，缓解国家暂时经济困难提供科学依据。我们的大部队从大兴安岭到腾格里沙漠，纵横内蒙古东西南北，跨越五个自然地带，足迹遍及 118 万平方公里。我当时任一个小分队队长，小分队有一辆带篷的解放牌大卡车，每天清晨，队员们像棋子一样找准自己固定的位置入座，我和内蒙古大学生物系刘钟龄坐在前面两边的汽油桶上，像门神一样一左一右把守着，就这样开始了一天的行程，每天我们都要完成规定数额的样方及土壤剖面以取得第一手资料。

### 赶着马车横穿科尔沁沙漠

1962 年夏天，我们进入西辽河流域的昭乌达盟和哲里木盟地区考察，荒地大部分分布在沙漠中的甸子地，流沙、洪水、积水、内涝阻碍了交通，汽车无法行进。我和马长炯、杨丰裕、王富四人为了调查荒地资源，组织了一个马车组，深入沙漠腹地，从西到东、由北向南几次横穿科尔沁沙漠。乘马车很辛苦，考察结束每个队员都掉了几斤肉，但在沙漠与甸子地中马车可穿行无阻，却也给人一马平川的畅快感，同时，考察也可详细些。前后经历两个多月，最后，我们提出了荒地资源与开垦条件的考察报告。

### 强渡老哈河

1962 年 8 月，我们一行五人从开鲁县去奈曼旗，为了节省两天的路程，我们选择渡老哈河这条捷径。此时，正值洪水期，河面宽达两公里，水势汹涌，老哈河底都是流沙，蹚过去非常危险。据说 1945 年苏联红军追击日本鬼子时，一辆坦克就陷入流沙中被埋河底。我们蒙宁队一辆汽车在过一支流时，也陷了进去，后找到老乡动用了牛马，费了一晚上才将车拉了上来。

我们请了位有经验的老乡带路，在他的带领下，我们六个人骑着四匹马(其中有老乡的一匹壮马)全速冲入老哈河中快速前进，丝毫不能停留，直奔老哈河对岸，终于成功了！其实这样做非常危险，真是初生牛犊不怕虎！这次冒险，给我留下了终生难忘的记忆。

我常怀念那快乐、艰险的考察生活，它陶冶了我们这代人乐观、自信、无畏的革命情操；磨炼和造就了我们敢于探索、勇于拼搏的革命精神，以后我们能在工作中为国家、为人民做些有益的事情，与具备这些品质是分不开的。在那段考察生活中，我深深爱上了大自然，爱上了祖国的山川湖泊，一草一木；爱上了能歌善舞、热情豁达的少数民族。

我也深深怀念着当年的战斗集体，同志们之间是那样团结友爱，为了一个共同的目标而奋发进取。在以后的几十年工作中，我时时都珍惜这样的友谊，它给了我智慧和勇气。我主持编制的“中国 1∶100 万土地资源图”就是由五十多个科研、教学单位，三百多位科学工作者经过几十年深入实际及整理、综合新中国成立三十多年来土地资源调查资源与遥感信息，团结战斗了十年的科研成果。

## 跟踪塔里木河

塔里木河是我国最长的内陆河，这条河孕育着塔里木盆地的绿色生命，沟通了东西文化，造就了西域文明。她养育繁衍着祖祖辈辈的南疆人民，故有“母亲河”之称。

1958 年 7 月，我第一次到塔里木河，那时河水丰沛，流域的两边生长着碧绿、茂密的胡杨林，丛生着绿色的天然水草植被，景色异常秀丽。我和苏联专家诺辛还在塔里木河下游群克段下河游泳。

1986 年 8 月，我们重返新疆考察，向喀什、克州、和田党政领导汇报考察成果后，我和几位考察队员乘两部小汽车从和田出发由西向东沿昆仑山北麓挺进，经过于田、民丰、且末、诺羌，再北上库尔勒。一路渺无人烟，路况不好，有流沙阻挡，河水拦路，汽车无法前进，幸好我们车上带有木板条，遇到流沙，就把木板条铺在地面上，汽车才得以一段一段地开过去。由于人类过度的开发，塔里木河下游昔日美丽的景象已荡然无存，从阿拉干以下三百多公里起，河水已经断流，两岸大片的胡杨林早已枯死，周围的水草已经枯萎，一片荒凉……

1987 年，我又从库尔勒到台特马湖，但见湖水干涸，湖面已形成僵硬的盐壳，并看到一层薄薄的细沙覆盖着湖面，可以预测，未来这里将形成一群群流动的沙丘；在罗布庄处，往日两个充满水的桥洞，今日也已积满了细沙。

1998 至 2004 年间，我前后又五次到塔里木河流域考察，由于塔河的源流和上游过度开荒、过度用水，造成下游河水断流，最让人们担心的事还是不可避免地发生了，土地在沙漠化，东面的库姆塔格沙漠与西面的塔克拉玛干大沙漠在此合拢，吞噬着绿洲，自然界开始报复人类了！

此情此景，令我们的心情格外沉重，许多科学家与当地干部、群众多次呼吁要拯救塔里木河下游的绿色走廊，拯救“母亲河”，要求国家采取措施综合治理塔里木河。2002 年春，国家启动了塔里木治理工程。

2004 年，我再度来到塔里木河，在塔河管理局局长祝向民的陪同下，沿着塔河干流从下游到上游，从台特马湖到巴楚考察，看到了水已送到塔里木河尾间台特马湖，塔里木河下游的胡杨林已开始复苏；两岸自然绿洲正在慢慢恢复；东、西两片大沙漠又被塔里木河水断开，塔里木河再现生机，我感到无比欣慰！塔里木河综合治理工程是一个伟大的创举，她将为子孙后代留下一片沃土，一片发展空间，使中华民族世世代代可持续发展。

长期的科学考察使我懂得了一个道理：纵观人类发展的历史，也可以说是人与自然和谐发展的历史。人类与自然是一对矛盾，是互相依存，又互相制约的，人在这对矛盾中总是起主导作用。应该认识到我们人类来自自然界，是自然界的一部分，自然界涵盖了人类，人类并非置身于自然界之外的某个安全点，不能只顾伸手向自然界索取。自然界不繁荣，人类也不可能繁荣，自然界健康了，人类才能健康。因此，人类要尊重自然，理解自然，呵护自然，在顺应大自然发展趋势的前提下利用自然、塑造自然，人和自然才能和谐共存。

在新疆天山冰川考察(1983 年)

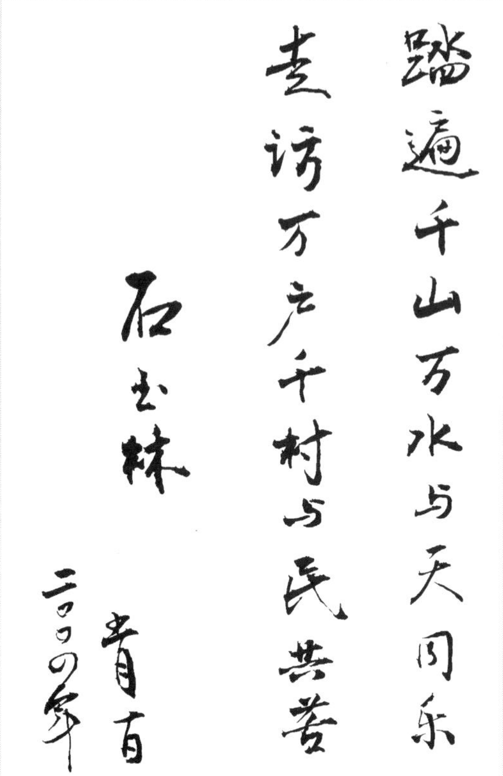

**图书在版编目(CIP)数据**

共和国院士回忆录.2/张涤生等著.—上海：东方出版中心,2012.3

ISBN 978-7-5473-0468-6

Ⅰ.①共… Ⅱ.①张… Ⅲ.①院士—回忆录—中国—现代 Ⅳ.①K826.1

中国版本图书馆CIP数据核字(2012)第015938号

**共和国院士回忆录.2**

---

出版发行：东方出版中心
地　　址：上海市仙霞路345号
电　　话：021-62417400
邮政编码：200336
经　　销：全国新华书店
印　　刷：昆山亭林印刷有限责任公司
开　　本：787×1092毫米 1/16
字　　数：340千
印　　张：17.25
印　　数：0,001—3,250
版　　次：2012年3月第1版第1次印刷
ISBN 978-7-5473-0468-6
定　　价：35.00元

---